Jonathan Swift, geboren am 30. November 1667 in Dublin, ist am 19. Oktober 1745 dort gestorben.

Swift ist einer der großen Satiriker der englischen Literatur. Wie Oscar Wilde in Dublin geboren und am Trinity College ausgebildet, erhielt er in Oxford seine akademischen Weihen, avancierte rasch zu einer bekannten Figur auf der literarischen Bühne Londons und etablierte sich mit seinem Werk als Klassiker der Weltliteratur.

Die Auswahl aus seinen Schriften, die aus Anlaß der 250. Wiederkehr seines Todes vorgelegt wird, repräsentiert Swifts literarisches Œuvre in voller Breite: Der streitbare Publizist und scharfzüngige Zeitkritiker ist darin ebenso vertreten wie der politische Journalist, der Dichter und Romancier. Mit Gulliver geht der Leser auf Reisen durch die phantastische Welt der Riesen und Lilliputaner, nimmt an der vergnüglichen »Schlacht zwischen den alten und modernen Büchern« teil und sieht sich in den satirischen »Betrachtungen über einen Besenstiel« mit der Frage konfrontiert: »Und bitte, was ist denn ein Mensch anderes als ein ganz und gar verkehrtes Wesen?« Der Auswahl vorangestellt ist Martin Walsers großer Essay über Jonathan Swift.

insel taschenbuch 1767
Jonathan Swift
Betrachtungen über
einen Besenstiel

Jonathan Swift
Betrachtungen über einen Besenstiel

Eine Auswahl zum 250. Todestag
Mit einem Vorwort von Martin Walser
Zusammengestellt von Norbert Kohl

Insel Verlag

Umschlagabbildung:
Charles Jervas, Portrait Jonathan Swift
Öl auf Leinwand, 1718. Ausschnitt
National Portrait Gallery, London

insel taschenbuch 1767
Erste Auflage 1995

Hinweise zu dieser Ausgabe am Schluß des Bandes
Vertrieb durch den Suhrkamp Taschenbuch Verlag
Umschlag nach Entwürfen von Willy Fleckhaus
Satz: Otto Gutfreund, Darmstadt
Druck: Nomos Verlagsgesellschaft, Baden-Baden
Printed in Germany

1 2 3 4 5 6 – 00 99 98 97 96 95

Inhalt

Martin Walser
Die notwendigen Schritte

Der Lebenslauf

Jonathan Swift wurde am 30. November 1667 in Dublin geboren. Sieben Monate davor war sein Vater gestorben. Viel früher kann ein Vater kaum sterben. Die Familie Swift war aus Yorkshire zugewandert. Mehrere Swifts waren Pfarrer gewesen. Swifts Mutter, auch Engländerin, wurde mit den zwei Kindern (Jane und Jonathan) vom reichsten ihrer Schwäger, Godwin Swift, aufgenommen. Den einjährigen Jonathan entführte seine Nurse nach Whitehaven (England). Als Vierjährigen brachte sie ihn zurück. Da konnte er schon die Bibel lesen. Ein paar Monate später reist seine Mutter ohne ihn nach England und bleibt dort. Godwin Swift, der Onkel, bringt Jonathan in der Lateinschule in Kilkenny unter. Die Schule wurde gerühmt als Eton of Ireland. Mit vierzehn kommt er ins Trinity College in Dublin. Nach fast sieben Jahren erhält er das Baccalaureat nur speciali gratia. Er besucht seine Mutter. Ihr zuliebe nimmt ihn Sir William Temple in sein Haus (Moor Park) auf. Temple war ein Politiker und gelehrter Schriftsteller. Swift sollte ihm helfen bei der Ordnung und Herausgabe seiner Papiere. Einmal kommt der König (William III.) und zeigt Swift, wie man Spargel auf holländische Art ißt. (Ich wage es nicht, dieses Ereignis nur deswegen zu unterschlagen, weil mir seine Bedeutung für Swift nicht aufgegangen ist. Es muß da eine Bedeutung sein, sonst würde unter hundert Vor- und Nachwortschreibern und Kommentatoren wenigstens einer auf die Mitteilung dieses Ereignisses verzichtet haben. Ich will natürlich auch nicht den Anfang machen.) Swift liebt Sir William mehr als der ihn. Offenbar suchte er eine Art Vater. Er scheint dort auch mit Leidenschaft Verse geschrieben zu haben. Sein Vetter Dryden, der Dichter, rät ab (»Vetter Swift, Du wirst nie ein Dichter werden«). Sir William ist mit dem Nachglanz seines Lebens beschäftigt und hat ein ganz herzliches Verhältnis zu seiner Frau. Swift ist diesem Frieden nicht gewachsen. Es entsteht Streit, Swift geht nach Oxford, wird zum Master promoviert, braucht aber für die kirchliche Weihe noch ein Leumundszeugnis von Sir William. Der Bittbrief kostet ihn fünf Monate. Dann wird ihm die einsame Pfarrei Kilroot zugeteilt. Er interessiert sich dort für ein Mädchen namens Jane Waring, die er Varina nennt. Sie ist die Tochter einer Witwe. Offenbar kann er ihr noch nicht genug bieten. Und Sir William könnte ihn wieder brauchen. Swift kehrt gern zurück. Auf Moor Park lebt noch eine Witwe, die hat eine sechs- oder achtjährige Tochter namens Hester. Swift unterrichtet das Mädchen, verehrt wieder Sir William, schreibt seine erste große Satire (›Die Bücherschlacht‹), weil er Sir William beistehen will in einer sich hinziehenden literarischen Fehde, in die außer Temple noch Bentley, Boyle, Wotton u. a. verwickelt sind. Es geht darum, ob die alten oder die modernen Schriftsteller vorzuziehen seien. Seinen Vetter Dryden schickt er in die Bücherschlacht als einen Schrumpfkopf, dem der klassische Helm viel zu groß ist, und vermöbelt ihn gleich noch einmal in dem fast gleichzeitig entstehenden ›Märchen von der Tonne‹, gerichtet schon gegen alles, was von Religion bis Wissenschaft mit Buchstaben zu tun hat. Die Schriften zirkulieren ungedruckt und ohne seinen Namen. Bis auf eine einzige Schrift (›Vorschlag, zur Besserung der englischen Sprache eine Akademie zu gründen‹) erscheint alles, was er schreibt, ohne seinen Namen.

Im Jahre 99 stirbt Sir William und »mit ihm alles, was unter Menschen gut und liebenswert war«. Swift geht als Kaplan mit Lord Berkeley nach Dublin, muß Lady Berkeley fromme Meditationen vorlesen, schreibt mitunter Parodien auf diese Meditationen und liest die Parodien vor, zum Beispiel die über den Besenstiel. Er bekommt die Pfarrei von Laracor, 20 Meilen vor Dublin, trifft Varina wieder, die ihn jetzt wohl heiraten würde. Er verhindert das durch einen Brief, der beleidigende Bedingungen (hinsichtlich körperlicher Reinlichkeit) enthält. Er reist öfter nach London. Die Bücherschlacht und das Tonnenmärchen erscheinen gedruckt. Und es erscheint das intelligenteste Muster seiner Satiren: ›Einwände gegen die Abschaffung des Christentums‹. Die Eingeweihten in London kennen den Verfasser. Er schreibt dann etwas Politisches, was den Whigs gefällt. Und er schreibt die Satire gegen den berühmten Astrologen Partridge, tritt da selber als Astrologe Bickerstaff auf, prophezeit alles mögliche für das Jahr 1708, zum Beispiel sagt er voraus, daß der Astrologe Partridge am 29. März dieses Jahres um elf Uhr nachts sterben würde. Am 30. März läßt er eine Elegie auf den Tod dieses berühmten Mannes erscheinen. Partridge protestiert, behauptet, er lebe noch. Mr. Bickerstaff antwortet: »Mr. Bickerstaff fühlt sich in keiner Weise dafür verantwortlich, wenn da immer noch ein Kadaver herumläuft, der sich darin gefällt, sich Partridge zu nennen.« Schließlich können die Sterne doch nicht lügen.

Vielleicht würde Swift jetzt gerne in London bleiben, mit Steele und Addison Pläne hecken, Broschüren schreiben. Zumindest würde er gern Bischof werden in England. Aber die herrschenden Whigs versäumen es, ihm einen vakant gewordenen Bischofsposten anzubieten. Also kehrt er sauer nach Irland zurück. Zu den Apfelbäumen seiner Pfarrei Laracor. Und er schreibt etwas Politisches gegen die Whigs (›Letter concerning the Sacramental Test‹), gegen die religiösen Nonkonformisten, die von den Whigs begünstigten Dissenters. Defoe hatte 1702 eine Satire zugunsten dieser Dissenters geschrieben: ›The Shortest Way with the Dissenters‹. Die las sich wie ein High-Church-Pamphlet gegen die Dissenters. Wie wird man am leichtesten mit denen fertig! Defoe schlüpfte in die Sprache der High-Church, übertrieb diesen Sprachgebrauch aber doch so, daß die mächtiger werdenden Tories merkten, was gemeint war. Zweifellos hat Swift von dieser Schrift gelernt, wie man in die Rüstung des Gegners schlüpfen muß. Defoe selber mußte dreimal an den Pranger und auf unbestimmte Zeit ins Gefängnis. Nicht einmal die Dissenters selber unterstützten ihn. Die Tories waren im Kommen. Es war jetzt die Zeit Queen Annes.

Swift also abgeschlagen in Laracor. Er schreibt an jene Hester, die er auf Moor Park so erzog, daß ihre Schrift der seinen zum Verwechseln glich; er schlägt heftig vor, sie möge nach Irland kommen. Begründung: hier lebe man billiger, ihr Erbteil würde länger ausreichen. Er nennt sie nicht Hester, sondern Stella. Und Stella kommt. Zieht mit einer älteren Freundin namens Rebecca Dingley nach Irland. Wenn Swift in London ist, ziehen die beiden in seine Wohnung. Seine Schwester schickt er, sobald sie Witwe ist, für immer zu Stellas Mutter. Dann reist er, 1710, im Auftrag des Bischofs von Dublin, wieder nach London. Diesmal wird er Tory. Bleibt und bleibt in London. Drei Jahre. Schreibt im Tory-Examiner (z. B. ›Über die Kunst der politischen Lüge‹), schreibt Broschüren, Flugblätter, Gedichte, was eben gebraucht wird gegen die jetzt in der Opposition kämpfenden Whigs. Seine wichtigsten Freunde: Bolingbroke und Harley (beide werden während seiner Anwesenheit geadelt).

Bolingbroke ist Staatssekretär, Harley Lord Schatzmeister und Chef der Tories. In Swifts Briefen an Stella, die er als eine Art Tagebuch für sie schreibt, erfährt man:

»Die Tories sagen mir ganz trocken, ich könne mein Glück machen, wenn ich wolle; aber ich verstehe sie nicht, oder besser, ich verstehe sie.«

»Wie ich mit den neuen Leuten stehe, zehnmal besser als ich je mit den alten stand, vierzigmal mehr umschmeichelt.«

»Es ist wahrhaftig stark, sehen zu müssen, wie diese großen Männer mich wie jemand behandeln, der ihnen überlegen ist.«

»Der Staatssekretär sagte mir, der Herzog von Buckingham habe viel mit ihm über mich gesprochen und gebeten, meine Bekanntschaft machen zu dürfen. Ich erwiderte, das ginge nicht, denn er sei mir nicht genügend entgegengekommen. Da sagte der Herzog von Shrewsbury, er glaube, jener Herzog sei nicht gewohnt irgend jemandem entgegenzukommen. Ich entgegnete, daran könne ich nichts ändern; ich erwartete stets, daß man mir um so mehr entgegenkäme, je höher man stände; und ein Herzog müsse mir mehr entgegenkommen als irgend jemand sonst.«

Harley (als Earl heißt er Oxford) will Swift fünfzig Pfund schenken: »Ich habe mich absolut geweigert, mich seinen beabsichtigten Liebenswürdigkeiten zu fügen, und ich erwarte weitere Genugtuung.«

»Patrick (Swifts Diener), der verschwenderische Maulaffe, hatte für mich ein Feuer bereit; ich habe aber die Kohlen herausgelesen, ehe ich zu Bett ging.«

»Ich habe neulich abends mit ihm (Lord Schatzmeister) und seiner Familie Einunddreißig gespielt. Er gab uns allen zu Anfang je einen Shilling; das erinnerte mich an Sir William Temple.«

»Ich war heute noch einmal im Unterhaus wegen des Garns.«

»Was kann ich wohl für den Mann der Schwester des Dr. Smith tun? Die Leute nehmen es mir übel, wenn ich keine Macht habe.«

»Ich werde nie wieder den Mut haben, mich für irgend jemandes Glück zu interessieren.«

»Ich hasse es, wenn neue Talente kommen; aber wenn sie kommen, möchte ich sie ermutigen.«

»Wir haben keine Ruhe vor den Whigs; sie sind so heftig gegen den Frieden (im Spanischen Erbfolgekrieg); aber ich werde sie sehr bald gründlich abkühlen.«

Swift schrieb, beraten und informiert von den führenden Tories, seine Broschüre über ›Das Verhalten der Verbündeten und des letzten Ministeriums bei Beginn und Führung des gegenwärtigen Krieges‹ (1711).

»Im Parlament ziehn die Tories unter den Lords und im Unterhaus all ihre Argumente aus dem Buch; und alle sind sich darüber einig, daß niemals irgend etwas der Art solche Folgen gehabt und soviel Proselyten gemacht hat.«

Nachdem eine Mehrheit für den Friedensschluß (Friede von Utrecht) erreicht ist: »... alle geben zu, daß nur mein Buch sie zu diesen Beschlüssen ermutigt habe.«

Diese Tagebuchbriefe sind immer an Stella und ihre ältliche Freundin Rebecca Dingley gemeinsam gerichtet. Er nennt sie MD (My Dears); will er die Dingley separat ansprechen, nennt er sie ME (My Elderly), Stella separat: Ppt. (Poor Pretty Thing). Sich nennt er Presto (italienisch für swift) und Pdfr. (Poor Dear Foolish Rogue) oder nur Fr. (Foolish Rogue). Weitere Anredeformen: Bursche Stella, liebe Burschen, naseweise Affen, liebe kleine Halunkinnen etc. Und wenn er sich zärtlich ausdrücken will, benützt er ›our richar gangridge‹, das ist ›our little language‹. Durch Buchstabenvertauschungen und dergleichen erzeugt er diskrete Intimität: »oo must cly Lele and Hele, and Hele aden ... you must cry There and Here, and Here again.« Night heißt da immer wie im Negerspiritual: nite. So singt er den beiden ein Lied: »Lele, lele / lele logues and / Ladies bose fair / and slender.« »Lala, lala / lala, Halunkinnen, Damen, schön / und schlank.« So ist er zärtlich und politisch, und immer streng in Anweisungen für Hauswirtschaft, Kleidung, Gesundheit und Bildung. Auch hätte er es öfter gern, wenn die beiden wirklich Burschen wären. Von einer Hofdame berichtet er: »Ich mochte sie nicht, obwohl sie eine bekannte Schönheit ist und wie ein Mann angezogen war.« Und häufig leidet er unter Kopfweh und Schwindelanfällen. Schon auf Moor Park hat das angefangen. Ängstlich meidet er Steinfrüchte. Auf dem linken Ohr ist er taub. Der Lord Schatzmeister übrigens auch: »Ich wage ihm nicht zu sagen, daß ich auch auf der linken Seite taub bin, aus Furcht, er möchte denken, ich ahmte ihn nur nach, um mich bei ihm einzuschmeicheln.« Swift war vierunddreißig Monate in London. In den ersten sechzehn Monaten (von September 1710 bis Ende 1711) schreibt er 489 Seiten Tagebuch für Stella. Von Januar 1712 bis Juni 1713, also in achtzehn Monaten, noch 220 Seiten. Nicht weniger herzlich, aber weniger viel. Er hat in London eine zweite Hester kennengelernt, wieder die Tochter einer Witwe, wieder eine, die mehr als zehn Jahre jünger ist. Sie heißt Vanhomrigh. Er nennt sie Vanessa. Das ist die dritte und letzte Frau, die eine Rolle spielt. Alle drei nennt er gern slut oder bitch oder brat (Schlampe, ›Mensch‹, Balg). Ist er mit einer Frauensperson wirklich unzufrieden, nennt er sie sweetheart. Vanessa soll ihm sogar in ihrem Äußeren geglichen haben. Ein schwesterlicher Bruder. Im Betragen war sie allerdings weniger fügsam als Stella. Offenbar forderte sie mehr, und er hatte oft seine Mühe, sie still zu halten. Solang er in London war, ging das noch. Aber der Friede von Utrecht wurde ratifiziert, Swifts kirchliche Mission (die Kirchenabgaben der Bevölkerung sollten zu einem größeren Teil dem einheimischen Klerus verbleiben) war längst positiv erledigt, also mußte er zurück. Er wäre lieber geblieben. Er wünschte, Präbendar von Windsor zu werden. Nach seinem Kraftaufwand für die Tories kein unbescheidener Wunsch. Und wenn nicht Präbendar von Windsor, dann Bischof von Dublin. Aber seine Freunde Lord Schatzmeister und Staatssekretär, mit denen er so oft gegessen und beraten hatte, hätten ihn um ein Haar ohne weitere Belohnung ziehen lassen. Er mußte sich ganz energisch beklagen, bis sie sich bereit fanden, den Dechanten von St. Patrick (in Dublin) zum Bischof zu machen, um Swift dann zum Dechanten von St. Patrick machen zu können. So wurde er der berühmte Dean of St. Patrick's.

Swift an Stella: »Auch kann ich mich nicht darüber freuen, daß ich mein Leben in Irland verbringen soll; ich gestehe auch, ich hätte nicht geglaubt, daß die Minister mich würden gehen lassen, aber vielleicht können sie nichts dazu tun.« Drei Jahre vorher hatte er geschrieben: »Ich bin Harley (dem späteren Lord Schatzmeister) bereits als ein unzufriedener Mensch dargestellt worden, den man schlecht behandelte, weil er nicht eifrig genug Whig war.« Nun war er so eifrig ein Tory gewesen, als man nur verlangen kann. Und mußte doch nach Irland zurück. Die Königin starb, die Whigs regierten, Swift muß es büßen, daß er zu den Herrschenden gehört hatte. Auch die Whigs verfügten über eine literarische Truppe. Swift rührt sich nicht mehr. Der Scriblerus-Club zerfällt. Dieser Club war wohl Swifts gesellschaftliches Werk gewesen. Mit Pope und Gay und Arbuthnot (Leibarzt der Königin) und anderen hatte er eine literarische Kunstfigur entworfen, entwickelt, in Marsch gesetzt, ein Vehikel der Satire. Die ›Memoiren des Martin Scriblerus‹ beschäftigen Swift noch in den ersten Jahren nach der Rückkehr. Die Satire wendet sich gegen sich selbst, gegen ihren Autor. Martin hieß schon seine Rolle im Tonnenmärchen, und an Stella schrieb er: »Lord Schatzmeister (der zum Club gehörte) nennt mich Dr. Martin, weil Martin eine Art Schwalbe ist, ebenso wie Swift.« Tatsächlich heißt die zufliegende Hausschwalbe im Englischen martin und die Turmschwalbe, der Mauersegler, heißt swift. Möglich, daß das im Munde des Schatzkanzlers auch einen ironischen Klang hatte gegenüber dem von den Whigs herübergesegelten Swift. Swifts Beiträge zur Scriblerus-Serie sind Vorübungen für den Gulliver. Der Autor schaut sich selber an. Er mustert seine Fähigkeit. Er sucht einen geeigneten Helden. Scriblerus ist dieser Held nicht. Pope und die anderen sollen ohne ihn weitermachen. Swift schreibt Briefe, versinkt sozusagen in Irland, fühlt sich ungerecht behandelt, sammelt sich, ohne es zu wissen. An Pope schreibt er 1721, er lebe in größter Zurückgezogenheit und wisse nicht einmal, wer gegenwärtig Premier sei, wer Staatssekretär, noch könne er sagen, mit welchen Völkern man in Frieden, mit welchen im Krieg lebe. Dieser Brief kam nicht an. Man darf annehmen, Swift habe ihn nicht abgeschickt. Um der Wahrheit willen. Der Brief zeigt einen armen Swift. Niedergeschlagen, beleidigt, tief verletzt. Er zählt auf, was er für die Whig-Literaten getan hat, als er an der Macht war. Und was tun die? Die Bitterkeit weiß noch nicht, wohin mit sich. Sie klagt bloß. Aber der bittere Swift macht von 1713 bis 1720 unwillkürlich Erfahrungen in Irland. An Charles Ford (dauerhaftester Freund) schreibt er 1720: »Ich halte mich nicht für schuldig, ein zu großer Verehrer der Iren zu sein, . . . aber die Frage ist doch, ob die Leute Sklaven sein sollen oder ob sie keine Sklaven sein sollen.« Und kurz zuvor auch an Ford: »Wie die Welt jetzt ist, kann kein Kloster so abgelegen sein, daß die Politik nicht hineindränge, und ich gebe zu, sie erregt meine Leidenschaften, wann immer sie mir in die Quere kommt, vielleicht mehr als die Deinen . . . wie ja ein großes Geräusch den Einsiedler eher stört als den Städter.«

Es folgt Swifts dritte politische Runde. Seine täglichen Erfahrungen machen ihn zum Iren. Irland, ein abhängiges Königreich, Englands erste große Kolonie, und als solche behandelt. Zum Beispiel: zwei Gesetze von 1665 und 1680 verboten die Einfuhr von Vieh und Fleisch nach England. Also wirft sich Irland auf die Schafzucht. Wollindustrie kommt hoch. England erwirkt, daß das irische Parlament hohe Ausfuhrzölle für Wollfabrikate erläßt. Zusätzlich erläßt das englische Parlament 1699 ein Gesetz, daß niemand aus Irland Wolle ausführen dürfe außer nach England oder Wales. England hatte hohe Einfuhrzölle für Wolle. Irische Wolle wurde jetzt also auch als Transitgut mit diesen Zöllen belegt. Damit war auch dieser Versuch der Iren, sich zu Hause zu ernähren, gescheitert. Die irischen Weber wanderten aus. Die Lage Irlands für den Amerika-Handel auszunutzen war per englischer Navigationsakte verboten. Die reicheren Irländer, die Großgrundbesitzer, verbrauchten ihr Geld lieber in England (absenteeism). Hochbezahlte Stellungen wurden von London aus an Engländer vergeben usw. Im Jahre 1720 sollte eine Bank gegründet werden in Dublin. Beide Häuser des irischen Parlaments waren im September dafür. Swift und andere schrieben Broschüren. Darunter die ›Flucherbank‹. Im Dezember lehnten die Häuser des Parlaments die Gründung ab. 1722 erhielt ein Eisenhändler namens Wood (man sagt, über eine Geliebte des Königs George) einen Freibrief, der ihm erlaubte, für 108 000 Pfund kupferne Halfpence-Münzen für Irland zu prägen; und das, obwohl das irische Parlament seit langem um die Erlaubnis ansuchte, neue Münzen prägen zu dürfen. Das Parlament bittet den König um Widerruf dieses Freibriefs. Der König lehnt ab. Swift schreibt den ersten Brief in der Rolle eines Tuchhändlers. Die Münzen waren offenbar aus minderwertigem Metall und soviel kleiner, als sie sein sollten, daß Wood damit die irischen Waren um ein Zwölftel ihres wirklichen Werts hätte aufkaufen können. Die Münze sollte damals ja als Metall den Wert garantieren, auf den sie geprägt war. Swift erreicht mit seinen Tuchhändlerbriefen einen vollkommenen Boykott der Münzaktion. Der Drucker wird verklagt, aber die irischen Gerichte sprechen ihn frei. Auf den Kopf des unbekannten Tuchhändlers M. B. werden 300 Pfund Prämie gesetzt. Alle scheinen zu wissen, wer der Tuchhändler ist, aber keiner klagt ihn an. Als ihm der Vorwurf gemacht wird, daß er in Kronrechte eingreife, antwortet M. B., daß der König sehr wohl das Recht habe, Geld prägen zu lassen, von wem er wolle, daß aber kein Gesetz den Untertanen zwingen könne, dieses Geld anzunehmen. Walpole, der Whig-Premier, muß am Ende nachgeben. Swift hat gesiegt. Das Bild des Tuchhändlers wird in Taschentücher gewoben. Wo Swift hinkommt, empfängt man ihn mit Glockengeläut. Der Dean von St. Patrick ist legendär geworden. Der hat aber in eben diesen Jahren von 1720 bis 1725 seine Erfahrungen auf ihren reinsten und auch anonymsten Nenner gebracht, er hat Gullivers Reisen geschrieben. Seine Erfahrungen mit anderen *und* mit sich.

Nach 1713, als er unpopulär wurde und dem auch durch seltener werdende Reisen nach London nicht abhelfen konnte, reiste Vanessa nach Irland. Sie hatte dort ein Erbe zu verzehren. Zu welchen Szenen es kam, weiß man nicht. Aus der Zeit von 1713 bis 1718 sind keine Briefe zwischen Vanessa und Swift erhalten geblieben. Die Legende hat die Lücke zu füllen versucht. Stella drängt auf Heirat, Vanessa auch. Briefe werden im unrechten Augenblick abgeliefert. Swift im Zweifrontenkrieg. In seinen späteren erzieherischen Aufsätzen empfiehlt Swift den Frauen immer ein männlich moderiertes Betragen. Die gemeinsten Todsünden, deren sich eine Frau schuldig machen kann, sind Indiskretion, Mangel an Takt, Bildung und Sparsamkeit. Das Gerücht war ihm ein Todfeind. Er muß viel darunter gelitten haben. Wie er mit den zwei Frauen in Irland fertig wurde, ist nur zu ahnen. Er mochte wohl beide, mußte aber nach allem doch dafür sorgen, daß Stella weniger verletzt wurde als Vanessa. Die starb 1723. Darauf verläßt Swift sofort Dublin, reitet längere Zeit in Südirland herum, zwei oder vier Monate, schläft übermäßig viel, legt rund 500 Meilen zurück und arbeitet dann am Gulliver weiter. Manche sagen, dann erst habe er die vierte, die schreckliche Reise geschrieben, die zu den edlen Pferden, den Houyhnhnms, und zu deren ekelhaften Arbeitstieren, den Yahoos. Diese Yahoos sind, sagt der Reisende, die schlimmsten Wesen, die er auf all seinen Reisen angetroffen hat. So dreckig, heimtückisch, dumm, ekelhaft wie nichts sonst. Einmal badet Lemuel Gulliver nackt im Fluß. Sein ständiger Begleiter in dem Land, ein Fuchs (die feinsten Wesen sind hier ja die Pferde), der Fuchs grast also ruhig neben dem Fluß, da kommt ein junges Yahooweibchen, springt ins Wasser, umarmt ihn auf die ›unflätigste Weise‹, er brüllt so laut er kann, der Fuchs galoppiert her, das Yahooweibchen flüchtet ans andere Ufer, ›wo sie starrend und heulend stehenblieb‹, bis Gulliver sich angezogen hatte. Die Houyhnhnms lachten über die Geschichte. Gulliver ist gedemütigt. Er muß zugeben, daß er ›in jedem Zug und Glied ein richtiger Yahoo war‹, hatte ihn doch dieses Yahooweibchen, die zirka 11 Jahre alt war und schwarzhaarig, angefallen wie einen ihrer eigenen Gattung. Aus einem Brief an Charles Ford geht hervor, daß Swift Stella gelegentlich zu den Yahoos gezählt hat. Er hasse Yahoos beider Geschlechter, schreibt er und fährt fort: »Ich möchte, daß ihr wißt (Ford und Bolingbroke), daß Stella und Madame de Villette im Grunde nur erträglich sind aus Mangel an Houyhnhnms.« Am 28. Januar 1728 stirbt Stella. Der Dean wird benachrichtigt, setzt sich sofort hin und beginnt zu schreiben: ›On the Death of Mrs. Johnson‹. Nach diesem merkwürdigen und schönen Prosastück bleibt dem Nachgeborenen nichts anderes übrig, als Stella (die lebenslänglich Hester Johnson hieß) doch eher zu den Houyhnhnms zu rechnen. Swift muß wegen Kopfweh die Niederschrift unterbrechen. Am 29. kann er gar nicht schreiben. Aber am 30., während sie beerdigt wird, schreibt er weiter. Die letzten zwei Sätze dieses Porträts sollen, ihres schwer übersetzbaren Maßes wegen, in Swifts Sprache zitiert werden: »Although her knowledge, from books and company, was much more extensive than usually falls to the share of her sex; yet she was so far from making a parade of it, that her female visitants, on their first acquaintance, who expected to discover it, by what they call hard words and deep discourse, would be sometimes disappointed, and say, they found she was like other women. But wise men, through all her modesty, what ever they discoursed on, could easily observe that she understood them very well, by the judgment shewn in her observations as well as in her questions.«

Unreinlichkeit, Krankheit und Tod hatte er immer gleichermaßen gescheut. Unreinlichkeit verfolgte er mit Haß. Krankheiten bei anderen fühlte er sich nicht gewachsen. Der Tod von Personen, die er näher kannte, machte ihn sozusagen kopflos. Stellas Tod war vielleicht der erste Tod, den der jetzt Sechzigjährige sofort zu kontern versuchte. Diesen Tod hatte er geprobt. Er hatte von Stella seit längerem in der Vergangenheitsform gesprochen. Er muß das, um dieses zu erwartenden Augenblicks willen, für nötig gehalten haben.

Er schrieb jetzt vorzüglich Erzieherisches. Vollendete einen vor langem begonnenen Essay über Konversation. Schrieb Predigten und Betrachtungen. Erwachte noch einmal zur Satire in den ›Anweisungen für Dienstboten‹. Und noch davor, nämlich 1729, gelang ihm jenes Stück Prosa, das seinen Ruhm so frisch erhält wie der Gulliver: ›Ein bescheidener Vorschlag, wie man verhindern kann, daß die Kinder Irlands ihren Eltern oder dem Lande zur Last fallen‹. Ansonsten war er der legendäre Dean und Tuchhändler, der aber 1742 entmündigt werden mußte, der am 19. Oktober 1745 starb und als Letzten Willen hinterließ, daß mit seinem Vermögen von 12 000 Pfund ein Irrenhaus gebaut werden sollte. In einem Gedicht über sich selber: »He gave what little he had / To build a house for fools and mad.«

Zwei Interpretationen

Es gab eine Zeit, in der man, am liebsten in den Geisteswissenschaften, das Leben und Werk eines Mannes erklärte als eine Folge von persönlichen Entschlüssen und Entscheidungen. (Die Agonie dieser Zeit zieht sich mittlerweile so hin, daß wir ihr Ende nicht mehr erleben dürften.) Da man jenes Verfahren vorzüglich bei großen geglückten Werken anwendete und anwendet, werden die Entschlüsse und Entscheidungen, die man vor diese Werke als ihren Anlaß setzt, meistens glückliche Entschlüsse und Entscheidungen. Diese idealistische Betrachtungsweise wird auch gern in der Debatte über Fragen unserer eigenen Gegenwart praktiziert. Soll sich ein Schriftsteller engagieren etc.

In solchen Fragen möchte man das Wichtigste immer noch der Willkür unterwerfen. Man hat Seele und, als deren exekutives Organ, den freien Willen. Für die Erklärung von Personen und Handlungen bieten Psychoanalyse und Marxismus Methoden an, die den guten und freien Willen der Person als Antrieb aller Hervorbringungen nicht so hoch bewerten. Besseres als Notwendigkeit kann man einer Person oder einer Handlung sowieso nicht nachsagen. Swift war Swift, weil er Swift war, nicht weil er Swift sein wollte. Je mehr Bedingungen also aufgezählt werden können, die ihn unweigerlich zu dem großen, allgemein bekannten Swift machen, desto genauer kennen wir ihn, desto weniger allgemein wird aber sein Bild, desto weniger teilbar seine Art zu leben, zu schreiben; je genauer wir seine Bedingungen kennen, desto genauer werden sie seine Bedingungen, desto schärfer der Unterschied zu den Bedingungen eines jeden anderen. Er muß also nicht so verständlich werden, daß viele sagen könnten: Ja, ja, so hätte ich auch gern gehandelt. Solange man noch diese Art Einmischung produziert, kennt man den anderen noch nicht. Da ist einfach ein grober Grad der Vergleichbarkeit erreicht. Dabei verweilt man allerdings gern.

Ein Beispiel dafür, wie Marxismus und Psychoanalyse das Bild Swifts in ihren Vokabularen durchspielen und was dabei herauskommt: Jan Kott hat über Gulliver fünfzig Seiten Essay geschrieben*; Phyllis Greenacre hat eine psychoanalytische Studie von mehr als 100 Seiten über Swift geschrieben**.

Was erfährt man von Jan Kott?

Sein erstes Kapitel überschreibt er: ›Ein Pamphlet auf die Periode der ursprünglichen Akkumulation‹, und er beginnt mit einem Swift-Zitat, das sich in der deutschen Ausgabe so liest: »Mit allem, was ich schreibe, wollte ich die Welt eher aufrütteln als sie unterhalten ... Für das Tier, das man Mensch nennt, habe ich nur Verachtung und Haß übrig, obwohl ich John, Peter und Thomas von ganzem Herzen liebe.« Im Brief an Pope (1725) heißt das so: »... but the chief end I propose to my self in all my labours is to vex the world rather than divert it ... But principally I hate and detest that animal called man, although I heartily love John, Peter, Thomas, and so forth.«

Der humanistische Marxist übertreibt den guten Willen Swifts doch sehr, wenn er to vex mit ›aufrütteln‹ statt mit ›plagen‹ übersetzt. Und wie gering veranschlagt Swift selber seine Möglichkeit: I propose to myself. Und dieses myself ist in alten englischen Ausgaben immer in zwei Wörtern geschrieben. Und ob ein Satz mit ›liebe‹ aufhört oder mit ›und so weiter‹ ist auch ein Unterschied.

Aber nach dieser Zitatendressur im Stile bürgerlicher

* In: *Die Schule der Klassiker,* Warschau 1951, deutsch Berlin 1954.

** *Swift and Carroll,* New York 1955.

Schillerverwertung kommt der bessere Marxist zu Wort: Größe und Grausamkeit der ersten Periode des Kapitalismus; erster Börsenkrach durch die Südsee-Affäre; rotbackige Lords; korruptes London; Hogarth-Szenen; sieben Millionen Gallonen Gin pro Jahr; Walpole-Porträt aus dem Gulliver; Whigs und Tories keine gegeneinander kämpfenden Klasseninteressen, bloß noch zwei Fraktionen zur Beuteverteilung; Gays Bettleroper: man wisse nicht, ob die Räuber aus dem Wald die Modekavaliere oder Modekavaliere jene Räuber nachahmen; Pope: what ever is, is right; Defoes bürgerlicher Aufklärungsoptimismus; Marxzitat: nach der Glorious Revolution (1689) die grundherrlichen und kapitalistischen Plusmacher am Ruder, Bankokratie, legalisierter Diebstahl an Staatsdomänen, Schutzzölle; Irlands Lage, Zitat aus Swifts ›Bescheidenem Vorschlag ...‹, Schilderung der grauenhaften Armut der Iren: und in diese Szene aus Misere und bürgerlichem Optimismus tritt nun mit Hohn und Spott Jonathan Swift, als Volkstribun; nicht mit Bibeljargon, sondern mit der ›klaren Sprache der Politik‹, ›der Sprache der Ideologie‹, ein Swift, der als Tuchhändler ein versklavtes Volk davor warnt, sich das Bedürfnis nach Freiheit abtöten zu lassen; Swift, der die Ideale der Aufklärung zerstört mit Hilfe seiner ›philosophischen Erzählung‹ vom Gulliver; diese Erzählung also ein Kampfmittel; das Gulliver-Personal wird genau in Stände, Konfessionen und Personen der Zeit zurückübersetzt; wenn Gulliver dem klugen Pferd die Arbeits- und Verdienstgepflogenheiten seiner Heimat schildert, wird ›der Widerspruch der gesellschaftlichen Produktionsweise und der individuellen Aneignung des Arbeitsprodukts‹ gezeigt; trotz allem mußte Swift scheitern; »historische Tragik des Vorläufers, der als erster mit solcher Kraft und Leidenschaft auf die inneren Widersprüche hinwies und der es nicht verstand oder auch nicht verstehen konnte, daß die unwissenden und rückständigen Massen der aufbäumenden irländischen und englischen Bauern schon den Kampf um die Befreiung und die Freiheit des Menschen aufgenommen hatten«; Swift mußte in die Utopie flüchten; das Reich der guten Pferde nur Idealisierung patriarchalischer Verhältnisse; trotzdem ist Swift ein ›einsamer Vorläufer der Kritik an den Grausamkeiten und den Gewaltmaßnahmen des Kapitalismus‹. »Die großen Werke der Klassiker, die den Menschen verdammen, tun das immer zur Verteidigung des Menschen.« So etwa informiert Kott in einem Essay, der sich seines Glanzes bewußt zu sein scheint.

Was erfährt man aus der psychoanalytischen Studie?

Der Psychoanalytiker (oder in diesem Fall: die Analytikerin) wird in Swifts Kindheitsgeschichte mit Umständen beliefert, die zu den spannendsten Erwartungen berechtigen: Vater stirbt sieben Monate vor der Geburt, der einjährige Swift wird von der Nurse entführt, den Vierjährigen bringt die Nurse zurück, dann verläßt die Mutter den Vierjährigen, der bleibt unter Vettern, dann fünfzehn Jahre bei Institutionen, dann wieder als zweitrangiges Familienmitglied bei Sir William Temple. Die Analytikerin erwartet: schwere Verzerrung der Ödipus-Situation und problematische Ausbildung des Kastrationskomplexes. Und so ist es dann auch. Das Kind soll doch von der oralen zur analen und dann zur genitalen Phase wachsen. Zur Überwindung der analen Phase, im 3. bis 4. Lebensjahr, braucht es den Vater als Gegner. Der fehlt bei Swift. Er hat seinen Vater ›getötet‹ ›by his conception‹, also eine pränatale Ödipus-Situation. Und so geht es dann nach der analen Phase nicht weiter bei ihm. Er bleibt fixiert auf das Anale. Und diese Fixierung war so stark, daß sie die Entfaltung der genital orientierten Sexualität beeinträchtigte, wenn nicht gar verhinderte. Und daß diese zu erwartende Entwicklung noch über die Erwartung hinaus deutlich wird, ist Schuld der

Nurse. Sie muß übergroßen Wert gelegt haben auf die Beachtung exkrementaler Verrichtung. Das Kind identifizierte sich mit ihr. Übernahm ängstlich diese peinliche Aufmerksamkeit. Andererseits konnte Swift offenbar, als er mit vier Jahren zurückgebracht wurde, die Bibel lesen. Also hat die Nurse die intellektuelle Kraft des Kindes geweckt, zu eben dieser Zeit, da sie es zu übermäßiger Gewissenhaftigkeit dem Exkrementalen gegenüber erzog. Also war die Emotion des Kindes noch ganz seinen Defäkationspflichten verhaftet, als seine Emotionen schon auf die Bibel gelenkt wurden. Also durchdringen diese beiden Aktivitäten einander. Hängen dann für immer zusammen.

Aus alldem folgt später: Swift wendet sich der Kirche zu, weil Vorväter Kirchenmänner waren, Kirche als Elternersatz. Er macht einen Heiratsversuch mit Varina, als der mißlingt, macht er keinen mehr. Es gibt ein Gerücht, daß Stella, etwa 1716, eine Heirat erzwingen wollte, daß alles schon vorbereitet wurde, dann soll jemand gesagt haben, Stella und Swift seien Geschwister, beider Vater sei Sir William Temple, auf jeden Fall: Swift konnte die Eheschließung verhindern. Vanessa, die wohl heftiger drängte als Stella, ging sozusagen zugrunde an seiner Abwehr und noch mehr an seiner Unfähigkeit, das Verhältnis zur Zeit zu beenden. Andererseits ist er so anfällig für Identifikation, daß er, außer dem Widerstand gegen die Heirat, diesen Frauen wenig Widerstand entgegensetzen kann. Ihre Schicksale nehmen ihn mit. Nach Vanessas Tod die Flucht und das dritte Buch Gulliver. Nach Stellas Tod soll er überhaupt zerbrochen gewesen sein. Wahrscheinlich wußten die Frauen nicht, womit er zu kämpfen hatte. Sie sahen den schönen, großen Mann, den sprühenden Redner, beliebt, gefürchtet, berühmt für Geist, Witz, Schärfe, Charme, Redlichkeit, und sie wußten nicht, was jetzt die Psychoanalytiker wissen, oder für gewiß halten: daß nämlich seine genitale Sexualität wahrscheinlich bis zur Impotenz von der infantilen Analfixierung überlagert war. Daß seine Identifikation mit der Nurse ihn zwingt, Frauen gegenüber immer auf Identifikation zu drängen. Er will ihnen immer etwas beibringen: Briefe zu schreiben, Lesen, Diskretion, vor allem aber immer wieder Reinlichkeit, Sauberkeit. Und er verlangt, Frauen sollen eine Art Männer sein. Er empfindet Ekel vor dem weiblichen Körper, der eine prekäre Öffnung zuviel hat. Eine Art bisexuelles Zwischenwesen wäre ihm am liebsten. Die erste Freundin heißt Jane wie seine Schwester, die zwei anderen Frauen heißen Hester, was für ihn wie Sister klingt. Er stilisiert sie aber noch zu römischen Frauengottheiten durch den Namen Varina, Stella, Vanessa. Alle drei sind Töchter von Witwen. Seine immer wieder ausbrechende Hypochondrie ist Folge eines nicht ordentlich durchlebten Kastrationskomplexes. Sein Entschluß, in die Soutane des Priesters zu schlüpfen: eine Art Transvestismus. Seine Art Fetischismus: wie er den Frauen gegenüber die Nurse spielt und seine Exkrementophilie im Gulliver. Sein aktiver und passiver Voyeurismus ist im Gulliver verarbeitet: Gulliver ist mal Riese, mal Zwerg, immer der Auffallendste; darin die narzißtische Allmacht des Kindes, für das alle sorgen müssen. Sein Exhibitionismus bezieht sich nicht auf das Genitale, sondern auf das Exkrementale. Im Scriblerus und im Gulliver sind die Masturbationsphantasien seines Narzißmus verarbeitet. Gullivers Lehrmeister hieß Master Bates! In der Kindersprache des Tagebuchs für Stella zeigt sich sein analer Infantilismus. Wie Gulliver von einer Nurse, von Frauen, Yahoomädchen, Affen, Fröschen usw. behandelt wird, wie sie mit ihm spielen, ihn beschmutzen, ihn mit ihren Körperberührungen quälen, ist Ausfluß teils homosexueller, teils masturbatorischer Phantasie. Die edlen Pferde, die Houyhnhnms, sind die idealisierten Über-Ich-

Figuren, denen das hemmungslos weiblich schmutzige Yahoovolk dient. Selbst seine große Satire, der bescheidene Vorschlag, die Armen Irlands sollten ihre Kinder schlachten und verkaufen, weist auf seine Kindheit hin: genau in dem Alter, in dem er entführt wurde, sollten die Kinder geschlachtet und gegessen werden, um den Armen, anstatt ihnen zur Last zu fallen, eine Verdienstmöglichkeit zu sichern.

Solcher Art ist die Auskunft der Psychoanalyse. Beide Vokabulare haben den Vorteil, daß sie den Willensanteil nicht strapazieren. Beide Vokabulare haben den Nachteil, daß sie Vokabulare sind. Oder ist das vielleicht gar kein Nachteil? Man weiß schon, was herauskommen wird, wenn man Swift durch diese aufgestellten Wortspaliere gehen läßt. Also endlich auch für Literatur ein exaktes Instrumentarium. Beinahe wissenschaftlich. Auf jeden Fall sind diese Vokabulare vorzuziehen dem bodenlosen Wortgebrauch einiger literaturwissenschaftlicher Renommierer, die uns den Dichter vorführen als einen Helden, der auftritt um der sonst armen Menschheit willen. Jan Kott ist noch von diesem Erbe überschattet. Er kann die Kulturidolatrie noch nicht ganz lassen.

Angenommen, beide Vokabulare wären in allen ihren Möglichkeiten an Swift gewendet worden (was bei Kott offenbar nicht beabsichtigt war), könnte man dann zufrieden sein? Die Vokabulare wirken (auf mich) ein bißchen komisch. Kommt das, weil wir nicht gewöhnt sind, diesen beiden aus Mitteleuropa ausgewanderten Vokabularen in ihrer Anwendung auf Literatur zu begegnen? Ich hoffe, die Komik entsteht auch durch die Fertigkeit, mit der die Vokabulare auftreten. In ihrer neuen Heimat in Ost und West haben die Vokabulare sich sowohl ausgebildet als auch dogmatisiert. Keines dieser Vokabulare taugt in dieser Form zur Weltsprache für Erklärung des Wirklichen. Aber beide könnten den idealistischen Vokabularen unserer Geisteswissenschaften auf endliche Beine helfen. Es liegt diesen Vokabularen eine realistische Anthropologie zugrunde, die bei uns über einzelne Sprechzimmer, Max-Planck-Institute und Seminare noch nicht hinausgedrungen ist.

Satirische und andere Prosa

Gulliver im Land der Lilliputaner

Über die Einwohner von Lilliput, ihre Gelehrsamkeit, Gesetze und Sitten und die Art und Weise, wie sie ihre Kinder erziehen. Die Lebensweise des Verfassers in diesem Lande. Seine Ehrenrettung einer vornehmen Dame.

Obgleich ich die Absicht habe, die Beschreibung dieses Kaiserreichs einer besonderen Abhandlung vorzubehalten, bin ich doch bereit, dem neugierigen Leser einstweilen mit einigen allgemeinen Angaben gefällig zu sein. Wie die durchschnittliche Größe der Eingeborenen etwas unter sechs Zoll liegt, so besteht genau das gleiche Größenverhältnis bei allen anderen Tieren wie auch Pflanzen und Bäumen. Die größten Pferde und Ochsen sind zum Beispiel zwischen vier und fünf Zoll hoch, die Schafe ungefähr anderthalb Zoll, ihre Gänse haben etwa die Größe eines Sperlings, und so geht es die verschiedenen Abstufungen nach unten, bis man zu den kleinsten kommt, die für mein Sehvermögen fast unsichtbar waren. Die Natur hat die Augen der Lilliputaner jedoch allen Dingen, die sie sehen müssen, angepaßt. Sie sehen sehr scharf, aber nicht sehr weit. Um ihre Sehschärfe gegenüber nahen Dingen zu zeigen, möchte ich nur anführen, daß ich das große Vergnügen hatte, einem Koch zuzusehen, wie er eine Lerche rupfte, die nicht einmal so groß wie eine gewöhnliche Fliege war, und einem jungen Mädchen, wie es einen unsichtbaren Seidenfaden in eine unsichtbare Nadel einfädelte. Ihre größten Bäume sind ungefähr sieben Fuß hoch; ich meine einige von jenen im großen königlichen Park, an deren Wipfel ich mit geballter Faust gerade noch reichen konnte. Die anderen Pflanzen zeigen das gleiche Größenverhältnis, aber das überlasse ich der Phantasie des Lesers.

Von ihrer Gelehrsamkeit, die seit vielen Menschenaltern bei ihnen in all ihren Zweigen blüht, werde ich hier nur wenig sagen; ihre Art zu schreiben ist jedoch sehr eigenartig: sie schreiben nämlich weder von links nach rechts wie die Europäer noch von rechts nach links wie die Araber, noch von oben nach unten wie die Chinesen, noch von unten nach oben wie die Kaskagier, sondern schräg von einer Ecke des Schreibpapiers zur anderen wie unsere Damen in England.

Ihre Toten begraben sie mit dem Kopf senkrecht nach unten, weil sie der Meinung sind, daß sie in elftausend Monden alle auferstehen. In dieser Zeit werde sich die Erde (von der sie glauben, sie sei flach) mit der Oberseite nach unten drehen, und auf diese Weise werde man sie bei ihrer Auferstehung in Bereitschaft finden, da sie richtig auf den Füßen stehen. Die Gelehrten unter ihnen geben die Unsinnigkeit dieser Lehre zu, aber aus Willfährigkeit gegenüber der Masse des Volkes besteht der Brauch noch immer.

In diesem Kaiserreich gibt es einige Gesetze und Gebräuche, die sehr eigenartig sind, und ständen sie nicht in so direktem Gegensatz zu denen meines eigenen teuren Vaterlandes, so wäre ich versucht, ein wenig zu ihrer Rechtfertigung zu sagen. Es ist nur zu wünschen, daß sie auch ebenso gut gehandhabt würden. Das erste Gesetz, das ich erwähnen will, bezieht sich auf Denunzianten. Alle Verbrechen gegen den Staat werden hier mit der größten Strenge bestraft; wenn aber die angeklagte Person ihre Unschuld vor Gericht klar nachweist, wird der Ankläger sogleich auf schmachvolle Weise hingerichtet, und aus seinem beweglichen Vermögen oder seinen Ländereien wird der Unschuldige vierfach für den Verlust seiner Zeit, für die Gefahr, der er ausgesetzt war, für die Leiden seiner Gefangenschaft und für alle Kosten, die ihm durch seine Verteidigung entstanden sind, entschädigt. Wenn jene Geldmittel unzureichend sind, werden sie von der Krone reichlich ergänzt. Der Kaiser erweist ihm ferner eine öffentliche Bezeigung seiner Gunst, und in der ganzen Stadt wird seine Unschuld bekanntgemacht.

Betrug sehen sie als größeres Verbrechen an als Diebstahl, und deshalb unterlassen sie es selten, ihn mit dem Tode zu bestrafen. Sie behaupten nämlich, daß Vorsicht und Wachsamkeit nebst ganz gewöhnlichem Verstand die Habe eines Menschen vor Dieben bewahren könnten, daß aber die Ehrlichkeit keinen Schutz vor überlegener Verschlagenheit besitze. Da ein fortwährender Wechsel von Kauf und Verkauf sowie Geschäftsverkehr auf Kreditbasis, wo Betrug erlaubt ist oder geduldet wird oder wo es kein Gesetz zu seiner Bestrafung gibt, nun einmal notwendig ist, kommt der Ehrliche stets zu Schaden und der Schurke gewinnt die Oberhand. Ich erinnere mich, daß ich einmal bei dem Kaiser Fürsprache für einen Verbrecher einlegte, der seinen Herrn um eine große Geldsumme betrogen hatte, die er in dessen Auftrag in Empfang genommen hatte und mit der er durchgebrannt war. Als ich nun Seiner Majestät zur Milderung der Sache sagte, daß es doch nur ein Vertrauensbruch sei, hielt es der Kaiser für ungeheuerlich, daß ich den erschwerendsten Umstand des Verbrechens zur Verteidigung anführte. Und darauf konnte ich in der Tat wenig mehr sagen als die übliche Antwort, daß andere Länder eben andere Sitten hätten, denn ich gestehe, ich schämte mich von Herzen.

Obgleich wir in der Regel Belohnung und Strafe als die zwei Angelpunkte bezeichnen, um die sich jede Regierung dreht, so habe ich doch nie beobachten können, daß dieser Grundsatz von irgendeiner Nation außer der von Lilliput verwirklicht wurde. Jeder, der dort den ausreichenden Beweis erbringen kann, daß er die Gesetze seines Landes dreiundsiebzig Monde lang streng befolgt hat, kann je nach seinem Stande und seiner Lebenslage gewisse Vorrechte sowie eine im Verhältnis dazu stehende Geldsumme aus einem für diesen Zweck bestimmten Fonds beanspruchen. Ferner erhält er den Titel »Snilpall« oder »der Rechtliche«, der seinem Namen hinzugefügt wird, aber nicht auf seine Nachkommenschaft übergeht. Diese Leute hielten es auch für einen außerordentlich großen Mangel unseres Staatswesens, als ich ihnen sagte, daß unsere Gesetze nur durch Strafen durchgesetzt würden, ohne daß je von einer Belohnung die Rede sei. Gerade aus diesem Grund ist die Statue der Göttin der Gerechtigkeit in ihren Gerichtshöfen mit sechs Augen versehen, zwei vorn, ebenso viele hinten und eins auf jeder Seite, um die Umsicht anzudeuten; ferner mit einem Beutel Gold, den sie offen in der rechten Hand, und einem Schwert in der Scheide, das sie in der linken Hand hält, um zu zeigen, daß sie mehr zur Belohnung als zur Strafe geneigt ist.

Bei der Auswahl von Personen für alle Ämter achten sie mehr auf gute Sitten als auf große Begabung; denn da die Regierung für die Menschheit notwendig ist, glauben sie, daß das gewöhnliche Maß menschlichen Verstandes der einen oder anderen Stellung angemessen sei; auch habe es nie in der Absicht der Vorsehung gelegen, die Verwaltung staatlicher Angelegenheiten zu einem Geheimnis zu machen, das nur von einigen wenigen Personen höchster Genialität verstanden werden könne, wie ihrer selten auch nur drei in einer Generation geboren werden. Dagegen meinen sie, daß Wahrhaftigkeit, Gerechtigkeit, Mäßigung und dergleichen in jedermanns Macht stünden; die Übung dieser Tugenden mache im Verein mit Erfahrung und guter Absicht jeden beliebigen Menschen für den Dienst an seinem Lande geeignet, außer wo ein besonderes Studium erforderlich sei. Sie glaubten aber, der Mangel an sittlichen Tugenden werde keineswegs durch überragende Geistesgaben ausgeglichen, so daß man Ämter niemals in derart gefährliche Hände wie die so veranlagter Personen legen könne; und weiterhin, daß zumindest die Fehler, die aus Unwissenheit bei sonst tugendhafter Veranlagung begangen werden, niemals solche verhängnisvollen Folgen für das Gemeinwohl haben könnten wie die Praktiken eines Mannes, dessen Neigungen ihn zur Unlauterkeit verleiteten und der eine große Begabung besitze, seine unlauteren Handlungen auszuführen, zu vervielfachen und zu rechtfertigen.

Ebenso macht mangelnder Glaube an eine göttliche Vorsehung einen Menschen untauglich, irgendein öffentliches Amt zu bekleiden. Denn da sich die Könige dazu bekennen, die Vertreter der Vorsehung zu sein, glauben die Lilliputaner, nichts könne ungereimter sein, als daß ein Fürst solche Menschen beschäftigt, die die Autorität leugnen, in deren Auftrag er handelt.

Wenn ich diese und die folgenden Gesetze anführe, möchte ich so verstanden werden, daß ich nur die ursprünglichen Einrichtungen meine und nicht die äußerst schändlichen Entartungen, in die dieses Volk durch die verderbte Natur des Menschen verfallen ist. Denn was jenen schmachvollen Brauch angeht, hohe Ämter durch Tanzen auf dem Seil und Zeichen der Gunst und Ehre dadurch zu erwerben, daß man über Stöcke springt und unter ihnen durchkriecht, so muß der Leser beachten, daß diese Gebräuche zuerst von dem Großvater des jetzt regierenden Kaisers eingeführt wurden und durch die allmähliche Zunahme von Parteigeist und Zwietracht ihren jetzigen Höhepunkt erreicht haben.

Undank ist bei ihnen ein Kapitalverbrechen; wie wir lesen, war es das auch in einigen anderen Ländern. Sie argumentieren nämlich so: Wer seinem Wohltäter mit Undank lohnt, muß notwendig ein notorischer Feind der übrigen

Menschheit sein, der er ja für nichts verpflichtet ist, und deswegen ist ein solcher Mensch nicht wert zu leben.

Ihre Vorstellungen von den Pflichten der Eltern und Kinder unterscheiden sich sehr stark von den unseren. Da nämlich die Verbindung von Mann und Weib auf dem großen Naturgesetz der Vermehrung und Erhaltung der Art beruht, behaupten die Lilliputaner schlechterdings, daß sich Männer und Frauen, wie andere Tiere auch, aus Beweggründen der Sinneslust vereinigen; und ihre Zärtlichkeit gegenüber ihren Kindern entspringe dem gleichen Naturprinzip. Aus diesem Grund werden sie auch niemals zugeben, daß ein Kind seinem Vater verpflichtet ist, weil er es zeugte, oder seiner Mutter, weil sie es zur Welt brachte, was in Anbetracht des Elends des menschlichen Lebens weder eine Wohltat an sich noch von seinen Eltern als solche beabsichtigt sei, die bei ihren Liebesbegegnungen an ganz andere Dinge dächten. Auf der Grundlage dieser und ähnlicher Gedankengänge vertreten sie die Meinung, daß die Eltern die allerletzten seien, denen man die Erziehung ihrer Kinder anvertrauen dürfe. Deshalb haben sie in jeder Stadt staatliche Erziehungsanstalten, wohin alle Eltern, mit Ausnahme der Häusler und Tagelöhner, ihre Kinder beiderlei Geschlechts schicken müssen, wenn sie ein Alter von zwanzig Monden erreichen, damit sie dort aufgezogen und unterrichtet werden; zu diesem Zeitpunkt, nimmt man an, zeigen sie bereits einige Ansätze von Gelehrigkeit. Diese Schulen sind unterschiedlicher Art und den verschiedenen Ständen und beiden Geschlechtern angepaßt. Sie haben zuverlässige Lehrer, die sehr darin erfahren sind, Kinder für solche Lebensverhältnisse vorzubereiten, die dem Stand ihrer Eltern sowie ihren eigenen Fähigkeiten und Neigungen angemessen sind. Ich werde zuerst einiges über die Erziehungsanstalten für Knaben und dann über die für Mädchen berichten.

Die Erziehungsanstalten für Knaben adliger oder vornehmer Geburt verfügen über würdige und gelehrte Professoren und deren verschiedene Hilfskräfte. Kleidung und Nahrung der Kinder sind schlicht und einfach. Sie werden nach den Prinzipien der Ehre und Gerechtigkeit, des Mutes, der Bescheidenheit, Milde, Religion und Vaterlandsliebe erzogen. Sie werden stets mit etwas beschäftigt, außer während der Essens- und Schlafenszeit, die sehr kurz ist, und während zweier Stunden zur Zerstreuung, die aus körperlichen Übungen besteht. Bis zum vierten Lebensjahr werden sie von Männern angezogen, und danach müssen sie sich selbst anziehen, welch hohen Standes sie auch sein mögen. Die weiblichen Bediensteten, die in einem Alter sind, das dem unsrigen von fünfzig Jahren entspricht, verrichten nur die niedersten Dienste. Die Knaben dürfen sich niemals mit Dienern unterhalten; sie dürfen ferner nur gemeinsam in kleinerer oder größerer Zahl und immer nur in Gegenwart eines Professors oder eines seiner Stellvertreter zu ihrer Zerstreuung gehen, wodurch man vermeidet, daß sie jene frühzeitigen schlechten Eindrücke der Torheit und des Lasters erhalten, denen unsere Kinder ausgesetzt sind. Ihre Eltern dürfen sie nur zweimal im Jahr sehen, und der Besuch darf nur eine Stunde dauern. Es ist ihnen gestattet, das Kind bei der Ankunft und beim Abschied zu küssen; ein Professor, der bei diesen Gelegenheiten stets anwesend ist, läßt es aber nicht zu, daß sie flüstern oder irgendwelche zärtlichen Ausdrücke gebrauchen oder irgendwelche Geschenke, wie Spielzeug, Süßigkeiten und dergleichen, mitbringen.

Das von jeder Familie für die Erziehung und Verpflegung eines Kindes zu entrichtende Jahrgeld wird bei Versäumnis pünktlicher Zahlung von den Beamten des Kaisers eingezogen.

Die Erziehungsanstalten für Kinder von Männern mittleren Standes, von Kaufleuten, Händlern und Handwerkern, sind im entsprechenden Verhältnis dazu in derselben Art eingerichtet. Nur werden diejenigen, die für ein Gewerbe bestimmt sind, schon mit elf Jahren in die Lehre gegeben, während die Kinder von Standespersonen bis zum Alter von fünfzehn Jahren, das einem Alter von einundzwanzig Jahren bei uns entspricht, die Ausbildung an der Schule fortsetzen. In den letzten drei Jahren wird jedoch die Abgeschlossenheit allmählich vermindert.

In den Erziehungsanstalten für Mädchen werden die jungen Mädchen von Stande fast genau wie die Knaben erzogen; nur werden sie von gesitteten Dienstboten ihres eigenen Geschlechts angezogen, aber immer nur im Beisein eines Professors oder Hilfslehrers, bis sie dahin kommen, sich selbst anzuziehen, was im Alter von fünf Jahren geschieht. Und wenn sich herausstellt, daß diese Kinderfrauen es jemals wagen, die Mädchen mit furchterregenden oder albernen Geschichten oder mit den gewöhnlichen Torheiten zu unterhalten, die bei unseren Kammermädchen üblich sind, so werden sie dreimal öffentlich durch die Stadt gepeitscht, ein Jahr ins Gefängnis gesperrt und auf Lebenszeit in den ödesten Teil des Landes verbannt. Daher schämen sich die jungen Damen dort ebensosehr wie die Männer, Feiglinge und Dummköpfe zu sein, und verschmähen allen persönlichen Schmuck, der über Anstand und Reinlichkeit hinausgeht. Auch habe ich keinerlei Unterschied in ihrer Erziehung bemerkt, den man wegen der Verschiedenheit ihres Geschlechts machte, nur daß die körperlichen Übungen der Mädchen im ganzen genommen nicht so schwer waren und daß ihnen einige Lehren hinsichtlich des häuslichen Lebens erteilt wurden und man von ihnen ein geringeres Maß an Wissen verlangte. Sie folgen nämlich dem Grundsatz, bei Leuten von Stande müsse die Gemahlin stets eine vernünftige und angenehme Gefährtin sein, weil sie nicht immer jung bleiben könne. Wenn die Mädchen zwölf Jahre alt sind, was bei ihnen als heiratsfähiges Alter gilt, holen ihre Eltern oder Vormünder sie mit Äußerungen großer Dankbarkeit gegenüber den Professoren und selten ohne Tränen seitens der jungen Damen und ihrer Gefährtinnen wieder nach Hause.

In den Erziehungsanstalten für Mädchen der niederen Stände werden die Kinder in allen Arbeiten, die für ihr Geschlecht und ihren eigenen Stand zweckmäßig sind, unterrichtet; diejenigen, die dazu bestimmt sind, Lehrlinge zu werden, entläßt man mit sieben Jahren, die anderen bleiben, bis sie elf sind.

Die ärmeren Familien, die Kinder in diesen Erziehungsanstalten haben, müssen außer dem jährlichen Kostgeld, das so niedrig wie möglich ist, dem Verwalter der Erziehungsanstalt einen kleinen Teil ihrer monatlichen Einkünfte übergeben, der für die Ausstattung des Kindes bestimmt ist. Deshalb wird auch die Höhe der Ausgaben aller Eltern durch das Gesetz begrenzt. Die Lilliputaner glauben nämlich, daß nichts ungerechter sein kann, als aus sinnlicher Begierde Kinder in die Welt zu setzen und die Last ihres Unterhalts dem Staate zu überlassen. Was Standespersonen betrifft, so verbürgen sie sich, für jedes Kind eine bestimmte Summe anzuweisen, die ihren Verhältnissen angemessen ist, und diese Gelder werden stets mit solider Wirtschaftlichkeit und der größten Gerechtigkeit verwaltet.

Die Häusler und Tagelöhner behalten ihre Kinder zu Hause, da ihre Aufgabe nur im Pflügen und Bebauen des Landes besteht und ihre Erziehung daher von geringer Bedeutung für den Staat ist. Aber die Alten und Kranken unter ihnen werden in Spitälern versorgt, denn Betteln ist ein Gewerbe, das in diesem Reich unbekannt ist.

Den neugierigen Leser wird es vielleicht unterhalten,

wenn ich ihm an dieser Stelle einen Bericht von meiner Haushaltung und Lebensweise in diesem Land während eines Aufenthalts von neun Monaten und dreizehn Tagen gebe. Da ich technisch veranlagt bin und auch durch die Not gezwungen wurde, hatte ich mir aus den größten Bäumen im königlichen Park einen ziemlich bequemen Stuhl und einen Tisch gebaut. Zweihundert Näherinnen wurden angestellt, um mir Hemden sowie Bett- und Tischwäsche anzufertigen, alles aus der stärksten und gröbsten Leinwand, die sie beschaffen konnten. Dennoch waren sie genötigt, die Leinwand in mehreren Lagen übereinanderzusteppen, denn die dickste Sorte war noch einige Grade feiner als Batist. Ihre Leinwand ist gewöhnlich drei Zoll breit, und drei Fuß bilden ein Stück. Die Näherinnen nahmen Maß, als ich am Boden lag; eine stand an meinem Hals und eine andere an meinen Knien, sie hatten ein starkes Seil gezogen, das jede an einem Ende hielt, während eine dritte mit einem Meßstab von einem Zoll die Länge des Seils maß. Dann maßen sie meinen rechten Daumen und verlangten weiter nichts. Denn nach einer mathematischen Berechnung, daß der doppelte Umfang des Daumens den des Handgelenks ergebe und so weiter bis zu Hals und Taille, sowie mit Hilfe meines alten Hemdes, das ich als Muster vor ihnen auf dem Boden ausbreitete, trafen sie meine Maße ganz genau. Dreihundert Schneider wurden in derselben Art beschäftigt, um mir Kleider zu machen; sie hatten aber eine andere Methode, Maß zu nehmen. Ich kniete nieder, und sie stellten eine Leiter auf, die vom Boden bis zu meinem Hals reichte. Einer von ihnen stieg auf diese Leiter und ließ ein Senkblei von meinem Kragen auf den Boden hinab, wodurch sie die Länge meines Rockes herausbekamen; Taille und Arme maß ich jedoch selbst. Als meine Kleider, die in meinem Hause genäht wurden (denn das größte ihrer Häuser hätte sie nicht fassen können), fertig waren, glichen sie den Flickmusterarbeiten, die die Damen in England herstellen, nur daß meine Flicken alle von einer Farbe waren.

Ich hatte dreihundert Köche, die meine Nahrung in kleinen zweckdienlichen Hütten zubereiteten, die bei meinem Haus gebaut worden waren und in denen sie mit ihren Familien wohnten. Jeder Koch lieferte mir zwei Gerichte. Ich nahm zwanzig Aufwärter in die Hand und stellte sie auf den Tisch; hundert andere warteten unten auf dem Boden, einige mit Fleischgerichten und andere mit Fässern voll Wein und anderen Getränken, die sie an Schlingen über die Schulter hängen hatten. Alles das zogen die oben stehenden Aufwärter hinauf, wie ich es gerade verlangte, und zwar auf sehr sinnreiche Weise mit bestimmten Seilen, wie wir in Europa den Wassereimer aus einem Brunnen ziehen. Eines ihrer Fleischgerichte machte einen guten Bissen aus und ein Faß ihres Getränks einen annehmbaren Schluck. Ihr Hammelfleisch ist nicht so gut wie unseres, aber ihr Rindfleisch ist ausgezeichnet. Einmal habe ich ein so großes Lendenstück bekommen, daß ich drei Bissen daraus machen mußte, aber das ist selten. Meine Bedienten erschraken, als sie sahen, daß ich es ganz und gar mit den Knochen aufaß, wie man in unserem Lande einen Lerchenflügel verspeist. Ihre Gänse und Truthühner aß ich gewöhnlich auf einen Bissen, und ich muß gestehen, sie sind viel besser als unsere. Von ihrem kleineren Geflügel konnte ich zwanzig bis dreißig Stück auf einmal mit der Spitze meines Messers aufspießen.

Eines Tages ersuchte Seine Kaiserliche Majestät, den man von meiner Lebensweise unterricht hatte, darum, daß er und Seine Kaiserliche Gemahlin nebst den jungen Prinzen und Prinzessinnen von Geblüt das Glück (wie er es zu nennen beliebte) haben möchten, mit mir zu speisen. Sie kamen also, und ich setzte sie in Prunksesseln und von ihren

Wachen umgeben mir gerade gegenüber auf den Tisch. Flimnap, der Oberste Finanzminister, mit seinem weißen Stab war auch zugegen, und ich bemerkte, daß er mich oft mit saurer Miene ansah; ich wollte jedoch nicht den Anschein erwecken, daß ich mich darum kümmerte, sondern aß, meinem teuren Vaterland zu Ehren, zugleich aber auch, um den Hof in Erstaunen zu versetzen, mehr als gewöhnlich. Ich habe besondere Gründe zu glauben, daß dieser Besuch seitens Seiner Majestät Flimnap Gelegenheit gab, mir bei seinem Herrn schlimme Dienste zu erweisen. Dieser Minister war stets mein heimlicher Feind gewesen, obgleich er mich nach außen hin schmeichelhafter behandelte, als es sonst in seiner mürrischen Gemütsart lag. Er machte dem Kaiser Vorstellungen darüber, daß seine Staatskasse fast erschöpft sei; er sei gezwungen, Geld zu einem hohen Diskontsatz aufzunehmen; Schatzanweisungen kursierten nur noch bei neun Prozent unter Pari; kurz, ich hätte Seine Majestät bereits mehr als anderthalb Millionen Sprugs gekostet (ihre größte Goldmünze, ungefähr von der Dicke eines Goldflitters), und alles in allem sei anzuraten, daß Seine Majestät die erste passende Gelegenheit benutze, mich zu entlassen.

Hier muß ich den Ruf einer ausgezeichneten Dame verteidigen, die meinetwegen unschuldig leiden mußte. Der Finanzminister setzte es sich in den Kopf, auf seine Frau eifersüchtig zu werden, und zwar weil ihm die Bosheit einiger giftiger Zungen hinterbrachte, Ihre Gnaden habe eine heftige Leidenschaft für meine Person ergriffen. Bei Hofe ging auch eine Zeitlang die Skandalgeschichte um, sie sei einmal sogar heimlich in meine Wohnung gekommen. Ich erkläre hiermit feierlich, daß das eine schändliche, völlig unbegründete Lüge ist; Ihre Gnaden hatte allein die Güte, mich mit allen unschuldigen Zeichen der Vertraulichkeit und Freundschaft zu behandeln. Ich gebe zu, daß sie öfter zu meinem Haus kam, aber stets öffentlich und niemals ohne drei andere Damen in der Kutsche, gewöhnlich ihre Schwester, ihre junge Tochter und eine besondere Freundin. Das war jedoch auch bei vielen anderen Damen des Hofes üblich. Und ich rufe noch jetzt alle meine Diener als Zeugen an, ob sie jemals eine Kutsche vor meiner Tür sahen, ohne zu wissen, wer die Personen waren, die darin saßen. Bei diesen Gelegenheiten pflegte ich sofort, wenn ein Diener mich benachrichtigt hatte, zur Tür zu gehen. Nach einer höflichen Begrüßung nahm ich die Kutsche mit den zwei Pferden sehr vorsichtig in die Hände (waren es sechs Pferde, so spannte der Kutscher immer vier aus) und stellte sie auf einen Tisch, an dem ich rundum einen verstellbaren fünf Zoll hohen Rand angebracht hatte, um Unglücksfälle zu verhüten. Und ich hatte oftmals vier Kutschen mit ihren Pferden und voll von Besuchern gleichzeitig auf dem Tisch stehen, während ich auf meinem Stuhl saß und ihnen das Gesicht zuneigte. In der Zeit, da ich mich mit der einen Gesellschaft befaßte, pflegten die Kutscher die anderen vorsichtig auf dem Tisch umherzufahren. Manchen Nachmittag habe ich sehr angenehm mit solchen Gesprächen zugebracht. Aber ich fordere den Finanzminister oder seine zwei Spitzel (ich will ihre Namen nennen, und sollen sie machen, was sie wollen), Clustril und Drunlo, auf zu beweisen, daß jemals irgendeine Person inkognito zu mir gekommen ist, mit Ausnahme des Ministers Reldresal, der auf ausdrücklichen Befehl Seiner Majestät zu mir gesandt wurde, wie ich bereits berichtet habe. Ich hätte nicht so lange bei diesem Umstand verweilt, wäre es nicht eine Angelegenheit gewesen, die den guten Ruf einer vornehmen Dame so sehr betrifft, von meinem eigenen ganz zu schweigen, obwohl ich damals die Ehre hatte, ein Nardac zu sein, was der Finanzminister selbst nicht ist. Die ganze Welt weiß ja, daß er nur ein Glumglum ist; das ist ein Titel, der einen Grad niedriger ist, wie in England der eines Marquis gegenüber dem eines Herzogs, wenn ich auch zugebe, daß er vermöge seines Amtes den Vorrang vor mir hatte. Jene unwahren Behauptungen, von denen ich später durch einen Umstand Kenntnis erhielt, den ich korrekterweise nicht erwähnen kann, veranlaßten Flimnap, den Finanzminister, sich seiner Gemahlin gegenüber einige Zeit unfreundlich und mir gegenüber noch unfreundlicher zu verhalten. Wenn er schließlich auch eines Besseren belehrt wurde und sich mit ihr aussöhnte, so verlor ich doch jedes Ansehen bei ihm und fand auch bald, daß mein Einfluß beim Kaiser sehr rasch abnahm, der sich von diesem Günstling wirklich zu sehr leiten ließ.

Aus: Gullivers Reisen, Buch I,6

Abenteuer im Reich der Riesen

Verschiedene Abenteuer, die der Verfasser erlebte.
Die Hinrichtung eines Verbrechers. Der Verfasser zeigt
seine Geschicklichkeit in der Schiffahrt.

Ich hätte in diesem Lande glücklich gelebt, wenn mich meine Kleinheit nicht verschiedenen lächerlichen und unangenehmen Vorfällen ausgesetzt hätte. Ich werde mir gestatten, einige davon zu erzählen. Glumdalclitch trug mich oft in meinem kleineren Kästchen in die Gärten des Hofes, und zuweilen pflegte sie mich herauszunehmen und in der Hand zu halten oder mich zum Umhergehen auf den Boden zu setzen. Wie ich mich erinnere, folgte uns der Zwerg eines Tages, ehe er die Königin verließ, in diese Gärten. Meine Wärterin hatte mich auf den Boden gesetzt, und als er und ich nahe an einigen Zwergapfelbäumen zusammenstanden, mußte ich unbedingt meinen Geist durch einen albernen wortspielerischen Vergleich zwischen ihm und den Bäumen zeigen, der zufällig in ihrer Sprache ebenso möglich ist wie in unserer. Daraufhin wartete der boshafte Schelm die Gelegenheit ab, als ich gerade unter einem von ihnen hindurchging, und schüttelte ihn direkt über meinem Kopf, so daß mir ein Dutzend Äpfel, jeder von ihnen beinahe so groß wie ein Bristoler Faß, um die Ohren flog. Einer von ihnen traf mich auf den Rücken, als ich mich zufällig duckte, und warf mich der Länge nach zu Boden; sonst blieb ich aber unverletzt, und dem Zwerg wurde auf meine Bitte hin verziehen, da ich den Anlaß gegeben hatte.

Ein andermal ließ mich Glumdalclitch auf einem ebenen Rasenplatz zurück, damit ich mich vergnügte, während sie in einiger Entfernung mit ihrer Gouvernante spazierenging. Unterdessen fiel plötzlich ein so heftiger Hagelschauer, daß ich durch seine Gewalt sogleich zu Boden geschlagen wurde. Als ich nun dalag, versetzten mir die Hagelkörner am ganzen Körper so harte Stöße, als ob ich mit Tennisbällen beschossen würde. Es gelang mir jedoch, auf allen vieren wegzukriechen und mich in Sicherheit zu bringen, indem ich mich an der windgeschützten Seite einer Rabatte mit Zitronenthymian platt aufs Gesicht legte; ich war aber von Kopf bis Fuß so zerschlagen, daß ich zehn Tage lang nicht ausgehen konnte. Man braucht sich übrigens hierüber ganz und gar nicht zu wundern, weil die Natur in jenem Lande bei all ihrem Wirken das gleiche Verhältnis beobachtet, und so ist ein Hagelkorn fast achtzehnhundertmal so groß wie eines in Europa. Das kann ich aus eigener Erfahrung versichern, da ich so neugierig war, sie zu wiegen und zu messen.

Ein gefährlicheres Unglück stieß mir aber in demselben Garten zu, als meine kleine Wärterin, die glaubte, sie habe mich an einem sicheren Ort niedergesetzt (ich bat sie oft, das zu tun, damit ich meinen eigenen Gedanken nachhängen könne), und die mein Kästchen daheim gelassen hatte, um die Mühe des Tragens zu umgehen, mit ihrer Gouvernante und einigen Damen ihrer Bekanntschaft in einen anderen Teil des Gartens ging. Während sie abwesend und außer Hörweite war, strich ein kleiner weißer Wachtelhund, der einem der Obergärtner gehörte und durch Zufall in den Garten gekommen war, in der Nähe der Stelle umher, wo ich lag. Der Hund folgte der Witterung, kam sogleich herbei, nahm mich ins Maul, lief geradenwegs zu seinem Herrn und legte mich, indem er mit dem Schwanz wedelte, sanft auf den Boden nieder. Glücklicherweise war er so gut abgerichtet, daß er mich zwischen den Zähnen trug, ohne mich im geringsten zu verletzten oder auch nur meine Kleider zu zerreißen. Der arme Gärtner, der mich gut kannte und mir sehr zugetan war, bekam aber einen furchtbaren Schreck. Er hob mich vorsichtig mit beiden Händen auf und fragte mich, wie ich mich befinde; ich war aber noch so bestürzt und außer Atem, daß ich kein Wort sprechen konnte. Nach einigen Minuten kam ich wieder zu mir, und er brachte mich gesund zu meiner kleinen Wärterin, die unterdessen an den Ort zurückgekehrt war, wo sie mich verlassen hatte, und entsetzliche Angst ausstand, als ich auf ihren Ruf nicht erschien noch auch antwortete. Sie erteilte dem Gärtner wegen seines Hundes einen strengen Verweis. Die Angelegenheit wurde aber vertuscht und nie bei Hofe bekannt, denn das Mädchen fürchtete den Zorn der Königin, und was mich selbst betraf, so war ich mit gutem Grund der Meinung, es würde mir nicht zur Ehre gereichen, daß eine solche Geschichte umliefe.

Dieser Vorfall veranlaßte Glumdalclitch endgültig, mich in Zukunft außerhalb des Hauses niemals aus den Augen zu lassen. Ich hatte diesen Entschluß schon lange befürchtet und ihr deshalb einige kleine unglückliche Abenteuer verschwiegen, die sich zu jener Zeit zugetragen hatten, in der ich mir selbst überlassen war. Einmal stieß eine Weihe, die über dem Garten schwebte, auf mich herab, und wenn ich nicht beherzt den Hirschfänger gezogen hätte und unter ein dichtes Spalier gelaufen wäre, so hätte sie mich sicherlich in ihren Fängen davongetragen. Ein andermal, als ich auf den Gipfel eines frischen Maulwurfshügels stieg, fiel ich bis zum Hals in das Loch, durch das jenes Tier die Erde aufgeworfen hatte, und erfand irgendeine Lüge, die des Erwähnens nicht wert ist, um mich wegen der Beschmutzung meiner Kleider zu entschuldigen. Auch verletzte ich mir das rechte Schienbein an einem Schneckenhaus, über das ich stolperte, als ich allein spazierenging und an das arme England dachte.

Ich weiß nicht mehr, ob es mich mehr vergnügte oder

mehr kränkte, bei diesen einsamen Spaziergängen zu beobachten, daß sich die kleineren Vögel überhaupt nicht vor mir zu fürchten schienen, sondern im Umkreis von einer Elle hin und her hüpften und Würmer und sonstige Nahrung mit so viel Gleichgültigkeit und Sicherheit suchten, als befände sich überhaupt kein Geschöpf in ihrer Nähe. Wie ich mich erinnere, besaß eine Drossel sogar die Frechheit, mir ein Stück Kuchen, das mir Glumdalclitch gerade zum Frühstück gegeben hatte, mit dem Schnabel aus der Hand zu reißen. Wenn ich versuchte, einen dieser Vögel zu fangen, wandten sie sich dreist gegen mich und suchten mir die Finger abzuhacken, die ich nicht in ihre Reichweite zu bringen wagte, und dann hüpften sie ganz unbekümmert wieder zurück, um Würmer oder Schnecken zu suchen, wie sie es vorher taten. Eines Tages aber nahm ich einen dicken Knüttel und schleuderte ihn mit aller Kraft und mit solchem Glück auf einen Hänfling, daß ich ihn zu Boden schlug, worauf ich ihn mit beiden Händen am Halse packte und im Triumph mit ihm zu meiner Wärterin lief. Der Vogel, der nur betäubt gewesen war, kam aber wieder zu sich, und obgleich ich ihn auf Armeslänge entfernt hielt und außerhalb der Reichweite seiner Krallen war, versetzte er mir doch mit seinen Flügeln so viele Schläge auf beide Seiten des Kopfes und des Leibes, daß ich wohl zwanzigmal daran dachte, ihn wieder loszulassen. Ich wurde aber bald durch einen unserer Diener befreit, der ihm den Hals umdrehte, und am nächsten Tag erhielt ich den Vogel auf Befehl der Königin zum Mittagessen. Dieser Hänfling schien, so genau ich mich noch erinnern kann, etwas größer als ein englischer Schwan zu sein.

Die Ehrendamen luden Glumdalclitch oft in ihre Gemächer ein und baten sie, mich mitzubringen, um das Vergnügen zu haben, mich zu sehen und zu befühlen. Sie entkleideten mich oft von Kopf bis Fuß und legten mich in voller

Länge an ihren Busen, worüber ich großen Ekel empfand, weil ihre Haut (um die Wahrheit zu sagen) einen sehr fatalen Geruch verbreitete. Ich erwähne das nicht (noch wünsche ich das) zum Nachteil jener vortrefflichen Damen, vor denen ich alle Achtung habe, sondern ich glaube, daß mein Geruchssinn im Verhältnis zu meiner Kleinheit um so feiner war und daß diese ausgezeichneten Personen ihren Liebhabern oder sich gegenseitig ebensowenig unangenehm waren, wie das unter Leuten gleichen Standes bei uns in England der Fall ist. Und im Grunde genommen fand ich, daß ihr natürlicher Geruch immer noch viel erträglicher war, als wenn sie Parfüme gebrauchten; dabei fiel ich sogleich in Ohnmacht. Ich muß auch daran denken, daß sich ein vertrauter Freund von mir in Lilliput an einem heißen Tag, als ich mir viel Bewegung gemacht hatte, die Freiheit nahm, über einen starken Geruch zu klagen, den ich an mir hätte, obgleich ich in dieser Hinsicht ebensowenig zu tadeln bin wie die meisten meines Geschlechts. Ich vermute jedoch, daß sein Riechvermögen im Vergleich zu mir ebenso fein wie das meine im Vergleich zu dem dieses Volkes war. In diesem Punkt muß ich jedoch der Königin, meiner Gebieterin, und Glumdalclitch, meiner Wärterin, Gerechtigkeit widerfahren lassen: sie waren so wohlriechend wie nur irgendeine Dame in England.

Was mir jedoch das größte Unbehagen bei diesen Ehrendamen bereitete (wenn mich meine Wärterin zum Besuch zu ihnen brachte), war, sehen zu müssen, daß sie sich mir gegenüber ohne jegliche Umstände wie gegenüber einem Geschöpf benahmen, das keinerlei Bedeutung habe. Sie pflegten sich nämlich in meiner Gegenwart bis auf die Haut zu entkleiden und ihre Hemden anzuziehen, während ich auf ihrem Toilettentisch direkt vor ihren nackten Körpern stand, was wahrhaftig sehr weit davon entfernt war, ein verführerischer Anblick für mich zu sein oder mir irgendwelche anderen Gefühle als Abscheu und Widerwillen einzuflößen. Ihre Haut erschien nämlich, wenn ich sie in der Nähe sah, so rauh und ungleichmäßig, so verschiedenfarbig, mit hier und da einem tellergroßen Leberfleck und Haaren, die davon herabhingen, dicker als Bindfäden, ganz zu schweigen von ihrer sonstigen äußeren Erscheinung. Auch trugen sie nicht das geringste Bedenken, sich in meiner Gegenwart dessen, was sie getrunken hatten, in einer Menge von wenigstens zwei Oxhoft in ein Gefäß zu entledigen, das über drei Tonnen faßte. Die schönste dieser Ehrendamen, ein scherzhaft veranlagtes, ausgelassenes Mädchen von sechzehn Jahren, setzte mich mitunter rittlings auf eine ihrer Brustwarzen, nebst vielen anderen Possen, bei denen der Leser entschuldigen wird, wenn ich nicht übermäßig ins einzelne gehe. Das war mir aber so zuwider, daß ich Glumdalclitch bat, sich irgendeine Ausrede auszudenken, um dieser jungen Dame keinen Besuch mehr machen zu müssen.

Eines Tages kam ein junger Herr, der Neffe der Gouvernante meiner Wärterin, und bestürmte sie beide, sich eine Hinrichtung anzusehen. Es handelte sich um einen Menschen, der einen vertrauten Bekannten dieses Herrn ermordet hatte. Glumdalclitch wurde überredet, daran teilzunehmen, allerdings sehr gegen ihre Neigung, denn sie war von Natur aus weichherzig. Was mich selbst betrifft, so verlockte mich meine Neugier, etwas zu sehen, was meines Erachtens außergewöhnlich sein mußte, wenn ich auch Schauspiele dieser Art verabscheute. Der Verbrecher wurde auf einem Stuhl festgebunden, der auf einem für die Hinrichtung errichteten Schafott stand; dann wurde ihm der Kopf mit einem etwa vierzig Fuß langen Schwert mit einem Schlag abgehauen. Die Venen und Arterien spritzten eine so ungeheure Menge Blut so hoch in die Luft, daß ihm die große Fontäne zu Versailles nicht gleichkam, solange es anhielt; und als der Kopf auf den Boden des Schafotts fiel, erscholl ein so heftiges Krachen, daß ich erschrocken auffuhr, obwohl ich mindestens eine halbe englische Meile entfernt war.

Die Königin, die oft den Erzählungen von meinen Seereisen zuzuhören pflegte und jede Gelegenheit benutzte, mich aufzuheitern, wenn ich trübsinnig war, fragte mich, ob ich mich darauf verstehe, Segel oder Ruder zu handhaben, und ob nicht ein wenig körperliche Betätigung mit dem Ruder meiner Gesundheit zuträglich wäre. Ich erwiderte, daß ich mich auf beides sehr gut verstehe, denn obgleich ich eigentlich als Wundarzt oder Doktor für das Schiff angeheuert gewesen sei, so hätte ich doch in der Not oft wie ein gemeiner Matrose arbeiten müssen. Ich könne aber nicht begreifen, wie man das in ihrem Lande tun könne, wo die kleinste Jolle einem erstklassigen Kriegsschiff bei uns gleichkomme, und ein solches Boot, wie ich es regieren könne, hielte sich niemals auf irgendeinem ihrer Flüsse. Ihre Majestät sagte, wenn ich den Riß eines Bootes entwerfen wolle, sollte ihr eigener Tischler es anfertigen, und sie werde mir schon einen Platz verschaffen, wo ich segeln könne. Der Mann war ein geschickter Handwerker und vollendete nach meinen Anweisungen in zehn Tagen ein Vergnügungsboot nebst all seiner Takelage, das bequem acht Europäer hätte fassen können. Als es fertig war, war die Königin so entzückt, daß sie es in den Schoß ihres Kleides nahm und zum König lief, der es mit mir darin zur Probe in ein mit Wasser gefülltes Becken setzen ließ; dort konnte ich aber aus Platzmangel meine beiden Skullriemen oder kleinen Ruder nicht handhaben. Die Königin hatte jedoch vorher einen anderen Plan entworfen. Sie ließ den Tischler einen hölzernen Trog von dreihundert Fuß Länge, fünfzig Fuß Breite und acht Fuß Tiefe anfertigen. Dieser wurde sorgfältig verpicht, um zu verhindern, daß das Wasser auslief, und in einem äußeren Zimmer des Palastes an der Wand hin auf den Fußboden gesetzt. Nahe am Boden hatte der Trog einen Hahn, um das Wasser herauszulassen, wenn es faul zu werden begann, zwei Diener konnten ihn in einer halben Stunde mit Leichtigkeit füllen. Hier pflegte ich oft zu meinem eigenen Vergnügen wie auch dem der Königin und ihrer Damen zu rudern, die der Meinung waren, meine Geschicklichkeit und Behendigkeit böten ihnen eine angenehme Unterhaltung. Bisweilen zog ich auch mein Segel auf, und dann bestand meine Aufgabe nur noch darin zu steuern, während die Damen mir mit ihren Fächern die Luft zuwehten; wenn sie müde waren, pflegten einige Pagen mein Segel voranzublasen, während ich meine Geschicklichkeit zeigte, indem ich steuerbord oder backbord steuerte, wie es mir gerade beliebte. Wenn ich fertig war, trug Glumdalclitch mein Boot immer in ihr Zimmer zurück und hängte es zum Trocknen an einem Nagel auf.

Bei dieser Betätigung hatte ich einmal einen Unfall, der mich das Leben hätte kosten können. Als einer der Pagen mein Boot in den Trog gesetzt hatte, hob mich die Gouvernante, die Glumdalclitch begleitete, allzu diensteifrig auf, um mich in das Boot zu setzen. Ich glitt ihr aber durch die Finger und wäre zweifellos vierzig Fuß tief auf den Boden gefallen, wenn ich nicht durch den glücklichsten Zufall der Welt von einer großen Stecknadel, die im Mieder der guten Frau steckte, aufgehalten worden wäre; der Knopf der Nadel ging zwischen meinem Hemd und dem Hosenbund durch, und so hielt mich mein Gürtel in der Luft fest, bis Glumdalclitch zu meiner Rettung herbeilief.

Ein andermal war einer der Diener, deren Aufgabe es war, meinen Trog mit frischem Wasser zu füllen, so nachlässig, einen großen Frosch, den er nicht bemerkte, aus seinem Eimer schlüpfen zu lassen. Der Frosch hielt sich verborgen, bis ich in mein Boot gesetzt wurde; da er dann aber einen Ruheplatz erblickte, stieg er herauf und verursachte auf diese Weise, daß es sich so sehr auf eine Seite neigte, daß ich mit meinem ganzen Körper das Gleichgewicht auf der anderen halten mußte, um zu verhindern, daß es umschlug. Als der Frosch hereingekommen war, hüpfte er mit einem Satz halb so weit, wie das Boot lang war, und dann vorwärts und rückwärts über meinen Kopf, wobei er mir Gesicht und Kleider mit seinem ekelhaften Schleim besudelte. Die Größe seiner Gesichtszüge ließen ihn als das häßlichste Tier erscheinen, das man sich nur denken kann. Ich bat Glumdalclitch jedoch, mich allein mit ihm fertig werden zu lassen. Ich prügelte ihn geraume Zeit mit einem meiner Skullriemen und zwang ihn schließlich, aus dem Boot hinauszuspringen.

Die größte Gefahr jedoch, der ich in diesem Königreich ausgesetzt war, entstand durch einen Affen, der einem der Küchengehilfen gehörte. Glumdalclitch hatte mich in ihrem Zimmer eingeschlossen, während sie irgendwohin ging, um eine Besorgung oder einen Besuch zu machen. Da das Wetter sehr warm war, waren das Zimmerfenster wie auch die Fenster und die Tür meines größeren Kästchens, in dem ich wegen seiner Größe und Bequemlichkeit gewöhnlich wohnte, offengelassen worden. Als ich nun ruhig in Gedanken an meinem Tisch saß, hörte ich, daß irgend etwas durch das Zimmerfenster hereinsprang und von der einen Seite des Zimmers zur anderen hüpfte. Obgleich ich sehr beunruhigt war, wagte ich es dennoch hinauszusehen, rührte mich aber nicht von dem Stuhl, und da erblickte ich dieses possierliche Tier, wie es Kapriolen schlug und hoch- und niedersprang, bis es schließlich zu meinem Kästchen kam, das es mit großem Vergnügen und großer Neugier zu betrachten schien, da es zur Tür und zu allen Fenstern hereinblickte. Ich zog mich in den entferntesten Winkel meines Zimmers oder Kästchens zurück; als der Affe aber von jeder Seite hereinsah, geriet ich in solchen Schrekken, daß ich nicht die Geistesgegenwart hatte, mich unter dem Bett zu verbergen, wie ich es mit Leichtigkeit hätte tun können. Nachdem er einige Zeit mit Hereinsehen, Grinsen und Schnattern verbracht hatte, erblickte er mich endlich, steckte eine seiner Pfoten zur Tür herein wie eine Katze, wenn sie mit einer Maus spielt, und packte mich schließlich, obgleich ich oft den Platz wechselte, um ihm zu entgehen, am Schoß meines Rocks (der sehr dick und fest war, da er aus der Seide des Landes gemacht war) und zog mich heraus. Dann nahm er mich in seine rechte Vorderpfote und hielt mich wie eine Amme ein Kind, dem sie die Brust geben will, genau so, wie ich ein Geschöpf gleicher Art es mit einem Kätzchen in Europa habe machen sehen. Als ich Anstalten machte, mich zu widersetzen, drückte er mich so fest, daß ich es für klüger hielt, mich zu fügen. Da er mein Gesicht mit der anderen Pfote oft und sehr sanft streichelte, habe ich guten Grund zu glauben, daß er mich für ein Junges seiner eigenen Art hielt. Bei diesem Zeitvertreib wurde er durch ein Geräusch an der Zimmertür gestört, als wolle sie jemand öffnen; daraufhin sprang er plötzlich zum Fenster hinauf, durch das er hereingekommen war, und von da auf die bleiernen Dachplatten und die Regenrinnen, wobei er auf drei Beinen ging und mich mit dem vierten hielt, bis er schließlich auf ein Dach kletterte, das dem unsrigen zunächst lag. Ich hörte, wie Glumdalclitch in dem Augenblick, als er mich hinaustrug, laut aufschrie. Das arme Mädchen verlor beinahe den Verstand. Das ganze Palastviertel geriet in Aufruhr; die Diener liefen nach Leitern; der Affe wurde von Hunderten vom Hof aus betrachtet, wie er auf dem Dachfirst eines Gebäudes saß, mich wie ein Kleinkind in einer seiner Vorderpfoten hielt und mich mit der anderen fütterte, indem er mir einige Eßwaren in den Mund stopfte, die er aus der Backentasche auf einer Seite seiner Kiefer herausgequetscht hatte, und mir einen Klaps gab, wenn ich nicht essen wollte. Viele von dem Pöbel da unten konnten es nicht unterlassen, darüber zu lachen; ich glaube auch nicht, daß man sie mit Recht tadeln könnte, denn ohne Frage war der Anblick für jedermann außer für mich selbst nur zu lächerlich. Einige der Leute warfen Steine herauf und hofften, den Affen damit hinunterzutreiben. Das wurde aber streng verboten, da mir sonst höchstwahrscheinlich der Schädel eingeschlagen worden wäre.

Nun wurden die Leitern angelegt, und mehrere Leute stiegen herauf. Als der Affe das bemerkte und sah, daß er beinahe schon ganz eingeschlossen war, setzte er mich, da er auf drei Beinen nicht schnell genug laufen konnte, auf einem Firstziegel nieder und machte sich aus dem Staube. Hier saß ich nun einige Zeit dreihundert Ellen über dem Erdboden und erwartete jeden Augenblick, vom Wind hinabgeweht zu werden oder wegen meiner Schwindeligkeit kopfüber vom First zu den Dachrinnen zu stürzen. Ein rechtschaffener junger Bursche, einer der Diener meiner Wärterin, kletterte jedoch herauf, steckte mich in seine Hosentasche und brachte mich glücklich hinunter.

Ich war von dem ekelhaften Zeug, das mir der Affe in die Kehle gestopft hatte, fast erstickt; meine liebe kleine Wärterin stocherte es mir aber mit einer kleinen Nadel aus dem Mund, und dann begann ich mich zu erbrechen, was mir große Erleichterung verschaffte. Dennoch war ich so schwach, und die Seiten waren mir von diesem verhaßten Tier so gequetscht worden, daß ich vierzehn Tage lang das Bett hüten mußte. Der König, die Königin und der ganze Hof schickten täglich Boten, um sich nach meinem Gesundheitszustand zu erkundigen, und Ihre Majestät besuchte mich mehrere Male während meiner Krankheit. Der Affe wurde getötet und ein Befehl erlassen, daß kein solches Tier mehr am Palast gehalten werden solle.

Als ich dem König nach meiner Wiederherstellung meine Aufwartung machte, um mich für seine Gunstbeweise zu bedanken, beliebte es ihm, mich wegen dieses Abenteuers beträchtlich zu verspotten. Er fragte mich, was meine Gedanken und Überlegungen gewesen seien, während ich in der Pfote des Affen lag; wie mir die Eßwaren geschmeckt hätten, die er mir gab; wie mir seine Art, mich zu füttern, gefallen habe und ob die frische Luft auf dem Dach nicht meinen Appetit angeregt hätte. Er wünschte zu wissen, was ich in einem solchen Fall in meinen Vaterland getan hätte. Ich sagte Seiner Majestät, daß wir in Europa nur solche Affen hätten, die als Seltenheit aus anderen Ländern dahin gebracht würden und die so klein seien, daß ich mit einem Dutzend davon fertig werden könnte, wenn sie sich erdreisteten, mich anzugreifen. Was nun jenes riesige Tier betreffe, mit dem ich erst unlängst zu tun gehabt hätte (es war in der Tat so groß wie ein Elefant), so würde ich, wenn mich meine Furcht nur so weit hätte denken lassen, von meinem Hirschfänger Gebrauch machen (während ich sprach, zog ich eine grimmige Miene und schlug mit der Hand auf den Griff), ihm vielleicht eine solche Wunde beigebracht haben, als es seine Pfote in mein Zimmer steckte, daß es sie nur zu gern mit größerer Eile wieder zurückgezogen hätte, als es sie hereinsteckte. Das sagte ich mit fester Stimme wie ein Mann, der besorgt ist, daß sein Mut in Frage gestellt werde. Meine Rede hatte aber weiter nichts als ein lautes Gelächter zur Folge, und selbst der ganze Respekt, der Seiner Majestät seitens der Personen um ihn gebührte, konnte sie nicht dazu bringen, es zu unterdrücken. Das ließ mich darüber nachdenken, ein wie törichtes Unterfangen es doch sei, wenn ein Mensch versucht, sich bei solchen Leuten ein Ansehen zu geben, die außerhalb jeglichen Grades der Gleichheit oder des Vergleichs mit ihm stehen. Und dennoch habe ich diese Lehre meines eigenen Verhaltens seit meiner Rückkehr sehr häufig in England gezogen, wo selbst ein unbedeutender verächtlicher Kerl ohne den geringsten Anspruch auf Geburt, ansehnliche Erscheinung, Witz oder Verstand es sich herausnimmt, sich ein Ansehen von Gewichtigkeit zu geben und sich mit den bedeutendsten Persönlichkeiten des Königreichs auf gleichen Fuß zu stellen.

Jeden Tag bot ich dem Hof Stoff für eine spaßige Geschichte, und obwohl Glumdalclitch mich bis zum Übermaß lieb hatte, war sie doch schalkhaft genug, es der Königin immer zu hinterbringen, wenn ich irgendeine Torheit beging, von der sie glaubte, daß sie Ihrer Majestät Vergnügen machen würde. Das Mädchen, das unwohl gewesen war, wurde einmal von ihrer Gouvernante eine Stunde oder dreißig Meilen vor die Stadt gebracht, um frische Luft zu schöpfen. Bei einem schmalen Fußpfad auf einem Feld stiegen sie aus der Kutsche; Glumdalclitch setzte mein Reisekästchen auf den Boden, und ich ging hinaus, um spazierenzugehen. Auf dem Pfad lag ein Kuhfladen, und ich mußte unbedingt meine Behendigkeit erproben, indem ich versuchte, darüberzuspringen. Ich nahm Anlauf, sprang aber unglücklicherweise zu kurz und fand mich genau in der Mitte bis an die Knie darin wieder. Mit einiger Schwierigkeit watete ich hindurch, und einer der Bedienten wischte mich mit seinem Taschentuch so sauber, wie er nur konnte, denn ich war abscheulich beschmutzt. Meine Wärterin schloß mich in mein Kästchen ein, bis wir wieder nach Hause kamen, wo der Königin bald hinterbracht wurde, was geschehen war, und die Bedienten verbreiteten es am Hofe, so daß einige Tage jegliche Heiterkeit auf meine Kosten ging.

Aus: Gullivers Reisen, Buch II,5

Die Akademie von Lagado

Der Verfasser erhält die Erlaubnis, die Große Akademie von Lagado zu besichtigen. Ausführliche Beschreibung der Akademie. Die Künste, mit denen sich die Professoren beschäftigen.

Diese Akademie ist kein zusammenhängendes, einzelnes Gebäude, sondern besteht aus einer Reihe verschiedener Häuser auf beiden Seiten einer Straße, die bei zunehmendem Verfall gekauft und zu diesem Zweck verwandt wurden.

Ich wurde von dem Präsidenten sehr freundlich aufgenommen und ging viele Tage lang zur Akademie. Jedes Zimmer beherbergt einen oder mehrere Projektemacher, und ich glaube, ich bin wohl in nicht weniger als fünfhundert Zimmern gewesen.

Der erste Mann, den ich aufsuchte, war von armseligem Aussehen mit rußigen Händen und Gesicht; Haar und Bart waren lang, zottig und an mehreren Stellen versengt. Seine Kleider, sein Hemd und seine Haut waren alle von der gleichen Farbe. Er hatte acht Jahre an einem Projekt gesessen, Sonnenstrahlen aus Gurken zu ziehen, die in hermetisch verschlossene Gefäße gegeben und in rauhen, unfreundlichen Sommern herausgelassen werden sollten, um die Luft zu erwärmen. Er sagte mir, er zweifle nicht daran, daß er nach weiteren acht Jahren imstande sein werde, die Gärten des Statthalters zu einem annehmbaren Preis mit Sonnenschein zu beliefern. Er klagte jedoch darüber, daß sein Betriebskapital gering sei, und bat mich, ihm etwas als Ermutigung für den Erfindungsgeist zu geben, zumal die Gurken in diesem Jahr sehr teuer gewesen seien. Ich gab ihm ein keines Geschenk, denn Mylord hatte mich zu dem Zweck mit Geld versehen, weil er ihre Gewohnheit kannte, alle, die sie aufsuchten, anzubetteln.

Ich ging in ein anderes Zimmer, war aber drauf und dran, mich schleunigst wieder zurückzuziehen, da mich ein furchtbarer Gestank beinahe überwältigte. Mein Begleiter schob mich vorwärts, indem er mich im Flüsterton beschwor, kein Ärgernis zu erregen, was sehr übelgenommen würde, und deshalb wagte ich nicht einmal, mir die Nase zu verstopfen. Der Projektemacher in dieser Zelle war der älteste Gelehrte der Akademie; sein Gesicht und sein Bart waren von blassem Gelb, seine Hände und Kleider mit Schmutz beschmiert. Als ich ihm vorgestellt wurde, schloß er mich eng in die Arme (ein Kompliment, dessen Unterlassung ich durchaus hätte entschuldigen können). Seit seinem Eintritt in die Akademie beschäftigte er sich mit einem Verfahren, menschliche Exkremente in die ursprüngliche Nahrung zurückzuverwandeln, indem er die verschiedenen Bestandteile voneinander trennte, die Färbung, die sie von der Galle erhalten, beseitigte, den Geruch verfliegen ließ und den Speichel abschäumte. Er erhielt von der Gesellschaft ein wöchentliches Kontingent von einem Behälter, der mit menschlichem Kot gefüllt war und etwa die Größe eines Bristoler Fasses hatte.

Ich sah einen anderen damit beschäftigt, Eis zu Schießpulver auszuglühen. Er zeigte mir auch eine Abhandlung, die er über die Schmiedbarkeit des Feuers geschrieben hatte und die er zu veröffentlichen beabsichtigte.

Dort war auch ein wahrhaft genialer Architekt, der eine neue Methode für den Bau von Häusern ersonnen hatte, indem man mit dem Dach anfing und dann bis zum Fundament nach unten baute. Er rechtfertigte das mir gegenüber mit dem gleichen Brauch jener beiden klugen Insekten, der Biene und der Spinne.

Es gab dort einen blindgeborenen Menschen, der mehrere Lehrlinge hatte, die in der gleichen Lage waren. Ihre Beschäftigung bestand darin, Farben für Maler zu mischen;

ihr Lehrer unterwies sie nämlich darin, sie durch Gefühl und Geruch zu unterscheiden. Freilich war es mein Mißgeschick, sie zu jener Zeit noch nicht sehr sicher in ihren Lektionen zu finden, und zufällig irrte sich meistens auch der Professor. Dieser Gelehrte wird von der ganzen Brüderschaft sehr ermutigt und geschätzt.

In einem anderen Gemach fand ich viel Vergnügen an einem Projektemacher, der einen Plan erfunden hatte, den Boden mit Schweinen zu pflügen, um die Kosten für Pflüge, Zugtiere und Arbeitskräfte zu sparen. Die Methode besteht in folgendem. In einem Morgen Land vergräbt man im Abstand von sechs Zoll und acht Zoll tief eine große Menge Eicheln, Datteln, Kastanien und anderes Mastfutter oder Futterpflanzen, die diese Tiere am liebsten haben. Dann treibt man sechshundert oder mehr von ihnen auf das Feld, wo sie auf der Suche nach ihrem Futter in einigen Tagen den ganzen Boden umwühlen und ihn so für die Saat vorbereiten, während sie ihn gleichzeitig mit ihrem Mist düngen. Es ist freilich wahr, daß man bei der Erprobung feststellte, daß Kosten und Mühe sehr groß waren und man nur einen geringen oder gar keinen Ernteertrag erzielte. Man zweifelt aber nicht daran, daß diese Erfindung noch sehr entwicklungsfähig sein könnte.

Ich ging in ein anderes Zimmer, wo die Wände und die Decke ganz mit Spinnweben behangen waren, außer einem engen Durchgang für den Gelehrten zum Hinein- und Hinausgehen. Bei meinem Eintritt rief er mir laut zu, seine Gewebe nicht zu stören. Er beklagte es, daß die Welt so lange in dem verhängnisvollen Irrtum befangen gewesen sei, Seidenraupen zu benutzen, während wir doch eine solche Menge von Hausinsekten besäßen, welche die ersteren außerordentlich überträfen, da sie es verständen, sowohl zu weben als auch zu spinnen. Und er machte den weiteren Vorschlag, durch Verwendung von Spinnen die

Kosten des Färbens der Seide völlig einzusparen, wovon ich voll und ganz überzeugt wurde, als er mir eine riesige Menge sehr schön gefärbter Fliegen zeigte, mit denen er seine Spinnen fütterte; und er versicherte uns, daß die Gewebe ihre Färbung annehmen würden. Da er nun Fliegen aller Farben besitze, so hoffe er, jedermanns Geschmack zu treffen, sobald er nur in gewissen Gummiharzen, Ölen und anderen klebrigen Stoffen passendes Futter für die Fliegen finden könnte, um den Fäden Stärke und Festigkeit zu verleihen.

Dort war auch ein Astronom, der es unternommen hatte, eine Sonnenuhr auf dem großen Wetterhahn des Rathauses anzubringen, indem er die jährlichen und täglichen Bewegungen der Erde und der Sonne so regulierte, daß sie allen zufälligen Drehungen durch den Wind entsprachen und mit ihnen zusammenfielen.

Als ich über einen leichten Anfall von Darmkatarrh klagte, brachte mich mein Begleiter in ein Zimmer, wo ein bedeutender Arzt residierte, der dafür berühmt war, daß er diese Krankheit durch entgegengesetzte Verfahren mit demselben Instrument heilte. Er hatte einen großen Blasebalg mit einer langen, dünnen Mündung aus Elfenbein. Diese führte er acht Zoll tief in den After ein und versicherte, er könne die Eingeweide so schlaff wie eine getrocknete Blase machen, wenn er die Luft einziehe. Wenn die Krankheit aber hartnäckiger und heftiger war, führte er das Mundstück ein, während der Blasebalg voller Luft war, die er in den Leib des Patienten blies. Dann zog er das Instrument heraus, um es wieder zu füllen, während er mit dem Daumen die Öffnung des Gesäßes fest zuhielt. Wenn das drei- oder viermal wiederholt worden war, brach die hinzugekommene Luft gewöhnlich hervor, führte die schädliche Luft mit sich fort (wie Wasser, das in eine Pumpe gegossen wird), und der Patient genas. Ich sah, wie er beide

Experimente an einem Hund erprobte, konnte jedoch bei dem ersten keinerlei Wirkung feststellen. Nach dem zweiten war das Tier dem Platzen nahe und entlud sich so heftig, daß es mir und meinen Begleitern sehr ekelhaft war. Der Hund verendete auf der Stelle, und wir verließen den Doktor, während er versuchte, ihn durch das gleiche Verfahren wieder zum Leben zu erwecken.

Ich besuchte noch viele andere Gemächer, werde meine Leser aber nicht mit all den Merkwürdigkeiten belästigen, die ich beobachtet habe, da ich mich um Kürze bemühe.

Bisher hatte ich nur eine Seite der Akademie gesehen; die andere ist für die Förderer der spekulativen Wissenschaften bestimmt, von denen ich etwas sagen werde, wenn ich noch eine weitere ausgezeichnete Persönlichkeit erwähnt habe, die bei ihnen »der Universalgelehrte« genannt wird. Er sagte uns, er beschäftige sich seit dreißig Jahren damit, über die Verbesserung des menschlichen Lebens nachzudenken. Er hatte zwei große Zimmer, die voll von seltsamen Raritäten waren, und fünfzig Menschen, die dort arbeiteten. Einige verdichteten die Luft zu einer trockenen, greifbaren Substanz, indem sie den Stickstoff ausschieden und die wässerigen oder flüssigen Bestandteile filtrierten; andere erweichten Marmor zu Kopfkissen und Nadelkissen; andere versteinerten die Hufe eines lebenden Pferdes, um sie vor der Hufentzündung zu bewahren. Der Gelehrte selbst war zu jener Zeit mit zwei großartigen Projekten beschäftigt. Das erste bestand darin, Ackerland mit Spreu zu bestellen, in der, so versicherte er, die wahre Keimkraft enthalten sei, wie er durch verschiedene Experimente bewies, die zu verstehen ich jedoch nicht genügend Fachkenntnisse besaß. Das andere Projekt war ein Plan, durch äußerliche Anwendung einer gewissen Mischung aus Gummiharzen, Mineralien und Pflanzen bei zwei jungen Lämmern das Wachsen der Wolle zu verhindern; und er hoffte, in angemessener Zeit die Zucht nackter Schafe im ganzen Königreich zu verbreiten.

Wir gingen über einen Weg zum anderen Teil der Akademie hinüber, wo, wie ich bereits sagte, die Projektemacher auf dem Gebiet der spekulativen Wissenschaften ansässig waren.

Der erste Professor, den ich sah, befand sich in einem sehr großen Zimmer und war von vierzig Schülern umgeben. Nach der Begrüßung bemerkte er, daß ich angelegentlich einen Rahmen betrachtete, der den größten Teil der Länge und Breite des Zimmers einnahm, und sagte, ich wundere mich vielleicht, ihn mit einem Projekt zur Förderung der spekulativen Erkenntnis durch praktische und technische Verfahren beschäftigt zu sehen. Die Welt werde sich aber bald ihrer Nützlichkeit bewußt werden, und er schmeichle sich, daß nie ein edlerer, erhabenerer Gedanke dem Kopfe irgendeines anderen Menschen entsprungen sei. Jedermann wisse, wie mühevoll die gewöhnliche Methode sei, Kenntnisse auf dem Gebiet der Geistes- und Naturwissenschaften zu erwerben; dagegen könne durch seine Erfindung auch die unwissendste Person mit mäßigem Kostenaufwand und ein bißchen körperlicher Arbeit auch ohne die geringste Hilfe von Begabung oder Studium Bücher über Philosophie, Poesie, Politik, Recht, Mathematik und Theologie schreiben. Dann führte er mich zu dem Rahmen, um dessen Seiten alle seine Schüler in Reihen standen. Er war zwanzig Fuß im Quadrat und stand in der Mitte des Zimmers. Die Oberfläche setzte sich aus verschiedenen Holzstücken von etwa der Größe eines Würfels zusammen, aber einige waren größer als andere. Sie waren alle durch dünne Drähte miteinander verbunden. Diese Holzstücke waren an jeder Seite mit Papier beklebt, und auf diese Papiere waren alle Wörter ihrer Sprache in ihren verschiedenen Modi, Tempora und Deklinationen geschrieben, aber ohne jede Ordnung. Der Professor bat mich dann achtzugeben, denn er wolle seinen Apparat in Betrieb setzen. Die Schüler ergriffen auf seinen Befehl alle je eine eiserne Kurbel, von denen vierzig rundherum an den Kanten des Rahmens befestigt waren, und dadurch, daß sie sie plötzlich drehten, wurde die ganze Anordnung der Wörter völlig verändert. Dann befahl er sechsunddreißig von den Burschen, leise die verschiedenen Zeilen zu lesen, wie sie auf dem Rahmen erschienen. Und wo sie drei oder vier Wörter beisammen fanden, die einen Teil eines Satzes bilden konnten, diktierten sie diese den vier übrigen Knaben, die Schreiber waren. Diese Arbeit wurde drei- oder viermal wiederholt, und der Apparat war so eingerichtet, daß sich die Wörter bei jeder Drehung an neue Stellen schoben, wenn sich die viereckigen Holzstücke herumdrehten.

Sechs Stunden am Tag waren die jungen Studenten mit dieser Arbeit beschäftigt, und der Professor zeigte mir mehrere Bände in großem Folioformat mit unvollständigen Sätzen, die sie bereits gesammelt hatten. Er hatte die Absicht, sie zusammenzusetzen und der Welt aus diesem reichen Material ein vollständiges System aller Geistes- und Naturwissenschaften zu liefern, das sich jedoch noch verbessern und viel schneller aufstellen ließe, wenn die Öffentlichkeit einen Fonds zur Herstellung und Inbetriebnahme von fünfhundert solcher Rahmen in Lagado aufbringen und die Leiter verpflichten würde, ihre verschiedenen Sammlungen zu einer gemeinschaftlichen beizusteuern.

Er versicherte mir, diese Erfindung habe all seine Gedanken seit seiner Jugend in Anspruch genommen; er habe den gesamten Wortschatz für seinen Rahmen ausgeschöpft und eine sehr genaue Berechnung des gewöhnlichen Verhältnisses vorgenommen, das in Büchern zwischen der Anzahl der Partikel, Substantive, Verben und anderen Wortklassen bestehe.

Ich bezeigte dieser ausgezeichneten Persönlichkeit meinen untertänigsten Dank für ihre große Mitteilsamkeit und versprach, falls ich je das Glück hätte, in mein Vaterland zurückzukehren, ihm Gerechtigkeit als dem einzigen Erfinder dieses wunderbaren Apparates widerfahren zu lassen; ich bat um Erlaubnis, dessen Form und Einrichtung auf Papier zu skizzieren, wie in der Abbildung, die hier beigefügt ist. Ich sagte ihm, obgleich es die Gewohnheit unserer Gelehrten in Europa sei, Erfindungen voneinander zu stehlen, wobei sie wenigstens den Vorteil hätten, daß ein Streit daraus entstehe, wer der rechtmäßige Besitzer sei, so wolle ich doch solche Vorsichtsmaßregeln ergreifen, daß er ohne einen Nebenbuhler die Ehre ungeteilt haben sollte.

Darauf gingen wir in die Fakultät für Sprachen, wo drei Professoren darüber berieten, die Sprache ihres eigenen Landes zu verbessern.

Das erste Projekt bestand darin, die Rede dadurch abzukürzen, daß man vielsilbige Wörter zu einsilbigen beschneidet und Verben und Partizipien ausläßt, da alle vorstellbaren Dinge in Wirklichkeit ja doch nur Hauptwörter seien.

Das zweite Projekt war ein Plan zur völligen Abschaffung aller Wörter überhaupt, und man machte geltend, daß das außerordentlich gesundheitsfördernd und zeitsparend wäre. Denn es ist klar, daß jedes Wort, das wir sprechen, in gewissem Maße eine Verkleinerung unserer Lungen durch Abnutzung bedeutet und folglich zur Verkürzung unseres Lebens beiträgt. Es wurde deshalb folgender Ausweg vorgeschlagen: da Wörter nur Bezeichnungen für *Dinge* sind, sei es zweckdienlicher, wenn alle Menschen die Dinge bei sich führten, die zur Beschreibung der besonderen Angelegenheit, über die sie sich unterhalten wollen, notwendig seien. Und zur großen Bequemlichkeit und zur Erhaltung der Gesundheit der Untertanen hätte diese Erfindung si-

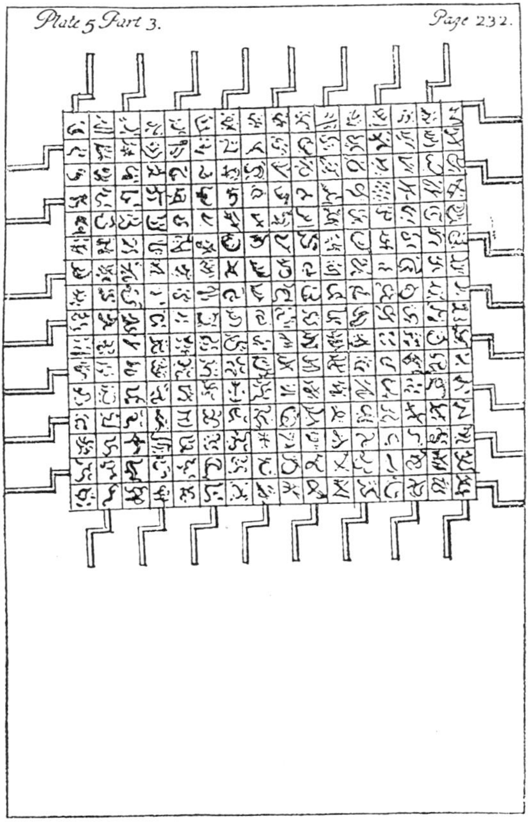

cherlich Eingang gefunden, wenn nicht die Weiber im Verein mit dem Pöbel und den Analphabeten gedroht hätten, einen Aufstand anzuzetteln, falls man ihnen nicht erlaubte, nach Art ihrer Vorfahren mit ihren Zungen zu reden. Solch ein beharrlicher, unversöhnlicher Feind der Wissenschaft ist das gemeine Volk! Viele der Gelehrtesten und Weisesten sind jedoch Anhänger des neuen Projekts, sich mittels Dingen zu äußern; das bringt nur die eine Unbequemlichkeit mit sich, daß jemand, dessen Angelegenheiten sehr umfangreich und von verschiedener Art sind, ein entsprechend größeres Bündel von Dingen auf dem Rücken tragen muß, falls er es sich nicht leisten kann, daß ein oder zwei starke Diener ihn begleiten. Ich habe oft gesehen, wie zwei dieser Weisen unter der Last ihrer Bündel fast zusammenbrachen, wie bei uns die Hausierer. Wenn sie sich auf der Straße begegneten, legten sie ihre Lasten nieder, öffneten ihre Säcke und unterhielten sich eine Stunde lang; dann packten sie ihre Utensilien wieder ein, halfen einander, ihre Bürden wieder auf den Rücken zu nehmen, und verabschiedeten sich.

Für kurze Gespräche aber kann man das Zubehör, um sich hinlänglich auszustatten, in den Taschen und unter den Armen tragen, und zu Hause kann man nicht in Verlegenheit kommen. Deshalb ist auch das Zimmer, wo Leute zusammenkommen, die diese Kunst ausüben, voll von allen griffbereit daliegenden Dingen, die erforderlich sind, um Material für diese Art künstliche Unterhaltung zu liefern.

Ein weiterer großer Vorteil, den diese Erfindung haben sollte, war der, daß sie als Universalsprache dienen würde, die man bei allen zivilisierten Nationen verstehen könnte, deren Waren und Gerätschaften im allgemeinen von gleicher Art oder so sehr ähnlich sind, daß man ihren Gebrauch leicht begreifen könnte. Und dementsprechend wären Gesandte dazu befähigt, mit fremden Fürsten oder Staatsministern zu verhandeln, deren Sprache ihnen vollkommen unbekannt ist.

Ich war auch in der mathematischen Fakultät, wo der Magister seine Schüler nach einer Methode unterrichtete, die uns in Europa kaum vorstellbar erscheint. Lehrsatz und Beweis wurden mit Tinte, die aus einer Gehirntinktur bestand, deutlich auf eine dünne Oblate geschrieben. Der

Student mußte diese auf nüchternen Magen hinunterschlukken, und die drei folgenden Tage durfte er nur Brot und Wasser zu sich nehmen. Während die Oblate verdaut wurde, stieg ihm die Tinktur ins Gehirn und nahm den Lehrsatz mit sich. Bisher sind aber noch keine angemessenen Erfolge zu verzeichnen, und zwar zum Teil wegen irgendeines Fehlers im Quantum oder in der Zusammensetzung und zum Teil wegen des Eigensinns der jungen Burschen, denen diese Pille so ekelhaft ist, daß sie sich gewöhnlich wegstehlen und sie auf dem gleichen Wege wieder herausbringen, bevor sie wirken kann; sie haben sich auch noch nicht dazu überreden lassen, so lange Enthaltsamkeit zu üben, wie es das Rezept verlangt.

Ein weiterer Bericht über die Akademie.
Der Verfasser schlägt einige
Verbesserungen vor, die mit ehrenvoller Anerkennung
aufgenommen werden.

In der Fakultät der politischen Projektemacher habe ich mich nur schlecht unterhalten, denn die Professoren schienen nach meinem Dafürhalten völlig von Sinnen zu sein, und das ist ein Anblick, der mich stets melancholisch stimmt. Diese unglücklichen Leute arbeiteten Pläne aus, Monarchen dazu zu bewegen, Günstlinge auf Grund ihrer Weisheit, Fähigkeit und Tugend zu wählen; Ministern beizubringen, das Wohl des Staates im Auge zu haben; Verdienste, große Fähigkeiten und hervorragende Leistungen zu belohnen; Fürsten zu lehren, ihre wahren Interessen zu erkennen, indem sie sich die ihres Volkes zu eigen machen; für Ämter nur Personen zu wählen, die befähigt sind, sie auszuüben; nebst vielen anderen unsinnigen, unausführbaren Hirngespinsten, die zu hegen noch nie einem Menschen in den Sinn gekommen ist und die bei mir die alte Beobachtung bekräftigten, daß es nichts noch so Überspanntes und Unsinniges gibt, das einige Philosophen nicht als Wahrheit behauptet haben.

Ich werde jedoch diesem Teil der Akademie so weit Gerechtigkeit widerfahren lassen, als ich eingestehe, daß nicht alle von ihnen so überspannt waren. Es gab da einen höchst scharfsinnigen Dozenten, der mit dem ganzen Wesen und dem System der Regierung vollkommen vertraut zu sein schien. Diese ausgezeichnete Persönlichkeit trieb sehr nützliche Studien mit dem Ziel, wirksame Mittel gegen alle Krankheiten und Verderbtheiten zu finden, denen die verschiedenen Arten der Staatsregierung durch die Laster oder Schwächen der Herrschenden wie auch durch die Zügellosigkeit derer, die gehorchen sollen, ausgesetzt sind. Da sich zum Beispiel alle Schriftsteller und Logiker darüber geeinigt haben, daß eine absolute, allumfassende Ähnlichkeit zwischen dem menschlichen und dem politischen Körper besteht, kann dann etwas einleuchtender sein, als daß die Gesundheit beider nach den gleichen Rezepten erhalten und die Krankheiten ebenso geheilt werden müssen? Es wird doch zugegeben, daß Senate und große Ratsversammlungen häufig von überflüssigen, aufbrausenden und anderen verdorbenen Körpersäften geplagt werden; von vielen Krankheiten des Kopfes und noch mehr des Herzens; von starken Konvulsionen, von schmerzhaften Kontraktionen der Nerven und Sehnen in beiden Händen, besonders aber der rechten; von Melancholie, Blähungen, Schwindelanfällen und Delirien; von skrofulösen Geschwülsten voller stinkendem Eiter; von saurem, schaumigem Aufstoßen; von Wolfshunger und Störungen der Verdauung, nebst vielen anderen Leiden, deren Erwähnung überflüssig ist. Dieser Dozent machte deshalb den Vorschlag, daß beim Zusammentreten eines Senats einige Ärzte während der ersten drei Tage seiner Sitzungsperiode zugegen sein und am

Ende der Verhandlungen jedes Tages jedem Senator den Puls fühlen sollten; nachdem sie danach die Natur der verschiedenen Krankheiten und Heilmethoden reiflich erwogen und darüber beraten hätten, sollten sie am vierten Tag in Begleitung ihrer Apotheker, die mit zweckdienlichen Arzneien versehen wären, in das Senatsgebäude zurückkehren. Und ehe die Mitglieder mit der Sitzung begännen, sollten sie jedem von ihnen Lenitiva, Aperientia, Abstersiva, Korrosiva, Restringentia, Palliativa, Laxativa, Kephalalgika, Ikterika, Apophlegmatika, Akustika verabreichen, wie es ihre verschiedenen Fälle erforderten; und je nachdem wie diese Arzneien wirkten, sollten sie die Gabe bei der nächsten Zusammenkunft wiederholen, verändern oder unterlassen.

Dieses Projekt dürfte dem Gemeinwesen keine großen Kosten verursachen und wäre meiner unmaßgeblichen Meinung nach von großem Nutzen für die rasche Abwicklung der Geschäfte in jenen Ländern, wo Senate irgendeinen Anteil an der gesetzgebenden Gewalt haben; es würde Einstimmigkeit zuwege bringen; Debatten abkürzen; einigen den Mund öffnen, der jetzt geschlossen ist, und ihn vielen anderen schließen, denen er jetzt offensteht, die Ungeduld der Jungen zügeln und die Rechthaberei der Alten abstellen; die Langweiligen aufrütteln und die Vorlauten hemmen.

Da allgemein darüber geklagt wird, daß die Günstlinge der Fürsten an kurzem und schwachem Gedächtnis leiden, schlug derselbe Dozent ferner vor, daß jeder, der einem Ersten Minister seine Aufwartung mache, bei seinem Abschied, nachdem er sein Anliegen in möglichster Kürze und mit den klarsten Worten vorgetragen habe, den besagten Minister an der Nase ziehen oder ihm einen Tritt in den Bauch geben oder ihm auf die Hühneraugen treten oder ihn dreimal an beiden Ohren ziehen oder ihn mit einer Nadel in den Hintern stechen oder den Arm grün und blau kneifen sollte, um der Vergeßlichkeit vorzubeugen. Und diese Operation solle er an jedem Empfangstag wiederholen, bis die Sache erledigt oder vollkommen abgelehnt sei.

Desgleichen schrieb er vor, daß jeder Senator in der großen Ratsversammlung einer Nation, nachdem er seine Meinung dargelegt und Argumente zu ihrer Verteidigung vorgebracht habe, verpflichtet sein sollte, seine Stimme für das genaue Gegenteil abzugeben; denn wenn das geschehe, so würde das Ergebnis unfehlbar zum Vorteil des Gemeinwesens ausfallen.

Er schlug auch einen großartigen Plan vor, allzu hitzige Parteien in einem Staat wieder zur Ruhe zu bringen. Die Methode: Man nehme hundert Führer von jeder Partei, stelle sie in Paaren von solchen Leuten auf, deren Köpfe von annähernd gleicher Größe sind, und lasse dann zwei geschickte Operateure jedem Paar zur gleichen Zeit das Hinterhaupt so absägen, daß das Gehirn gleichmäßig geteilt wird. Man vertausche die so abgesägten Hinterhäupter und setze jedes am Kopf des ihm gegenüberstehenden Parteimanns an. Das scheint freilich eine Aufgabe zu sein, die einige Exaktheit erfordert; der Professor versicherte uns jedoch, daß die Behandlung unfehlbar wirksam sei, wenn sie nur geschickt ausgeführt werde. Er argumentierte nämlich folgendermaßen: da die beiden halben Gehirne die Sache untereinander in einem Schädelraum auszumachen hätten, würden sie bald zu gutem Einvernehmen kommen und jene Mäßigung wie auch Richtigkeit des Denkens bewirken, die in den Köpfen derjenigen so sehr zu wünschen wäre, die einzig zu dem Zweck auf die Welt gekommen zu sein glauben, den Lauf der Welt zu überwachen und zu lenken. Und was den Unterschied der Gehirne nach Quantität oder Qualität bei denen betrifft, die bei Parteimachenschaften richtunggebend sind, so versicherte uns der Gelehrte aus eigener Erfahrung, daß er völlig belanglos sei. Ich hörte eine sehr erregte Debatte zwischen zwei Professoren über die vorteilhaftesten und wirksamsten Mittel und Wege, Geld zu beschaffen, ohne den Untertan zu bedrükken. Der erste behauptete, die gerechteste Methode bestehe darin, eine bestimmte Steuer auf Laster und Torheit auszuschreiben und die Summe, die für jeden festgesetzt werde, auf die unparteiischste Weise von einer Jury aus seinen Nachbarn veranschlagen zu lassen. Der zweite war der direkt entgegengesetzten Meinung, es sei besser, diejenigen Eigenschaften des Körpers und Geistes zu besteuern, deren man sich hauptsächlich rühme; die Höhe der Steuer solle sich danach richten, wie sich jeder vor den anderen auszeichne, und die Entscheidung darüber solle völlig dem eigenen Gewissen überlassen bleiben. Die höchste Steuer treffe die Männer, die die größten Günstlinge des anderen Geschlechts seien, und zwar richte sich die Veranlagung nach der Zahl und der Art der Gunstbezeigungen, die sie erhalten hätten. Hierbei sei es ihnen erlaubt, Zeugnis für sich selbst abzulegen. Es wurde vorgeschlagen, Witz, Tapferkeit und Höflichkeit ebenfalls hoch zu besteuern und die Beträge in der gleichen Art einzuziehen, indem jeder das Quantum, das er besitze, auf Ehrenwort angebe. Ehre, Gerechtigkeit, Weisheit und Gelehrsamkeit sollten jedoch überhaupt nicht besteuert werden, da es Eigenschaften so sonderbarer Art seien, daß sie keiner seinem Nachbarn zugestehen oder sich selbst ihrer rühmen möchte.

Es wurde vorgeschlagen, die Frauen entsprechend ihrer Schönheit und ihrer Geschicklichkeit, sich zu putzen, zu besteuern, wobei sie das gleiche Privileg wie die Männer hätten, nämlich nach ihrem eigenen Urteil veranlagt zu werden. Beständigkeit, Keuschheit, Vernunft und Gutmütigkeit sollten jedoch nicht besteuert werden, da sie nicht einmal die Kosten des Steuereinzugs einbrächten.

Um Senatoren auf der Seite der Krone zu halten, wurde vorgeschlagen, daß die Senatsmitglieder um Ämter würfeln sollten. Jeder müsse zuerst schwören und Bürgschaft leisten, daß er für den Hof stimmen werde, ob er nun gewinne oder verliere; danach hätten die Verlierer ihrerseits das Recht, bei der nächsten Vakanz wieder zu würfeln. Auf diese Weise hielte man Hoffnung und Erwartung rege; auch würde sich keiner über den Bruch von Versprechen beklagen, sondern seine Enttäuschungen ausschließlich dem Schicksal zuschreiben, dessen Schultern breiter und stärker als die eines Kabinetts sind.

Ein anderer Professor zeigte mir ein großes Papier voll Anleitungen zur Aufdeckung von Komplotten und Verschwörungen gegen die Regierung. Er riet großen Staatsmännern, die Ernährungsweise aller verdächtigen Personen zu untersuchen, ebenso ihre Essenszeiten, auf welcher Seite sie im Bett lägen und mit welcher Hand sie sich den Hintern wischten; ferner eine genaue Prüfung ihrer Exkremente vorzunehmen und sich nach Farbe, Geruch, Geschmack, Beschaffenheit und Unverdautheit oder fortgeschrittenem Zustand der Verdauung ein Urteil über ihre Gedanken und Absichten zu bilden. Denn nie seien die Menschen so ernsthaft, gedankenvoll und angespannt, wie wenn sie zu Stuhle kommen. Er wisse das aus häufiger Erprobung; wenn er nämlich in einer solchen Lage versuchshalber überlegt habe, welches die beste Art und Weise sei, den König zu ermorden, so hätten seine Exkremente jedesmal eine grünliche Färbung gehabt, ganz anders aber, wenn er nur daran gedacht habe, einen Aufstand anzuzetteln oder die Hauptstadt in Brand zu setzen.

Die ganze Abhandlung war mit großem Scharfsinn geschrieben und enthielt viele Beobachtungen, die für Politiker beachtenswert und nützlich sind; sie war aber, wie ich meinte, nicht ganz vollständig. Ich erlaubte mir, das dem

Verfasser zu sagen, und erbot mich, ihm noch einige Zusätze zu liefern, wenn es ihm recht sei. Er nahm mein Angebot mit größerer Bereitwilligkeit auf, als es sonst bei Schriftstellern, besonders bei denen von der projektemachenden Gattung, üblich ist, und beteuerte, er würde sich freuen, weitere Informationen zu erhalten.

Ich erzählte ihm, daß im Königreich Tribnia, das von den Eingeborenen Langden genannt wird, wo ich mich auf meinen Reisen einige Zeit aufgehalten hatte, ein Großteil der Bevölkerung sozusagen völlig aus Spürhunden, Spähern, Spitzeln, Denunzianten, Staatsanwälten, Belastungszeugen, Eideshelfern nebst ihren verschiedenen untergeordneten und subalternen Werkzeugen besteht, alle unter den Fahnen, der Leitung und Besoldung von Staatsministern und ihren Beauftragten. Die Verschwörungen in jenem Königreich werden gewöhnlich von Leuten verfertigt, die darauf ausgehen, ihren Ruf als tiefgründige Politiker zu erhöhen, einer wackligen Regierung neue Lebenskraft zu geben, allgemeine Unzufriedenheit zu ersticken oder davon abzulenken, sich die Taschen mit beschlagnahmten Geldern zu füllen und den Staatskredit steigen oder sinken zu lassen, je nachdem es ihrem persönlichen Vorteil am besten entspricht. Zuerst wird vereinbart und untereinander abgesprochen, welche verdächtigen Personen einer Verschwörung angeklagt werden sollen; dann trägt man hinreichende Sorge, alle ihre Briefe und Papiere sicherzustellen und die Verbrecher in Ketten zu legen. Diese Papiere werden einer Gruppe von Spezialisten übergeben, die sehr geschickt darin sind, die dunkle Bedeutung von Wörtern, Silben und Buchstaben festzustellen. Zum Beispiel können sie entdekken, daß ein Nachtstuhl einen geheimen Rat bezeichnet; eine Herde Gänse einen Senat; ein lahmer Hund einen Landesfeind; die Pest ein stehendes Heer; ein Bussard einen Premierminister; die Gicht einen hohen Geistlichen; ein

Galgen einen Staatssekretär; ein Nachttopf eine Kommission von hohen Herren; ein Sieb eine Hofdame; ein Besen eine Revolution; eine Mausefalle ein Amt; ein bodenloser Abgrund das Schatzamt; eine Kloake einen Hof; eine Narrenkappe einen Günstling; ein schwankendes Rohr einen Gerichtshof; ein leeres Faß einen General; eine offene Wunde die Staatsverwaltung.

Wenn diese Methode versagt, haben sie zwei andere, die noch erfolgreicher sind und die die Gelehrten unter ihnen Akrosticha und Anagramme nennen. Nach der ersten können sie alle Anfangsbuchstaben in politische Bedeutungen dechiffrieren. So soll N eine Verschwörung, B ein Kavallerieregiment, L eine Flotte auf See bedeuten. Nach der zweiten können sie dadurch, daß sie die Buchstaben in irgendeinem verdächtigen Papier umstellen, die geheimsten Pläne einer unzufriedenen Partei aufdecken. Wenn ich in einem Brief an einen Freund schriebe: »Unser Bruder Tom Past hatte einen Hämorrhoidalknoten«, würde ein geschickter Dechiffrierer entdecken, daß dieselben Buchstaben, die diesen Satz bilden, bei genauer Untersuchung zu folgenden Wörtern zusammengesetzt werden können: »Harret aus – heute ein Komplott ersonnen – Heirat – Dombrand.« Und das ist die anagrammatische Methode.

Der Professor sprach mir vielen Dank für die Mitteilung dieser Beobachtungen aus und versprach, mich in seiner Abhandlung auf ehrenvolle Weise zu erwähnen.

Ich sah in diesem Land nichts, was mich zum längeren Bleiben hätte verlocken können, und begann, an meine Heimkehr nach England zu denken.

Aus: Gullivers Reisen, Buch III,5-6

Von klugen Pferden und häßlichen Yahoos

Die große Liebe des Verfassers zu seinem Heimatland. Die Bemerkungen seines Herrn über die Verfassung und die Regierung Englands, wie sie vom Verfasser beschrieben worden waren, nebst Parallelfällen und Vergleichen. Die Bemerkungen seines Herrn über die menschliche Natur.

Der Leser ist vielleicht geneigt, sich darüber zu wundern, wie ich es über mich bringen konnte, eine so freimütige Darstellung meiner eigenen Gattung zu geben, und noch dazu bei einem Geschlecht von Sterblichen, die schon nur zu bereit sind, sich nach jener völligen Übereinstimmung zwischen mir und ihren Yahoos die verächtlichste Meinung von der Menschheit zu bilden. Ich muß jedoch offen gestehen, daß die vielen Tugenden dieser ausgezeichneten Vierfüßler im Vergleich zu den menschlichen Verderbtheiten mir die Augen so weit geöffnet und meine Einsicht so erweitert hatten, daß ich die Handlungen und Leidenschaften der Menschen allmählich in einem ganz anderen Licht sah und es nicht mehr der Mühe wert hielt, die Ehre meiner eigenen Art zu behaupten. Das war mir ohnehin unmöglich vor einer Person mit so feinem Urteilsvermögen wie meinem Herrn, der mir Tag für Tag tausend Fehler an mir selbst nachwies, von denen ich vorher nicht die geringste Vorstellung hatte und die bei uns niemals auch nur unter die menschlichen Schwächen gezählt würden. Durch sein Beispiel hatte ich auch gelernt, den höchsten Abscheu vor jeder Unwahrheit oder Verstellung zu empfinden, und die Wahrheit schien mir so liebenswert, daß ich beschloß, ihr alles zu opfern.

Man gestatte, daß ich mich dem Leser gegenüber so aufrichtig verhalte, zu gestehen, daß ich noch einen viel stärkeren Beweggrund für die Freimütigkeit hatte, mit der ich die Dinge so offen darstellte. Ich war noch kein Jahr in diesem Land gewesen, als ich schon eine solche Liebe und Verehrung für die Einwohner empfand, daß ich den festen Entschluß faßte, niemals zu den Menschen zurückzukehren, sondern den Rest meines Lebens bei diesen vortrefflichen Houyhnhnms in der Betrachtung und Übung jeder Tugend zu verbringen, wo mich kein Beispiel und kein Anreiz zum Laster treiben konnte. Vom Schicksal, meinem ewigen Feind, wurde aber bestimmt, daß mir ein so großes Glück nicht zuteil werden sollte. Jetzt ist es für mich jedoch ein gewisser Trost, daran zu denken, daß ich bei allem, was ich von meinen Landsleuten sagte, ihre Fehler so sehr beschönigte, wie ich es vor einem so strengen Examinator nur zu tun wagte, und jedem Punkt eine so vorteilhafte Wendung gab, wie sie sich mit der Sache nur vertragen wollte. Denn in der Tat, wer in aller Welt wird nicht von seiner Voreingenommenheit und Parteilichkeit für das Land seiner Geburt beherrscht?

Ich habe den Inhalt mehrerer Gespräche wiedergegeben, die ich mit meinem Herrn während des größten Teils der Zeit führte, als ich die Ehre hatte, in seinem Dienst zu stehen; der Kürze wegen habe ich in der Tat jedoch viel mehr ausgelassen, als hier niedergeschrieben ist.

Als ich alle seine Fragen beantwortet hatte und seine Neugier völlig befriedigt schien, ließ er mich eines Morgens in aller Frühe rufen und befahl mir, mich in einiger Entfernung niederzusetzen (eine Ehre, die er mir vorher noch nie erwiesen hatte). Er sagte, er habe über meine ganze Geschichte, soweit sie sich auf mich selbst und mein Land beziehe, sehr ernsthaft nachgedacht; er betrachte uns als eine Art Tiere, denen durch irgendeinen ihm unerklärlichen Zufall ein klein bißchen Vernunft zuteil geworden sei, von der wir keinen anderen Gebrauch machten, als unsere natürlichen Verderbtheiten mit ihrer Hilfe noch zu verschlimmern und neue anzunehmen, die uns die Natur nicht mitgegeben habe. Wir beraubten uns selbst der wenigen Fähigkeiten, die sie uns verliehen habe, seien sehr erfolgreich darin gewesen, unsere ursprünglichen Bedürfnisse zu vervielfachen, und schienen unser ganzes Leben in vergeblichen Bemühungen zu verbringen, sie durch unsere eigenen Erfindungen zu befriedigen. Was mich selbst betreffe, so sei es augenscheinlich, daß ich weder die Kraft noch die Behendigkeit eines gewöhnlichen Yahoos besitze; ich ginge unsicher auf meinen Hinterfüßen, hätte ein Verfahren ausfindig gemacht, meine Krallen nutzlos oder zur Verteidigung unbrauchbar zu machen und das Haar von meinem Kinn zu entfernen, das doch zum Schutz gegen Sonne und Witterung bestimmt sei. Schließlich könne ich weder schnell laufen noch Bäume erklettern wie meine Brüder (so nannte er sie), die Yahoos in diesem Lande.

Unsere Regierungs- und Gesetzeseinrichtungen seien unmißverständlich unserem deutlichen Mangel an Vernunft und folglich auch an Tugend zuzuschreiben, denn Vernunft allein genüge schon, ein vernünftiges Geschöpf zu regieren; ein solches zu sein sei daher ein Wesensmerkmal, das uns anzumaßen wir kein Recht hätten, eben auf Grund des Berichts, den ich von meinem eigenen Volk gegeben hätte, obwohl er allerdings bemerkt habe, daß ich viele Einzelheiten verschwiegen hätte, um sie in günstigem Licht erscheinen zu lassen, und oft »etwas gesagt habe, was nicht sei«.

In dieser Meinung werde er um so mehr bestärkt, da er bemerke, daß ich in jedem Merkmal meines Körpers mit anderen Yahoos übereinstimme, außer wo es zu meinem tatsächlichen Nachteil sei, nämlich in Stärke, Schnelligkeit und Behendigkeit, in der Kürze meiner Krallen und in einigen anderen Einzelheiten, woran die Natur keinen Anteil habe. Nach der Darstellung, die ich ihm von unserem Leben, unseren Sitten und unseren Handlungen gegeben hätte, finde er eine ebenso große Ähnlichkeit in unserer geistigen Veranlagung. Er sagte, es sei bekannt, daß die Yahoos einander mehr haßten, als das bei irgendeiner anderen Gattung von Tieren der Fall sei, und der gewöhnlich dafür angeführte Grund sei die Scheußlichkeit ihrer eigenen Gestalt, die alle bei den übrigen sähen, aber nicht bei sich selbst. Deshalb habe er begonnen, es für recht klug zu halten, daß wir unsere Leiber bedeckten und durch diese Erfindung viele unserer eigenen Häßlichkeiten, die sonst kaum erträglich wären, voreinander verborgen hielten. Jetzt aber erkenne er, daß er sich geirrt habe und daß die Zwistigkeiten dieser Tiere in seinem Lande auf dieselbe Ursache wie die unseren, wie ich sie beschrieben hätte, zurückzuführen seien. Denn wenn man (sagte er) unter fünf Yahoos so viel Futter wirft, wie für fünfzig genügen würde, so werden sie, statt friedlich zu fressen, übereinander herfallen, da jeder einzelne danach giert, alles für sich allein zu haben. Deshalb wird gewöhnlich ein Diener beauftragt, zugegen zu sein, wenn sie draußen fressen, und diejenigen, die man im Stall läßt, werden mit einigem Abstand voneinander angebunden. Wenn eine Kuh an Altersschwäche oder durch einen Unfall stirbt, bevor ein Houyhnhnm sie für seine eigenen Yahoos sicherstellen kann, so kommen die aus der Nachbarschaft in Herden herbei, um sich ihrer zu bemächtigen, und dann ergibt sich ein Kampf, wie ich ihn beschrieben hätte, wobei beide Seiten einander mit ihren Krallen furchtbare Wunden zufügen, wenn sie auch nur selten imstande sind, einander zu töten, da ihnen solche bequemen Mordwerkzeuge fehlen, wie wir sie erfunden hätten. Zu anderen Zeiten sind auch schon ähnliche Kämpfe ohne jede erkennbare Ursache zwischen den Yahoos verschiedener Gegenden ausgefochten worden; denn die Yahoos eines Bezirks lauern auf jede Gelegenheit, die des nächsten zu überfallen, bevor sie kampfbereit sind. Wenn sie aber erkennen, daß ihr Plan gescheitert ist, kehren sie nach Hause zurück und beginnen aus Mangel an Feinden untereinander das, was ich Bürgerkrieg nenne.

Auf einigen Feldern seines Landes gibt es gewisse glänzende Steine von verschiedenen Farben, die die Yahoos leidenschaftlich lieben. Wenn ein Teil dieser Steine fest in der Erde steckt, wie das zuweilen vorkommt, so graben sie ganze Tage lang mit ihren Krallen, um sie herauszuholen, dann schleppen sie sie fort und verstecken sie haufenweise in ihren Ställen, sehen sich aber immer mit großer Vorsicht um, aus Furcht, ihre Kameraden könnten ihren Schatz entdecken. Mein Herr sagte, er habe niemals die Ursache dieses unnatürlichen Gelüstes entdecken oder erraten können, wie diese Steine für einen Yahoo überhaupt von Nutzen sein könnten. Jetzt aber glaube er, es könne von demselben Grundzug der Habgier herrühren, die ich dem Menschengeschlecht zugeschrieben hätte. Einmal habe er versuchsweise heimlich einen Haufen dieser Steine von dem Ort entfernt, wo ihn einer seiner Yahoos vergraben hatte. Als das schmutzige Tier seinen Schatz vermißte, habe es durch sein lautes Klagegeschrei die ganze Herde an den Ort gerufen, dort jämmerlich geheult und dann begonnen, die übrigen zu beißen und zu kratzen. Es habe angefangen, sich abzuhärmen, und habe weder essen noch trinken noch arbeiten wollen, bis er einem Diener befohlen habe, die Steine heimlich in dasselbe Loch zu stecken und sie wie vordem zu verbergen. Als sein Yahoo sie gefunden hätte, habe er seinen Lebensmut und seine gute Laune sogleich wiedergefunden, habe aber Sorge getragen, sie in ein besseres Versteck zu schaffen, und von der Zeit an sei er ein sehr dienstwilliges Tier.

Mein Herr versicherte mir ferner, und ich beobachtete das

auch selbst, daß auf den Feldern, wo die glänzenden Steine im Überfluß vorhanden sind, die wildesten und häufigsten Kämpfe, veranlaßt durch fortwährende Überfälle seitens der benachbarten Yahoos, ausgefochten werden.

Er sagte, wenn zwei Yahoos einen solchen Stein auf einem Felde entdeckten und sich stritten, wer von ihnen der Besitzer sein sollte, so ergreife gewöhnlich ein dritter die günstige Gelegenheit und nehme ihn beiden weg. Mein Herr wollte durchaus behaupten, daß das eine gewisse Ähnlichkeit mit unseren Rechtshändeln habe, und ich meinte, es sei zu unseren Gunsten, ihn hierbei nicht eines Besseren zu belehren, da die Entscheidung, die er erwähnte, weitaus gerechter war als viele Urteile bei uns: denn dort verloren der Kläger und der Beklagte nichts außer dem Stein, um den sie sich stritten, während unsere Billigkeitsgerichte den Prozeß nicht eher aufgegeben hätten, bis beide Parteien überhaupt nichts mehr besäßen.

Mein Herr setzte seine Darlegung fort und sagte, nichts mache die Yahoos verhaßter als ihre wahllose Gier, alles zu verschlingen, was ihnen in die Hände falle, seien es Kräuter, Wurzeln, Beeren, verfaultes Fleisch von Tieren oder alles durcheinandergemischt. Auch sei es eine Eigentümlichkeit ihres Charakters, daß sie viel mehr auf das versessen wären, was sie sich durch Raub oder Diebstahl in größerer Entfernung verschaffen könnten, als auf das viel bessere Futter, mit dem sie zu Hause versorgt würden. Wenn ihre Beute vorhalte, so fräßen sie, bis sie nahe daran seien zu platzen. Für diesen Fall habe ihnen die Natur eine gewisse Wurzel gewiesen, die bei ihnen eine allgemeine Entleerung bewirke.

Es gebe noch eine andere Art Wurzel, die sehr saftig, aber ziemlich selten und schwer zu finden sei, nach der die Yahoos mit viel Eifer suchten und an der sie mit großer Wonne saugten. Sie hätte bei ihnen die gleichen Auswirkungen wie bei uns der Wein. Sie brächte sie dazu, sich bald zu umarmen und bald zu zerfleischen; sie heulten und lachten und schnatterten und schwankten und fielen hin und schliefen dann im Schmutz ein.

Ich beobachtete auch wirklich, daß die Yahoos die einzigen Tiere in diesem Lande waren, die überhaupt Krankheiten ausgesetzt waren. Es waren aber viel weniger, als Pferde bei uns haben, und sie wurden nicht durch irgendwelche schlechte Behandlung, die sie erfahren, sondern durch die Schmutzigkeit und Gierigkeit jenes scheußlichen Tieres hervorgerufen. Auch enthält die Sprache der Houyhnhnms nur eine allgemeine Bezeichnung für diese Krankheiten, die dem Namen des Tieres entlehnt ist und »Hnea-Yohoo« oder »Yahoo-Krankheit« lautet. Das Mittel, das verordnet wird, ist eine Mischung ihres eigenen Kots und Urins, die dem Yahoo gewaltsam in den Rachen gestopft wird. Ich habe seither oft erlebt, daß dieses Mittel mit Erfolg eingenommen wurde, und ich empfehle es uneingeschränkt meinen Landsleuten zum allgemeinen Wohle als ein treffliches Heilmittel für alle Krankheiten, die durch Übersättigung entstehen.

Was Bildung, Regierung, Künste, Manufakturen und dergleichen betrifft, so gestand mein Herr, könne er nur wenig oder keine Ähnlichkeit zwischen den Yahoos jenes Landes und denen in unserem finden. Er wolle auch nur feststellen, welche Übereinstimmung es in unserer Natur gebe. Tatsächlich habe er einige wißbegierige Houyhnhnms sagen hören, daß es in den meisten Herden eine Art herrschenden Yahoo gebe (wie es bei uns in einem Wildgehege gewöhnlich einen leitenden oder führenden Hirsch gibt), der stets noch mißgestalteter an Leib und boshafter an Veranlagung als irgendeiner der übrigen sei. Dieser Führer habe gewöhnlich einen Günstling, der ihm so ähnlich sei, wie er ihn nur finden könne, und dessen Amt es sei, seinem Herrn die Füße und den Hintern zu lecken und ihm die weiblichen Yahoos in den Stall zu treiben; dafür werde er von Zeit zu Zeit mit einem Stück Eselsfleisch belohnt. Dieser Günstling wird von der ganzen Herde gehaßt und hält sich daher sicherheitshalber stets in der Nähe seines Herrschers. Er bleibt gewöhnlich im Amt, bis man einen schlimmeren finden kann; sowie er aber fallengelassen wird, kommt sein Nachfolger an der Spitze aller Yahoos jenes Bezirks, der jungen und alten, männlichen und weiblichen, um ihn von Kopf bis Fuß mit Kot zu besudeln. Wie weit das aber auf unsere Höfe, Günstlinge und Staatsminister anwendbar sei, sagte mein Herr, könne ich selbst am besten entscheiden.

Ich wagte nicht, eine Antwort auf diese gehässige Anspielung zu geben, die den menschlichen Verstand noch unter die Klugheit eines gewöhnlichen Hundes herabwürdigte, der ja Urteilsvermögen genug besitzt, am Gebell den tüchtigsten Hund im Rudel zu erkennen und ihm zu folgen, ohne sich jemals zu irren.

Mein Herr sagte mir, es gebe noch einige bemerkenswerte Eigenschaften bei den Yahoos, die ich, wie er bemerkt habe, in den Berichten, die ich ihm über das Menschengeschlecht gegeben hätte, nicht oder doch nur sehr flüchtig erwähnt hätte. Er sagte, diese Tiere hätten wie anderes Vieh ihre Weibchen gemeinsam; sie unterschieden sich aber insofern, als das Yahooweibchen sogar während ihrer Trächtigkeit das Männchen zu sich lasse und die Männchen sich mit den Weibchen ebenso erbittert zankten und schlügen wie untereinander. Diese beiden Bräuche stellten aber ein solches Ausmaß schändlicher Roheit dar, wie es kein anderes fühlendes Wesen jemals erreichte.

Eine andere Eigenschaft, über die er sich bei den Yahoos wunderte, sei ihr eigenartiger Hang zu Unsauberkeit und Schmutz, während doch bei allen anderen Tieren offenbar eine angeborene Liebe zur Reinlichkeit anzutreffen sei. Was die beiden ersten Anklagen betraf, so ließ ich sie gern ohne Antwort, weil ich kein einziges Wort zur Verteidigung meiner Gattung dazu zu sagen hatte, was ich sonst aus eigenem Antrieb bestimmt getan hätte. Mit Leichtigkeit hätte ich jedoch das Menschengeschlecht vor der Bezichtigung der Einzigartigkeit im letzten Punkt in Schutz nehmen können, wenn es nur Schweine im Lande gegeben hätte (was zu meinem Unglück nicht der Fall war); denn wenn es auch ein angenehmerer Vierfüßler als ein Yahoo sein mag, so kann es doch, wie ich in aller Bescheidenheit wohl zu Recht glaube, keinen Anspruch auf größere Reinlichkeit erheben. Und das hätte selbst Seine Gnaden zugeben müssen, wenn er ihre ekelhafte Art zu fressen und ihre Gewohnheit gesehen hätte, sich im Kot zu wälzen und darin zu schlafen.

Mein Herr erwähnte noch eine andere Eigenschaft, die seine Diener bei mehreren Yahoos entdeckt hatten und die ihm völlig unerklärlich war. Er sagte, zuweilen komme einen Yahoo die Laune an, sich in einen Winkel zurückzuziehen, sich niederzulegen, zu heulen, zu seufzen und alle, die ihm näher kämen, zurückzustoßen, obwohl er jung und fett sei und es ihm weder an Futter noch an Wasser fehle. Auch die Diener hätten keine Ahnung, was ihn möglicherweise anfechten könnte. Das einzige Gegenmittel, das sie gefunden hätten, bestehe darin, ihn schwere Arbeit verrichten zu lassen, wonach er unfehlbar wieder zu sich komme. Aus Voreingenommenheit für meine eigene Art schwieg ich dazu, doch konnte ich hier deutlich die wahren Keime der Hypochondrie erkennen, die nur die Faulen, die Schwelger und die Reichen befällt; und wenn man diese Leute zwänge, sich derselben Kur zu unterziehen, so würde ich für die Heilung garantieren.

Seine Gnaden hatte ferner bemerkt, daß sich Yahooweibchen oft hinter einen Erdwall oder einen Busch stellten, um die jungen Männchen anzustarren, die vorbeigingen, und sich dann zu zeigen und wieder zu verbergen, wobei sie viele närrische Gesten machten und Grimassen schnitten; es sei auch bemerkt worden, daß sie zu dieser Zeit einen äußerst widerlichen Geruch verbreiteten. Und wenn eins der Männchen auf sie zukäme, zögen sie sich langsam zurück, blickten sich aber oft um, zeigten geheuchelte Furcht und liefen an einen bequem gelegenen Ort, wohin ihnen das Männchen, wie sie wußten, folgen würde.

Wenn einmal ein fremdes Weibchen zu ihnen kam, so gingen drei oder vier vom gleichen Geschlecht um es herum, starrten es an, schnatterten, lachten und berochen es von allen Seiten. Und dann wandten sie sich mit Gesten ab, die Verachtung und Geringschätzung auszudrücken schienen.

Vielleicht mochte mein Herr bei diesen Theorien, die er auf Grund eigener Beobachtung und den Berichten anderer aufgestellt hatte, die Dinge ein wenig überspitzen; ich konnte jedoch nicht ohne einige Bestürzung und großen Kummer darüber nachdenken, daß die Grundzüge der Unzüchtigkeit, Koketterie, Tadelsucht und Klatscherei bei den Frauen offenbar von Natur aus angelegt sind.

Ich erwartete jeden Augenblick, daß mein Herr die Yahoos auch jener widernatürlichen Begierden bezichtigen würde, die bei uns unter beiden Geschlechtern so verbreitet sind. Wie es scheint, war die Natur aber doch keine so kundige Schulmeisterin, und diese feineren Genüsse sind ausschließlich die Früchte der Kunst und der Vernunft auf unserer Seite des Erdballs.

Der Verfasser berichtet über verschiedene Besonderheiten der Yahoos. Die großen Tugenden der Houyhnhnms. Die Erziehung und die Leibesübungen ihrer Jugend. Ihre Generalversammlung.

Da ich die menschliche Natur eigentlich viel besser verstehen mußte, als es, wie ich annahm, meinem Herrn möglich war, war es mir auch ein leichtes, die Schilderung, die er von den Yahoos gab, auf mich und meine Landsleute anzuwenden. Ich glaubte auch, ich könnte aus eigenen Beobachtungen noch weitere Entdeckungen machen. Deshalb bat ich Seine Gnaden oft, mich zu den Yahooherden in der Nachbarschaft gehen zu lassen; er stimmte dem auch immer sehr huldvoll zu, da er völlig davon überzeugt war, daß der Haß, den ich gegen diese Tiere hegte, es niemals zulassen werde, daß ich von ihnen verdorben würde. Seine Gnaden befahl auch einem seiner Diener, einem starken Rotfuchs, der sehr brav und gutmütig war, mein Beschützer zu sein; ohne seinen Schutz hätte ich es nicht gewagt, solche Risiken einzugehen. Ich habe dem Leser ja schon erzählt, wie sehr ich gleich nach meiner Landung von diesen scheußlichen Tieren belästigt worden war. Und auch später entging ich drei- oder viermal nur mit knapper Mühe und Not dem Schicksal, ihnen in die Klauen zu fallen, als ich mich ohne meinen Hirschfänger nur wenig vom Hause entfernte. Ich habe Grund zu glauben, daß sie eine gewisse Vorstellung hatten, ich gehörte zu ihrer eigenen Gattung. Dazu trug ich oft selbst bei, indem ich vor ihren Augen meine Ärmel aufkrempelte und meine nackten Arme und meine bloße Brust sehen ließ, wenn mein Beschützer bei mir war. Bei diesen Gelegenheiten pflegten sie so nahe heranzukommen, wie sie es wagten, und meine Handlungen wie Affen nachzuahmen, doch stets mit beträchtlichen Anzeichen des Hasses, so wie eine zahme Dohle mit Haube und Strümpfen stets von den wilden verfolgt wird, wenn sie zufällig unter sie geraten ist.

Vom frühesten Kindesalter an sind sie außerordentlich behend; dennoch fing ich einmal ein junges Männchen von drei Jahren und bemühte mich, es mit allen Arten von Liebkosungen zu beruhigen. Der kleine Teufel begann aber mit solcher Heftigkeit zu kreischen, zu kratzen und zu beißen, daß ich gezwungen war, ihn laufen zu lassen; und es war auch höchste Zeit, denn auf den Lärm hin umringte uns eine ganze Herde von alten. Da sie jedoch das Junge in Sicherheit sahen (denn im Nu war es weg) und mein Rotfuchs dabeistand, wagten sie sich nicht in unsere Nähe. Ich bemerkte, daß der Körper des jungen Tieres sehr widerlich roch, und der Gestank lag etwa zwischen dem eines Wiesels und eines Fuchses, war aber viel unangenehmer. Ich habe noch einen Umstand vergessen (und der Leser würde mir vielleicht verzeihen, wenn er gänzlich übergangen würde): während ich nämlich das verhaßte Ungeziefer in den Händen hielt, entleerte es seine ekelhaften Exkremente von gelber, flüssiger Beschaffenheit über alle meine Kleider. Zum Glück war aber ein kleiner Bach ganz in der Nähe, wo ich mich so sauber abwusch, wie ich nur konnte. Trotzdem wagte ich es nicht, vor meinem Herrn zu erscheinen, bis ich mich genügend ausgelüftet hatte.

Nach allem, was ich feststellen konnte, scheinen die Yahoos die ungelehrigsten von allen Tieren zu sein, denn ihre Fähigkeiten reichen nie weiter, als Lasten zu ziehen oder zu tragen. Dennoch bin ich der Meinung, daß dieser Mangel hauptsächlich von einer eigensinnigen, widerspenstigen Veranlagung herrührt. Denn sie sind verschlagen, heimtückisch, hinterhältig und rachsüchtig. Sie sind stark und widerstandsfähig, aber von feiger Gesinnung und folglich unverschämt, kriecherisch und grausam. Man beobachtet, daß die Rothaarigen beider Geschlechter unzüchtiger und boshafter als die übrigen sind, denen sie aber auch an Kraft und Behendigkeit sehr überlegen sind.

Die Houyhnhnms halten die für den täglichen Gebrauch bestimmten Yahoos in Hütten, die nicht weit vom Hause entfernt sind; die übrigen aber werden auf bestimmte Felder hinausgeschickt, wo sie Wurzeln ausgraben, verschiedene Arten von Kräutern fressen und nach Aas suchen oder zuweilen auch Wiesel und »Luhimuhs« (eine Art wilde Ratten) fangen, die sie gierig verschlingen. Die Natur hat sie gelehrt, an den Abhängen von Bodenerhebungen mit den Nägeln tiefe Höhlen zu graben, in denen sie für sich allein liegen; nur die Höhlen der Weibchen sind größer und reichen hin, um noch zwei bis drei Junge aufzunehmen.

Von frühester Kindheit an schwimmen sie wie Frösche und können auch lange unter Wasser bleiben, wo sie häufig Fische fangen, die die Weibchen für ihre Jungen nach Hause tragen. Ich hoffe, der Leser wird mir verzeihen, wenn ich bei dieser Gelegenheit ein sonderbares Abenteuer erzähle.

Eines Tages war ich mit meinem Beschützer, dem Rotfuchs, unterwegs, und da das Wetter überaus heiß war, bat ich ihn, mich in einem nahen Fluß baden zu lassen. Er stimmte zu, und ich zog mich sogleich splitternackt aus und ging langsam in den Fluß. Es traf sich, daß ein junges Yahooweibchen, das hinter einer Böschung stand, den ganzen Vorgang ansah, und von Begierde entflammt, wie das Pferd und ich vermuteten, kam es mit äußerster Geschwindigkeit gelaufen und sprang nicht weiter als fünf Ellen von der Stelle, wo ich badete, ins Wasser. Noch nie in meinem Leben war ich so furchtbar erschrocken; das Pferd graste in einiger Entfernung, da es nichts Böses vermutete. Sie umarmte mich in der brünstigsten Weise. Ich brüllte, so laut ich konnte, und das Pferd kam herbeigaloppiert; daraufhin ließ sie mich mit dem größten Widerstreben los und sprang auf das gegenüberliegende Ufer, wo sie die ganze Zeit, solange ich meine Kleider anzog, gaffend und heulend stehenblieb.

Das gab meinem Herrn und seiner Familie Veranlassung

zur Belustigung, während es mich aufs äußerste beschämte. Denn jetzt konnte ich nicht mehr leugnen, daß ich in jedem Glied und nach jedem Merkmal ein richtiger Yahoo war, da die Weibchen eine natürliche Neigung zu mir empfanden, wie zu einem ihrer eigenen Art. Auch war das Haar dieses Tieres nicht von roter Farbe (was noch als eine gewisse Entschuldigung für eine etwas abartige Begierde hätte gelten können), sondern schwarz wie eine Schlehe, und ihre Erscheinung machte auch keinen ganz so häßlichen Eindruck wie die übrigen ihrer Art, denn ich glaube, sie konnte nicht über elf Jahre alt gewesen sein.

Da ich drei Jahre in diesem Land gelebt habe, wird der Leser, nehme ich an, erwarten, daß ich ihm wie andere Reisende einen Bericht von den Sitten und Gewohnheiten seiner Einwohner gebe, die kennenzulernen in der Tat mein hauptsächliches Bestreben war.

Da diese edlen Houyhnhnms von der Natur mit einem allgemeinen Hang zu allen Tugenden ausgestattet sind und keine Vorstellungen oder Begriffe davon haben, was das Böse bei einem vernünftigen Wesen bedeutet, so besteht ihr Hauptgrundsatz darin, die Vernunft zu entwickeln und sich gänzlich von ihr leiten zu lassen. Auch ist die Vernunft bei ihnen keine problematische Angelegenheit wie bei uns, wo man mit dem Anschein von Richtigkeit Gründe für und wider eine Sache anführen kann, sondern sie bewirkt unmittelbare Überzeugung, wie sie das notwendig tun muß, wo sie nicht mit Leidenschaft und Eigennutz vermischt und von ihnen getrübt oder entstellt ist. Ich erinnere mich, daß ich meinen Herrn nur mit größten Schwierigkeiten dazu bringen konnte, die Bedeutung des Wortes »Meinung« zu verstehen oder wie eine Angelegenheit strittig sein könnte, da uns die Vernunft doch lehre, nur zu behaupten oder zu leugnen, wo wir sicher seien, und wenn etwas außerhalb unseres Wissens liegt, können wir keines von beiden tun.

Daher sind Streitigkeiten, Zänkereien, Auseinandersetzungen und Beharren auf falschen oder zweifelhaften Thesen bei den Houyhnhnms unbekannte Übel. Ebenso pflegte er, wenn ich ihm unsere verschiedenen Systeme der Naturphilosophie erklärte, darüber zu lachen, daß sich ein Geschöpf, das Anspruch auf Vernunft erhebe, etwas darauf einbildete, die Vermutungen anderer Leute zu kennen, und noch dazu bei Dingen, wo dieses Wissen, selbst wenn es gewiß wäre, keinen Nutzen haben könnte. Darin stimmte er völlig mit den Anschauungen des Sokrates überein, wie sie Plato überliefert, und ich erwähne das als die höchste Ehre, die ich jenem Fürsten der Philosophen erweisen kann. Ich habe mir seitdem oft überlegt, was für eine Verheerung eine solche Lehre in den Bibliotheken Europas anrichten würde und wie viele Wege zum Ruhm in der gelehrten Welt dann versperrt wären.

Freundschaft und Wohlwollen sind die zwei Haupttugenden der Houyhnhnms, und diese sind nicht auf einzelne Individuen beschränkt, sondern richten sich allgemein auf das ganze Geschlecht. Denn ein Fremder aus der entlegensten Gegend wird ebenso wie der nächste Nachbar behandelt, und überall, wohin er geht, betrachtet er sich als zu Hause. Sie wahren Anstand und Höflichkeit im höchsten Grad, kennen aber überhaupt keine leere Förmlichkeit. Sie hegen keine übertriebene Zärtlichkeit zu ihren Hengstfüllen oder weiblichen Fohlen; die Sorgfalt, die sie auf ihre Erziehung verwenden, entspringt vielmehr ganz und gar den Geboten der Vernunft. Ich bemerkte auch, daß mein Herr gegenüber der Nachkommenschaft seines Nachbarn die gleiche Zuneigung an den Tag legte, die er zu seiner eigenen empfand. Sie behaupten, daß die Natur sie lehrt, die ganze Gattung zu lieben, und nur die Vernunft macht da einen Unterschied zwischen Einzelpersonen, wo sich ein überragender Grad von Tugend findet.

Wenn die Houyhnhnmfrauen ein Füllen von jedem Geschlecht hervorgebracht haben, so vereinigen sie sich nicht mehr mit ihren Gatten, es sei denn, sie verlieren eins von ihrer Nachkommenschaft durch irgendeinen Unfall, was nur sehr selten vorkommt. In einem solchen Fall kommen sie aber von neuem zusammen, oder, wenn das gleiche Unglück einem Houyhnhnm zustößt, dessen Weib über das Gebären hinaus ist, so übergibt ihnen irgendein anderes Paar eins seiner eigenen Füllen und verkehrt dann wieder miteinander, bis die Mutter trächtig ist. Diese Vorsicht ist notwendig, um zu verhindern, daß das Land mit großen Mengen von Einwohnern überlastet wird. Der Rasse der tieferstehenden Houyhnhnms, die zu Dienern erzogen werden, sind in diesem Punkt keine so engen Grenzen gesetzt; es ist ihnen gestattet, drei Füllen von jedem Geschlecht zu zeugen, die Dienstboten bei den vornehmen Familien werden.

Bei ihren Eheschließungen sind sie sehr darauf bedacht, genau solche Farben auszuwählen, die bei der Nachkommenschaft keine unangenehme Mischung ergeben. Beim Männchen wird hauptsächlich Kraft und beim Weibchen Anmut geschätzt, jedoch nicht um der Liebe willen, sondern um die Rasse vor Entartung zu bewahren. Wenn sich nämlich ein Weibchen durch Kraft auszeichnet, wird ein Gatte mit Rücksicht auf Anmut ausgesucht. Werbung, Liebe, Geschenke, Wittümer und Leibgedinge haben keinen Raum in ihrem Denken, noch haben sie überhaupt Wörter, um sie in ihrer Sprache zu bezeichnen. Das junge Paar kommt zusammen und wird verbunden, und zwar lediglich deshalb, weil es der Entschluß seiner Eltern und Freunde ist. Sie sehen jeden Tag, daß man es so hält, und betrachten es als eine der notwendigen Handlungen eines vernünftigen Wesens. Von Ehebruch oder irgendeiner anderen Unkeuschheit hat man jedoch niemals gehört, und das verheiratete Paar verbringt sein Leben in derselben Freundschaft und demselben gegenseitigen Wohlwollen, das sie allen anderen der gleichen Gattung entgegenbringen, mit denen sie in Berührung kommen: ohne Eifersucht, übertriebene Zärtlichkeit, Zank oder Unzufriedenheit.

Ihre Methode zur Erziehung der Jugend beider Geschlechter ist bewunderswert und verdient unsere Nachahmung in hohem Grade. Die Füllen dürfen außer an gewissen Tagen kein Korn Hafer zu sich nehmen, bis sie achtzehn Jahre alt sind, und auch Milch nur sehr selten. Im Sommer grasen sie zwei Stunden am Morgen und ebensolange am Abend, und diese Zeit halten auch ihre Eltern ein. Den Dienern gesteht man aber nicht mehr als die Hälfte dieser Zeit zu, und ein großer Teil ihres Grases wird nach Hause gebracht, den sie dann zu den gelegensten Stunden essen, wenn man sie am besten bei der Arbeit entbehren kann.

Mäßigkeit, Fleiß, Körperbewegung und Reinlichkeit sind die Lehren, die den Füllen beider Geschlechter gleichermaßen eingeschärft werden, und mein Herr hielt es für absurd, daß wir den Weibchen eine andere Art von Erziehung geben als den Männchen, es sei denn in einigen Punkten der Haushaltsführung. Dadurch, so bemerkte er ganz richtig, sei ja eine Hälfte unserer Bevölkerung zu nichts anderem brauchbar, als Kinder in die Welt zu setzen. Und daß man solchen unnützen Lebewesen die Sorge für seine Kinder anvertraue, sei ein noch schlimmeres Beispiel von tierischer Unvernunft.

Die Houyhnhnms indessen erziehen ihre Jugend zu Kraft, Schnelligkeit und Mut, indem sie sie darin üben, steile Hügel hinauf und hinab und auf hartem, steinigem Boden Wettrennen abzuhalten; und wenn sie alle in Schweiß geraten sind, wird ihnen befohlen, kopfüber in einen Teich oder Fluß zu springen. Viermal im Jahr kommt die Jugend eines bestimmten Bezirks zusammen, um ihre Fertigkeit im Laufen und Springen und andere Leistungen ihrer Kraft und Behendigkeit zu zeigen; der Sieger oder die Siegerin wird dann mit einem Lied belohnt, das zu seinem oder ihrem Lob gedichtet wird. Bei diesem Fest treiben die Diener eine Herde Yahoos auf das Feld, die mit Heu, Hafer und Milch für eine Mahlzeit der Houyhnhnms beladen sind. Danach aber werden diese Tiere sogleich wieder zurückgetrieben, um zu verhüten, daß sie der Gesellschaft lästig fallen.

Alle vier Jahre findet zur Frühjahrs-Tagundnachtgleiche eine Ratsversammlung statt, auf der die ganze Nation vertreten ist. Sie wird in einer Ebene abgehalten, die ungefähr zwanzig Meilen von unserem Haus entfernt liegt, und dauert etwa fünf bis sechs Tage. Hier untersuchen sie den Zustand und die Lage in den verschiedenen Bezirken, ob sie Überfluß an Heu, Hafer, Kühen oder Yahoos haben oder Mangel daran leiden. Und überall, wo irgendein Mangel besteht (was aber nur selten vorkommt), wird ihm sogleich mit einmütiger Zustimmung und einer allgemeinen Spende abgeholfen. Hier wird auch die Regulierung der Kinder vereinbart. Wenn zum Beispiel ein Houyhnhnm zwei Männchen hat, tauscht er eines mit einem andern, der zwei Weibchen hat; und wenn durch irgendein Unglück ein Kind umkam, dessen Mutter über das Gebären hinaus ist, so wird beschlossen, welche Familie im Bezirk ein neues zu zeugen hat, um den Verlust auszugleichen.

Aus: Gullivers Reisen, Buch IV,7-8

Ausführlicher und wahrhaftiger Bericht über die Schlacht zwischen den alten und modernen Büchern, ausgefochten am vergangenen Freitag in der Königlichen Bibliothek

Der Buchhändler an den Leser

Wie die nachfolgende Abhandlung unzweifelhaft vom selben Verfasser stammt, so scheint sie auch um dieselbe Zeit geschrieben zu sein wie die vorige, also im Jahre 1697, als der berühmte Disput über die alte und die moderne Gelehrsamkeit im Gange war. Der Streit entstand durch einen Aufsatz Sir William Temples über dieses Thema, auf welchen W. Wotton, B. D., eine Entgegnung mit einem Anhang von Dr. Bentley schrieb, worin der Versuch unternommen wurde, Äsop und Phalaris, die Sir William Temple im vorerwähnten Aufsatz hoch gepriesen hatte, in ihrer Bedeutung als Schriftsteller herabzusetzen. In diesem Anhang fiel der Doktor scharf über eine neue Ausgabe des Phalaris her, die der Ehrenwerte Charles Boyle, jetzt Graf von Orrery, besorgt hatte. Mr. Boyle antwortete ausführlich und mit viel Gelehrsamkeit und Witz, worauf wieder der Doktor weitschweifig auf den Plan trat. Bei diesem Disput empfand es die ganze Stadt als höchst ungehörig, daß eine so hochstehende und unanfechtbare Persönlichkeit wie Sir William Temple von den beiden obgenannten Herren Theologen ohne jede Provokation so grob behandelt wurde. Da nun kein Ende der Kontroverse abzusehen war, griffen, so erzählt uns unser Autor, die *Bücher* in der Königlichen Bibliothek, die sich als die Hauptbeteiligten betrachteten, den Streit auf und trugen unter sich eine entscheidende Schlacht aus; allein da das Manuskript durch Unbill des Schicksals oder des Wetters an mehreren Stellen Schäden aufweist, können wir nicht feststellen, welcher Seite der Sieg zufiel.

Ich muß den Leser darauf hinweisen, daß er sich hüten möge, etwas auf Personen zu beziehen, was hier im buchstäblichsten Sinne nur von Büchern gemeint ist. Wenn also Vergil erwähnt wird, haben wir darunter nicht die Person eines berühmten Dichters mit diesem Namen zu verstehen, sondern nur bestimmte Bogen Papier, die in Leder gebunden sind und die Werke besagten Dichters im Druck enthalten; das gleiche gilt für alle anderen.

Vorwort des Verfassers

Die Satire ist eine Art Spiegel, worin der Betrachter gewöhnlich jedes Gesicht erkennt außer dem eigenen, was die Hauptursache dafür ist, daß ihr die Welt eine so freundliche Aufnahme zuteil werden läßt und daß sich so wenige von ihr getroffen fühlen. Sollte ausnahmsweise einmal das Gegenteil eintreten, ist das auch nicht weiter gefährlich; weiß ich doch aus langer Erfahrung, daß ich von jenen Gemütern, die ich aus der Ruhe zu bringen vermochte, niemals Schaden zu gewärtigen habe; denn Zorn und Wut steigern zwar die Kräfte des Körpers, vermindern aber die des Geistes, dessen Tätigkeit dadurch eingeschränkt und wirkungslos gemacht wird.

Es gibt Gehirne, die nicht mehr als ein Abschäumen vertragen; ihre Besitzer tun gut daran, das bißchen, was sie haben, hübsch zusammenzuhalten und sparsam damit umzugehen, vor allem aber sollten sie sich davor hüten, es den Geißelhieben klügerer Leute auszusetzen, denn dann braust es auf und zergeht in Anmaßung, und Ersatz dafür ist nicht aufzutreiben. Ist doch Witz ohne Wissen eine Art Rahm, der sich über Nacht an der Oberfläche sammelt und der von geübter Hand bald zu Schaum geschlagen wird; ist er aber abgesahnt, so taugt das, was darunter zum Vorschein kommt, lediglich dazu, den Schweinen vorgeworfen zu werden.

Ausführlicher und wahrhaftiger Bericht über die Schlacht, ausgefochten am vergangenen Freitag usw.

Wer den »Jahresweiser« aufmerksam genug liest, findet darin die Bemerkung, daß der Krieg ein Kind der Hoffart und die Hoffart die Tochter des Reichtums ist.* Die erste Behauptung kann man ohne weiteres anerkennen, die zweite dagegen läßt sich nicht so einfach unterschreiben; denn die Hoffart steht in enger Verwandtschaft zum Bettelstand und zur Armut, entweder vom Vater oder von der Mutter her, und manchmal sogar von beiden, und, mit dürren Worten, die Menschen finden äußerst selten Anlaß zum Hader, wenn alle genug haben; wie denn auch feindliche Einfälle gewöhnlich von Norden nach Süden erfolgen, das heißt von der Armut zum Überfluß. Die ältesten und natürlichsten Ursachen aller Streitigkeiten sind Wollust und Habgier, die als mutmaßliche Schwestern oder Seitenverwandte der Hoffart jedenfalls dem Mangel entstammen. Denn – um in der Sprache politischer Schriftsteller zu reden – in der Republik der Hunde (die ihrem Ursprung nach eine Einrichtung der großen Menge zu sein scheint) kann man beobachten, daß im gesamten Staat stets tiefster Friede herrscht, wenn alle ein fettes Mahl gehabt haben, daß es dagegen unter ihnen zu Unruhen kommt, wenn sich ein Leithund einen großen Knochen schnappt und ihn entwe-

* Reichtum führt zu Hochmut; Hochmut erzeugt Krieg usw. Vide Ephem. de Mary Clark; opt. edit.

der mit einigen wenigen teilt, was zur Oligarchie führt, oder ihn für sich behält, was auf eine Tyrannei hinausläuft. Die gleiche Regel trifft bei ihnen auch auf jene Streitigkeiten zu, die wir erleben, wenn eines ihrer Weibchen heiß ist. Denn da das Besitzrecht sich auf alle verteilt (angesichts der Unmöglichkeit, in einem so delikaten Fall ein Privateigentum festzulegen), gibt es so viel Argwohn und Eifersucht, daß das ganze Gemeinwesen der betreffenden Straße durch Bürgerzwist in einen offenen Kriegszustand aller gegen alle gerät, bis einer, der mehr Mut, Geschick oder Glück hat als die übrigen, sich der Beute bemächtigt und sie genießt, worob sich naturgemäß viel Neid und Mißgunst und Geknurr wider den glücklichen Hund erhebt. Sehen wir ferner eine dieser Republiken im Krieg gegen eine auswärtige Macht begriffen, sei es zur Eroberung oder zur Verteidigung, dann zeigt sich, daß die Gründe und Anlässe dazu aus der nämlichen Regel abzuleiten sind und daß auf seiten des Angreifers mehr oder minder ausgeprägte Armut oder Dürftigkeit (gleichviel ob wirklich oder eingebildet) neben der Hoffart maßgeblich daran beteiligt ist.

Wer nun beliebt, die gefundene Regel in verkleinertem Maßstab oder in abgewandelter Form auf ein geistiges Gemeinwesen oder eine Gelehrtenrepublik anzuwenden, wird bald den Hauptgrund der Mißhelligkeiten zwischen den beiden großen Parteien, die gegenwärtig unter Waffen stehen, erkennen und kann sich über das Für und Wider beider Ansichten eine klare Meinung bilden. Wie dieser Krieg aber ausgehen oder was er noch bringen wird, läßt sich nicht so leicht mutmaßen, denn die Hitzköpfe beider Parteien haben den Kampf jetzt derart auflodern lassen und die wer weiß wo erhobenen Ansprüche sind so verstiegen, daß auch der kleinste Schritt zur gütlichen Beilegung undenkbar ist. Der Streit entbrannte ursprünglich (wie mir jemand versichert hat, der in jener Gegend schon lange ansässig ist) um einen kleinen Flecken Land auf einem der beiden Gipfel des Parnasses, deren größter und höchster offenbar seit unvordenklichen Zeiten das unangefochtene Besitztum gewisser Pächter, der sogenannten Alten, war, während der andere von den Modernen eingenommen wurde. Als diesen aber ihre gegenwärtige Stellung nicht mehr behagte, schickten sie eine Abordnung zu den Alten, um über einen argen Mißstand Klage zu führen, nämlich daß die Höhe jenes Teiles des Parnasses ihnen die Aussicht, besonders nach Osten hin, gänzlich versperre, und zur Vermeidung eines Krieges stellten sie ihnen zwei Wege zur Wahl: Entweder die Alten zogen gefälligst mit ihren Siebensachen auf die tiefer gelegene Kuppe um, welche ihnen die Modernen gnädig abtreten wollten, um an ihre Stelle aufzurücken, oder aber besagte Alte gestatteten den Modernen, mit Hakken und Schaufeln anzurücken und besagten Berg so weit abzutragen, wie es ihnen zweckdienlich dünke. Worauf die Alten zur Antwort gaben, einer solchen Botschaft hätten sie sich von einer Kolonie schwerlich versehen, deren Gründung in so unmittelbarer Nachbarschaft nur ihrem Entgegenkommen zu danken wäre. Was ihren eigenen Wohnsitz anbelange, so sei es ihre Urheimat, und ihnen von Umzug oder Preisgabe zu reden, sei folglich eine Sprache, die sie nicht verständen. Wenn die Höhe des Berges auf ihrer Seite den Modernen die Aussicht einenge, so sei das ein Nachteil, dem sie nicht abhelfen könnten; sie gäben ihnen jedoch zu bedenken, ob dieser Schade (sofern es überhaupt einer sei) nicht reichlich aufgewogen werde durch den Schutz und Schatten, den ihnen ihr Gipfel gewähre. Der Vorschlag, ihn abzutragen oder wegzuschaufeln, stamme entweder aus Torheit oder aus Unkenntnis, je nachdem ob sie wüßten oder nicht wüßten, daß diese Seite des Berges gewachsener Fels sei, an dem ihre Werkzeuge und ihr Mut zerbrechen würden, ohne ihm selber den geringsten Schaden zuzufügen. Sie rieten daher den Modernen, sie möchten doch, anstatt davon zu träumen, den Gipfel der Alten niederzureißen, lieber ihren eigenen erhöhen, wozu sie ihnen nicht nur Erlaubnis, sondern auch tatkräftige Hilfe gewähren würden. All das wurde von den Modernen höchst entrüstet zurückgewiesen, und da sie weiterhin auf einer der beiden Lösungen bestanden, führte dieser Zwist zu einem langen und verbissenen Krieg, der auf der einen Seite durch Entschlossenheit und durch den Mut bestimmter Führer und Verbündeter durchgehalten wird, auf der anderen jedoch durch ihre zahlenmäßige Überlegenheit, die nach jeder Niederlage den Einsatz neuer Reserven gestattet. In diesem Streit sind schon ganze Bäche von Tinte verspritzt worden, und die Bösartigkeit beider Parteien hat sich maßlos erhöht. Nun muß man dazu wissen, daß Tinte der wirksamste Kampfstoff in allen Schlachten der Gelehrten ist, der vermittels eines ballistischen Geräts, das man Federkiel nennt, ans Ziel gebracht wird, wovon die Recken beider Seiten ungeheure Mengen mit der gleichen Kunst und Kraft gegen den Feind schleudern, als handele es sich um ein Treffen von Stachelschweinen. Diese bösartige Flüssigkeit wurde von ihrem Erfinder aus zwei Ingredienzen zusammengesetzt, nämlich aus Galle und aus Vitriol, deren Bitterkeit und Giftigkeit dem Kampfgeist der Streitenden einigermaßen entsprechen und ihn anfachen sollte. Und wie die Griechen, wenn sie nach einem Treffen keine Einigung über den Sieg erzielen konnten, auf beiden Seiten Siegesbanner aufzurichten pflegten, wobei die geschlagene Partei, um ihre Haltung zu wahren, sich den gleichen Aufwand leistete (eine löbliche alte Sitte, die in der Kriegskunst jüngst fröhliche Urständ gefeiert hat), so ziehen auch die Gelehrten beider Seiten nach einem scharfen und blutigen Streitgefecht ihre Siegesbanner auf, gleichviel welche den kürzeren gezogen hat. Diese Siegesbanner verkünden in großen Lettern den Ruhm ihrer gerechten Sache und geben einen ausführlichen unparteiischen Bericht über die betreffende Schlacht und darüber, wie der Sieg eindeutig der Partei zugefallen sei, die sie gehißt hat. Sie sind der Welt unter verschiedenen Namen bekannt, wie Dispute, Auseinandersetzungen, Entgegnungen, kurze Betrachtungen, Antworten, Repliken, Bemerkungen, Reflexionen, Einwendungen, Widerlegungen. Nur wenige Tage lang werden entweder sie selbst oder ihre besten Teile* zum Staunen der Vorübergehenden an allen öffentlichen Orten ausgehängt; dann schafft man die wichtigsten und größten in gewisse Magazine, Bibliotheken genannt, wo sie in einer eigens für sie bestimmten Abteilung verbleiben und hinfort die Bezeichnung Streitschriften erhalten.

Diese Bücher empfangen und bewahren auf wunderbare Weise den Geist jedes Streiters, solange er lebt, und nach seinem Tode schlüpft seine Seele hinein, um ihnen Leben zu verleihen. Das wenigstens ist die landläufige Ansicht, ich glaube aber, daß es in den Bibliotheken ebenso zugeht wie auf anderen Friedhöfen, wo nach Versicherung einiger Philosophen eine Art Geist, den sie Brutum hominis nennen, über dem Grabmal schwebt, bis der Leib verwest und zu Staub geworden oder den Würmern anheimgefallen ist, dann aber verschwindet oder sich auflöst. So spukt denn auch wohl über jedem Buche ein ruheloser Geist, bis sich der Staub oder die Würmer seiner bemächtigt haben, was bei manchen schon nach wenigen Tagen, bei anderen erst später eintreten kann; und da Streitschriften im Vergleich zu allen anderen Büchern von den unruhigsten Geistern heimgesucht werden, hat man sie seit jeher in Isolierräumen untergebracht; und aus Furcht, sie könnten sich gegenseitig Gewalt antun, hielten es unsere Vorfahren für ratsam, sie

* Ihre Titelblätter.

mit starken Eisenketten zum Frieden zu zwingen. Diese Idee geht auf folgenden Anlaß zurück: Als die Werke des Scotus erstmals erschienen, wurden sie in eine große Bibliothek gebracht und erhielten dort einen Platz zugewiesen; doch kaum war dieser Autor an Ort und Stelle, als er auch schon seinem Lehrmeister Aristoteles einen Besuch abstattete, und dort kamen die beiden überein, Plato gewaltsam zu ergreifen und ihn von seinem alten Standort unter den Gottesgelehrten zu entfernen, wo er an die achthundert Jahre lang in Frieden zugebracht hatte. Der Anschlag gelang, und seither herrschen die beiden Usurpatoren an seiner Statt; doch um künftig Ruhe und Ordnung zu wahren, wurde bestimmt, daß alle Polemiken größeren Umfanges an die Kette zu legen seien.

Dank dieser Maßnahme hätte sich der Landfriede der Bibliotheken wahrscheinlich aufrechterhalten lassen, wäre nicht unlängst eine neue Art polemischer Bücher aufgekommen, die infolge des erwähnten Krieges zwischen den Gelehrten um den höheren Gipfel des Parnasses von einem besonders bösartigen Geist durchdrungen sind.

Als man diese Bücher zum erstenmal in die öffentlichen Bibliotheken aufnahm, entsinne ich mich, bei dieser Gelegenheit mehreren beteiligten Personen gegenüber geäußert zu haben, ich sei sicher, daß sie überall, wo sie auftauchten, Unruhe stiften würden, sofern man sich nicht gewaltig vorsehe; und deshalb gab ich den Rat, man solle die Streiter beider Seiten paarweise zusammentun oder anderweitig durcheinanderbringen, damit wie bei der Mischung gegensätzlicher Gifte ihre Bösartigkeit nur untereinander wirksam werde. Und offenbar bin ich weder ein schlechter Prophet noch ein übler Ratgeber gewesen, denn nichts anderes als die Unterlassung ebendieser Vorsichtsmaßregel führte jenen schrecklichen Kampf herbei, der vergangenen Freitag zwischen den alten und modernen Büchern in der

Königlichen Bibliothek ausgefochten wurde. Da nun diese Schlacht noch so frisch in aller Munde ist und die ganze Stadt ungeduldig darauf wartet, Einzelheiten zu erfahren, habe ich, der ich alle für einen Geschichtsschreiber erforderlichen Befähigungen besitze und von keiner Seite bestochen bin, mich entschlossen, dem angelegentlichen Drängen meiner Freunde nachzugeben und einen ausführlichen und unparteiischen Bericht darüber zu schreiben.

Der Kustos der Königlichen Bibliothek, ein wegen seines großen Mutes, hauptsächlich aber wegen seiner Menschlichkeit* berühmter Mann, war seit jeher ein grimmiger Streiter für die Modernen gewesen und hatte bei einem Treffen auf dem Parnaß gelobt, zwei Anführer der Alten eigenhändig niederzuschlagen, die einen kleinen Paß auf dem oberen Felsen besetzt hielten; doch bei dem Versuch, den Anstieg zu bewältigen, fand er sich in empfindlichster Weise durch sein eigenes unseliges Gewicht und seine Egozentrik gehindert, eine Eigenschaft, die in der Partei der Modernen überaus häufig vorkommt, denn da ihr Kopf unbelastet ist, sind sie beim Spekulieren von einer wunderbaren Behendigkeit und vermeinen, nichts sei ihnen zu hoch, aber wenn es dann an die Praxis geht, verspüren sie einen mächtigen Druck um den Hintern herum und in den Waden. Da ihm also sein Vorhaben mißlungen war, erfüllte den enttäuschten Krieger ein grimmiger Haß auf die Alten, dem er Luft zu verschaffen suchte, indem er die Schriften ihrer Gegner mit allen Zeichen seiner Gunst bedachte und sie in den schönsten Räumen aufstellte, zugleich aber alle Bücher, die sich vermaßen, offen für die Alten einzutreten, lebendigen Leibes in irgendeinem obskuren Winkel be-

* Der Ehrenwerte Mr. Boyle sagt in der Vorrede zu seiner Phalaris-Ausgabe, es sei ihm von dem Bibliothekar pro solita humanitate sua eine Handschrift verweigert worden.

grub unter der Androhung, sie beim geringsten Ärgernis vor die Tür zu setzen. Außerdem trug es sich zu, daß um diese Zeit sämtliche Bücher der Bibliothek in einem seltsamen Durcheinander aufgestellt waren, wofür verschiedene Gründe genannt wurden. Manche meinten, schuld sei ein großer Haufen gelehrten Staubes, den ein tückischer Wind von einem Regal moderner Autoren dem Bibliothekar in die Augen geweht habe. Andere behaupteten, dieser habe die Marotte, die Würmer aus den Scholastikern herauszuklauben und sie auf nüchternem Magen roh zu verschlingen, wobei ihm einige über die Leber liefen und andere zu Kopfe stiegen, was die Tätigkeit beider Organe stark beeinträchtigte. Wieder andere schließlich erklärten, da er in der Bibliothek so viel im Dunkeln umhertappe, habe er darin ganz die Orientierung verloren, und beim Wiedereinordnen der Bücher begehe er daher laufend Fehler und stelle Descartes neben Aristoteles. So war der arme Plato zwischen Hobbes und die sieben weisen Meister geraten, und Vergil wurde von Dryden auf der einen und Withers auf der anderen Seite flankiert.

Unterdes hatten jene Bücher, welche für die Modernen eintraten, eines aus ihrer Mitte auf eine Inspektionsreise durch die gesamte Bibliothek entsandt, um Zahl und Stärke ihrer Partei zu ermitteln und Vorkehrungen für ihr Unternehmen zu treffen. Dieser Bote verrichtete alles sehr fleißig und kam mit einem Verzeichnis ihrer Streitkräfte zurück, alles in allem fünfzigtausend, zumeist leichte Kavallerie, schwer bewaffnetes Fußvolk und Söldner; wobei das Fußvolk im allgemeinen nur kümmerlich bewaffnet und noch schlechter gekleidet war und die Pferde zwar groß, aber äußerst klapprig und abgetrieben waren; indessen hatten sich einige wenige durch Anleihen bei den Alten ganz leidlich ausgerüstet.

Während dieser Periode der Gärung verschärfte sich die

Zwietracht immer mehr; auf beiden Seiten fielen heftige Worte, und man schuf böses Blut in Menge. Da erbot sich ein einsamer Alter, der auf seinem Bord ganz von Modernen eingezwängt war, den Fall vorurteilsfrei zu erörtern und mit triftigen Gründen zu beweisen, daß der Vorrang ihnen gebühre, und zwar auf Grund langen Besitzes und in Anbetracht ihrer Klugheit, ihres Alters und vor allem ihrer großen Verdienste um die Modernen. Diese aber erkannten die Argumentation nicht an und schienen baß erstaunt, wie die Alten sich anmaßen konnten, auf ihr Alter zu pochen, da es doch (wenn sie schon davon anfingen) klar zutage liege, daß die Modernen weitaus die älteren seien*. Daß sie den Alten irgend etwas verdankten, stritten sie rundweg ab. »Nun wohl«, sagten sie, »wir wissen, daß einige von uns so ehrlos waren, ihr Dasein durch Anleihen bei euch zu fristen; alle anderen aber, die überwältigende Mehrzahl (und vornehmlich wir Franzosen und Engländer) waren stets so weit entfernt, sich zur Nachahmung eines derart verächtlichen Beispiels herabzulassen, daß bis zur Stunde noch keine sechs Worte zwischen uns gewechselt worden sind. Denn wir haben uns unsere Pferde selber gezüchtet, unsere Waffen selber geschmiedet und unsere Kleider selber zugeschnitten und genäht.« Zufällig befand sich Plato auf dem nächsten Bord, und als er sah, daß sich die solcherart Redenden in der vorhin beschriebenen jämmerlichen Verfassung befanden, ihre Schindmähren klapperdürr und lahmgeritten, ihre Waffen aus morschem Holz und die Harnische verrostet, mit nichts als Lumpen darunter, da lachte er laut und schwor in seiner heiteren Art, bei Gott, er glaube ihnen wohl.

Nun hatten die Modernen ihre kürzlichen Vorkehrungen nicht heimlich genug betrieben, um der Aufmerksamkeit

* Nach dem Paradoxon der Modernen.

der Gegenseite zu entgehen. Denn jene Scharfmacher, die den Streit begonnen hatten, indem sie den Disput über die Frage des Vorrangs vom Zaun brachen, redeten so laut von ihrer Bereitschaft zum Kampf, daß Temple ihre Worte vernahm und auf der Stelle die Alten verständigte, die daraufhin ihre verstreuten Truppen zusammenzogen und in die Defensive zu gehen beschlossen, worauf mehrere der Modernen, darunter auch Temple selbst, sich auf ihre Seite schlugen. Selbiger Temple, der seine Erziehung bei den Alten genossen hatte und viel mit ihnen verkehrte, war von allen Modernen ihr größter Liebling und wurde ihr größter Streiter.

Als sich die Dinge derart zugespitzt hatten, kam es zu einem bemerkenswerten Zwischenfall. In der obersten Ecke eines großen Fensters hauste nämlich eine Spinne, die zu gewaltigem Umfang angeschwollen war, nachdem sie unendliche Mengen von Fliegen verspeist hatte, deren Überreste vor den Toren ihres Palastes herumlagen wie Menschenknochen vor der Höhle eines Riesen. Die Zugänge zu der Burg waren ganz nach Art der modernen Befestigungskunst durch spanische Reiter und Palisaden geschützt. Über mehrere Höfe gelangte man in das Zentrum, wo man die Burgherrin höchsteigen in ihrem Privatgemach sehen konnte, welches nach allen Zugängen hin Fenster und Türen hatte, die jederzeit Ausfälle für einen Raubzug oder zur Verteidigung gestatteten. In diesem Bau hatte die Spinne geraume Zeit in Frieden und Überfluß gelebt; keine Schwalbe bedrohte ihr Leben von oben und kein Kehrbesen ihren Palast von unten: Da beliebte es dem Zufall, eine umherstreifende Biene dort hinzulenken, die eine zerbrochene Fensterscheibe entdeckt hatte und neugierig hineinflog. Sie schwirrte ein Weilchen hin und her, bis sie schließlich an die Zitadelle der Spinne geriet und sich auf einem der Außenwälle niederließ, der aber dem allzu schweren Gewicht nicht standhielt und in sich zusammenbrach. Dreimal versuchte die Biene, die Bresche zu stürmen, und dreimal erbebte das Zentrum. Die Spinne drinnen spürte die furchtbare Erschütterung und vermeinte zuerst, der Weltuntergang stünde bevor oder aber Beelzebub sei mit all seinen Legionen erschienen, um den Tod vieler Tausender seiner Untertanen zu rächen, die sein Feind erschlagen und verschlungen hatte. Schließlich aber faßte sie tapferen Herzens den Entschluß, vorzustürmen und ihrem Schicksal zu begegnen. Inzwischen hatte sich die Biene von dem Netz befreit und in einiger Entfernung eine sichere Stellung eingenommen, wo sie nun dabei war, sich die Flügel zu säubern und die zerfetzten Reste des Spinngewebes abzustreifen. Als nun die Spinne sich hinausgewagt hatte und die klaffenden Lücken und Risse ihrer zerstörten Festung erblickte, geriet sie außer sich; sie wetterte und fluchte wie von Sinnen und wollte vor Wut platzen. Schließlich fiel ihr Blick auf die Biene, und da sie ganz richtig von der Wirkung auf die Ursache schloß (denn sie kannten einander vom Sehen), rief sie: »Die Pest über dich! Du nichtswürdiger Hurenbalg also hast diese Schweinerei hier angerichtet? Konntest du nicht die Augen aufmachen und dich zum Teufel scheren? Du denkst wohl, ich habe nichts weiter zu tun, als hinter deinem verdammten Arsch alles wieder zuzuflicken!« – »Wohl gesprochen, Gevatterin«, antwortete die Biene (die sich jetzt fertig geputzt hatte und zum Spaßen aufgelegt war), »ich gebe dir mein Wort und meine Hand drauf, daß ich deiner Bruchbude nie wieder nahe kommen werde; in so einer verteufelten Klemme war ich mein Lebtag noch nicht.« – »Du freches Frauenzimmer«, gab die Spinne zurück, »wenn eine alte Familiensitte mir nicht verbieten würde, außerhalb des Hauses tätlich zu werden, ich würde kommen und dich Mores lehren.« – »Beruhige dich nur wieder«, sagte die Biene, »sonst vergeudest du deine Kräfte, und soviel ich sehe, wirst du sie dringend brauchen, um dein Haus zu reparieren.« – »O du Aas«, schrie da die Spinne, »du tätest gut daran, einer Person mehr Respekt zu bezeigen, die in den Augen aller Welt turmhoch über dir steht.« – »Meiner Treu«, sagte die Biene, »dieser Vergleich gibt einen prächtigen Witz ab, und du tätest mir einen Gefallen, wenn du mich die Gründe wissen ließest, die alle Welt in einem so vielversprechenden Disput anzuführen beliebt.« Daraufhin begann die Spinne, die sich mittlerweile derart aufgebläht hatte, daß sie den Umfang und die Positur eines Disputanten einnahm, ihre Beweisführung im wahren Geiste der Polemik, mit dem festen Vorsatz, nach Herzenslust zu pöbeln und zu toben, nur die eigenen Argumente gelten zu lassen, ohne im geringsten die Antworten oder Einwände des Gegners zu beachten, und sich auf keine Weise überzeugen zu lassen.

»Ich möchte mich nicht durch den Vergleich mit solch einem nichtswürdigen Geschöpf erniedrigen«, hob sie an, »denn was bist du schon weiter als eine Landstreicherin ohne Haus und Hof, ohne Besitz oder Erbe? Als Habenichts bist du auf die Welt gekommen, nur ein Paar Flügel und eine Brummpfeife nennst du dein eigen. Du lebst einzig vom Raub an der Natur, von Freibeuterei in Feld und Garten, und vor lauter Lust am Stehlen gilt dir die Nessel soviel wie das Veilchen. Ich dagegen bin ein Haustier, das seine Existenzmittel von Geburt an in sich trägt. Diese große Burg hier (um nur meine Leistungen in der Mathematik zu zeigen) ist ganz das Werk meiner Hände, und die Baustoffe dazu stammen sämtlich aus meinem eigenen Leibe.«

»Es freut mich«, erwiderte die Biene, »daß du wenigstens zugibst, ich sei auf ehrliche Weise zu meinen Flügeln und meiner Stimme gekommen, denn somit habe ich die Kunst des Fliegens und Musizierens ja wohl allein dem Himmel zu danken; und die Vorsehung hätte mich niemals mit zwei solchen Gaben bedacht, ohne sie zu den edelsten Zwecken zu bestimmen. Freilich besuche ich alle Blumen und Blüten in Feld und Garten, aber was ich dort sammle, bereichert mich, ohne ihrer Schönheit, ihrem Duft oder ihrem Geschmack im geringsten zu schaden. Was aber dich und dein Können in der Architektur und auf anderen Gebieten der Mathematik betrifft, so habe ich dazu nicht viel zu sagen: In deinem Bauwerk da mag ja, soweit ich es verstehe, genug Arbeit und Methode stecken, aber die für uns beide schmerzliche Erfahrung zeigt doch, daß das Material nichts taugt, und ich hoffe, du wirst dir das zur Warnung dienen lassen und künftig auf Haltbarkeit und Substanz denselben Wert legen wie auf Methode und Kunst. Du rühmst dich freilich, keinem anderen Wesen verpflichtet zu sein, sondern alles aus dir selbst herauszuziehen und zu verspinnen, das heißt, wenn wir den Inhalt des Gefäßes nach dem beurteilen können, was herausfließt, so trägst du eine recht ansehnliche Menge Unflat und Gift in der Brust; und wiewohl ich deinen höchstpersönlichen Vorrat an beidem gewiß nicht verkleinern oder geringschätzen möchte, glaube ich dennoch, daß du für die Mehrung beider ein wenig auf fremde Mithilfe angewiesen bist. Deine angeborene Portion Unflat entbehrt nicht des Zuwachses durch aufgewirbelten Staub, und das eine Insekt liefert dir die Dosis Gift, um das nächste zu töten. Kurzum, die Frage läuft also bloß darauf hinaus, ob dasjenige Wesen das edlere ist, dessen träge Gedanken nicht weiter reichen als vier Zoll im Umkreis und das in anmaßendem Dünkel, der sich selbst erhält und ständig erneuert, alles in Kot und Gift verwandelt und nichts erzeugt als Fliegenleim und Spinngewebe, oder aber jenes, das in freiem Umherschweifen nach langem Suchen, mit großem Fleiß, sicherem Urteil und feinem Unterscheidungsvermögen Honig und Wachs nach Hause bringt.«

Dieses Streitgespräch wurde so scharf, laut und hitzig geführt, daß die beiden unten in Waffen stehenden Bücherparteien eine Weile schweigend verharrten und gespannt warteten, was wohl dabei herauskäme; das erwies sich bald: Denn die Biene, der ein so großer Zeitverlust unerträglich war, wartete die Antwort nicht ab, sondern flog schnurstracks fort zu einem Rosenbeet und überließ die Spinne, die gerade die Schleusen ihres angestauten Redestroms öffnen wollte, sich selbst.

In der allgemeinen Verblüffung war es Äsop, der als erster das Schweigen brach. Er hatte unlängst eine höchst barbarische Behandlung erfahren, die eine seltsame Auswirkung der Menschlichkeit des Kustos war, denn der hatte ihm das Titelblatt herausgerissen, die Hälfte seiner Seiten unleserlich gemacht und ihn auf einem Bord mit Modernen angekettet. Dort merkte er alsbald, welch hohe Wogen die Auseinandersetzung noch schlagen würde, worauf er seine Verwandlungskünste spielen ließ und alle möglichen Gestalten annahm, zuletzt die eines Esels, so daß der Kustos ihn mit einem Modernen verwechselte. Dadurch fand er Zeit und Gelegenheit, zu den Alten zurückzuflüchten, und zwar gerade als die Spinne und die Biene ihren Streit begannen, dem er mit unendlichem Vergnügen aufmerksam zuhörte; und als dieser nun aus war, beteuerte er in den höchsten Tönen, ihm seien noch nie im Leben zwei Fälle vorgekommen, die so genau zueinander paßten wie der am Fenster und der andere auf den Bücherborden. »Die Disputanten«, sagte er, »haben ihr Streitgespräch in bewunderswerter Weise geführt; sie haben alles in die Debatte geworfen, was sich auf beiden Seiten Gewichtiges vorbringen läßt, und jedes Für und Wider erschöpfend behandelt. Wir brauchen die Argumente der beiden nur auf den gegenwärtigen Zwist zu übertragen und dazu die von jedem geleistete Arbeit und deren Ertrag, wie die Biene es so gelehrt dargelegt hat, zum Vergleich heranzuziehen, dann sehen wir, daß die Schlußfolgerung eindeutig und haargenau auf die Modernen und uns paßt. Denn ich bitte Sie, meine Herren, entsprach jemals etwas so genau der modernen Geisteshaltung wie die Spinne mit ihrem Gebaren, ihren Wendungen und ihren Paradoxen? Sie spricht für euch, ihre Brüder, wie für sich selbst, wenn sie mit ihrem angeborenen Reichtum und großem Genie prahlt und behauptet, sie spinne und spucke ganz aus eigenem und sei dazu gottlob auf nichts und niemanden angewiesen. Dann hält sie euch noch ihr großes Können in der Architektur und ihre Künste in der Mathematik vor. Auf all das hat die Biene, die wir, die Alten, als unsere Fürsprecherin betrachten, die passende Antwort bereit, daß, wenn man das große Genie oder die Originalität der Modernen an ihren Erzeugnissen messen wollte, Sie, meine Herren, wohl kaum etwas vorweisen könnten, was Ihren Stolz auf beides rechtfertigt. Sie mögen Ihre Systeme mit soviel Methode und Geschick errichten, wie Sie wollen; solange der Baustoff nur aus Unflat besteht, den Sie Ihrem eigenen Gedärm (dem Schmalz moderner Gehirne) entnehmen, wird das Gebäude letzten Endes doch nur ein Gespinst werden, dem es wie anderen Spinnweben ergeht: Wenn sie sich halten, dann nur, weil man sie vergessen, ignoriert oder in einer dunklen Ecke nicht gesehen hat. Sonst wüßte ich nicht, was die Modernen an Eigenständigem aufweisen könnten, es sei denn eine starke Ader für Stänkerei und Satire, deren Gift in seiner Art und seinen Bestandteilen dem der Spinne sehr ähnelt; sie geben es zwar als Originalerzeugnis aus, doch bedarf es der gleichen künstlichen Ergänzung durch die Nahrung, die aus dem Geschmeiß und Ungeziefer der Neuzeit besteht. Wir hingegen, die Alten, sind es gleich der Biene zufrieden, nichts weiter unser eigen zu nennen als unsere Flügel und unsere Stimme, das heißt unseren Geistesflug und unsere Sprache. Denn was wir sonst noch besitzen, ist nur durch unendliches Mühen und Suchen erreicht worden und indem wir jeden Winkel der Natur durchstreiften; dabei haben wir freilich unsere Vorratskammern statt mit Unflat und Gift lieber mit Honig und Wachs gefüllt und somit der Menschheit die zwei edelsten aller Dinge beschert, nämlich Süße und Licht.«

Man kann sich schwerlich den Tumult vorstellen, der sich ob dieser langen, begeisterten Rede Äsops unter den Büchern erhob; für beide Seiten war die Losung gegeben, und ihre Feindseligkeit schwoll so jäh an, daß sie nun entschlossen waren, es zur Schlacht kommen zu lassen. Die beiden Hauptheere zogen sich sogleich, um ihre Banner geschart, in die entlegeneren Räume der Bibliothek zurück, um dort für die neue Situation Ränke und Pläne zu schmieden. Unter den Modernen erhoben sich hitzige Debatten über die Wahl ihrer Führer, und lediglich der Furcht vor dem drohenden Feinde war es zu danken, daß es darüber nicht zu Meutereien kam. Das meiste Gezänk gab es bei der Kavallerie, wo jeder Gemeine, von Tasso und Milton bis zu Dryden und Withers, den Oberbefehl führen wollte. Die leichte Reiterei stand unter dem Kommando von Cowley und Despréaux. Dann folgten die Bogenschützen unter ihren wackeren Hauptleuten Descartes, Gassendi und Hobbes, die so stark waren, daß ihre Pfeile über die Atmosphäre hinausdrangen und, ohne wieder zur Erde zu fallen, sich wie der des Evander in Sternschnuppen oder wie die Kanonenkugel in Sterne verwandelten. Paracelsus brachte aus den Rätischen Alpen ein Fähnlein Stinkbombenwerfer. Ferner kam ein gewaltiges Korps Dragoner verschiedener Nationalität unter der Führung von Harvey, ihrem großen Aga; einige trugen Sensen wie der Tod, andere hatten in Gift getauchte Lanzen und lange Messer, und wieder andere verschossen Kugeln von bösartigster Wirkung und verwendeten weißes Pulver, welches ohne Knall unfehlbar tötete. Weiter gab es mehrere Haufen schwerbewaffnete Fußsoldaten, sämtlich Söldner, die unter den Feldzeichen von Guicciardini, Davila, Polydor Vergil, Buchanan, Mariana, Camden und anderen standen. Die Pioniere wurden von Regiomontanus und Wilkins befehligt. Die übrigen stellten eine wirre Masse dar, die von Scotus, Aquinas und Bellarmin angeführt wurde und mächtig an Zahl und Aussehen war, jedoch weder Waffen noch Mut oder Disziplin hatte. Den Schluß bildeten unübersehbare Schwärme von Troßknechten, ein liederlicher Haufen unter L'Estrange, Banditen und Lumpenkerle, die dem Heere nur folgten, um beim Plündern dabeizusein, und von denen nicht einer einen richtigen Rock anhatte.*

Das Heer der Alten war weit geringer an Zahl; Homer führte die schwere und Pindar die leichte Reiterei; Euklid war oberster Festungsbaumeister; Plato und Aristoteles kommandierten die Bogenschützen, Herodot und Livius das Fußvolk und Hippokrates die Dragoner. Die Verbündeten unter Vossius und Temple bildeten die Nachhut.

Da nun alles unwiderruflich einer Entscheidungsschlacht entgegenstrebte, flog Fama, welche die Königliche Bibliothek oft besuchte und der dort einst ein großes Gemach zugewiesen worden war, stracks hinauf zu Jupiter und berichtete ihm getreulich alles, was sich unten zwischen den beiden Parteien zugetragen hatte (denn bei den Göttern sagt sie stets die Wahrheit). In großer Sorge beraumt Jupiter eine Ratssitzung in der Milchstraße an. Als der Senat versammelt ist, gibt er den Anlaß der Einberufung bekannt: die unmittelbare Gefahr eines blutigen Kampfes zwischen zwei mächtigen Heeren alter und moderner Wesen, Bücher geheißen, wodurch die himmlischen Belange nur allzu

* Pamphlete, die weder Umschlag noch Einband haben.

empfindlich berührt würden. Momus, der Schutzpatron der Modernen, hielt eine vortreffliche Rede zu ihren Gunsten, und Pallas, die Beschützerin der Alten, folgte mit einer Gegenrede. Die Versammlung neigte teils zu dieser, teils zu jener Seite, da befahl Jupiter, man möge ihm das Buch des Schicksals vorlegen. Sofort brachte Merkur drei dicke Folianten herbei, in denen alles Vergangene, Gegenwärtige und Zukünftige aufgezeichnet war. Die Schlösser waren aus zwiefach vergoldetem Silber, die Einbände aus Himmelssaffian, und das Papier hätte hier auf Erden fast für feines Pergament gelten können. Nachdem Jupiter den Schicksalsspruch schweigend gelesen hatte, machte er keine Anstalten, seinen Inhalt mitzuteilen, sondern klappte das Buch sogleich wieder zu.

Draußen vor den Türen der Versammlung harrte eine Unzahl leichter, flinker Götter, Dienstboten Jupiters: Sie dienen ihm als Werkzeuge zur Regelung aller irdischen Angelegenheiten. Sie treten truppweise auf, in mehr oder weniger lockerer Folge, und werden gleich einer Gruppe Galeerensklaven durch eine leichte Kette zusammengehalten, die von ihnen zu Jupiters großer Zehe führt; und dennoch dürfen sie, wenn sie eine Botschaft entgegennehmen oder überbringen, sich ihm niemals bis über die unterste Stufe seines Thrones hinaus nähern, wo er durch ein langes Sprachrohr mit ihnen flüstert. Diese Gottheiten werden von den Sterblichen Zufälle oder Ereignisse genannt, die Götter jedoch nennen sie sekundäre Ursachen. Nachdem nun Jupiter einer Anzahl dieser Gottheiten seine Botschaft übergeben hatte, flogen sie sogleich hinunter auf die höchste Zinne der Königlichen Bibliothek, woselbst sie sich ein paar Minuten berieten, um dann unsichtbar hineinzuhuschen und die Parteien ihren Befehlen gemäß zu lenken.

Inzwischen hatte Momus, das Schlimmste befürchtend, da er sich einer alten Prophezeiung erinnerte, welche seinen

Kindern, den Modernen, nicht viel Gutes verhieß, seinen Flug in die Regionen einer gehässigen Göttin gerichtet, Kritik geheißen. Sie hauste auf dem Gipfel eines schneebedeckten Berges in Nowaja Semlja, wo Momus sie in ihrer Höhle auf den Resten zahlloser, schon halb verschlungener Bände liegend antraf. Zu ihrer Rechten saß Unverstand, ihr altersblinder Vater und Gatte, und zu ihrer Linken Hoffart, ihre Mutter, welche dabei war, sie mit den Fetzen des Papiers aufzuputzen, das sie selbst zerrissen hatte. Da war auch ihre Schwester Meinung, schnellfüßig, blind und starrköpfig, dabei unbeständig und stets wandelbar. Um sie herum spielten ihre Kinder: Krakeel und Unverschämtheit, Stumpfsinn und Eitelkeit, Rechthaberei, Pedanterie und Flegelei. Die Göttin selbst hatte Krallen wie eine Katze; Haupt, Ohren und Stimme ähnelten denen eines Esels, vorn fehlten ihr die Zähne; ihre Augen kehrten sich nach innen, als betrachte sie nur sich selber; ihre Nahrung entnahm sie dem Sekret ihrer eigenen Galle; ihre Milz war so groß, daß sie wie ein pralles Euter hervorstand, auch fehlte es ihr nicht an Auswüchsen in Form von Zitzen, an denen ein Rudel häßlicher Ungeheuer gierig sog; und was an ein Wunder grenzt, beim Säugen wurde die Milz größer statt kleiner. »O Göttin«, sprach Momus, »kannst du hier müßig verweilen, während unsere frommen Anbeter, die Modernen, in diesem Augenblick in eine blutige Schlacht ziehen und vielleicht schon den Schwertern ihrer Feinde ausgeliefert sind? Wer wird unserer Göttlichkeit fürder noch Opfer bringen oder Altäre errichten? Eile drum flugs nach Britannien und siehe zu, daß du ihre Vernichtung verhinderst, derweilen ich die Götter zu veruneinigen und auf unsere Seite herüberzuziehen suche.«

Nachdem Momus sich also geäußert hatte, wartete er nicht erst die Antwort ab, sondern überließ die Göttin ihrer Wut. Zornesbebend erhob sie sich, und wie es bei solchen

Anlässen die Etikette verlangt, hielt sie einen Monolog. »Ich«, so sagte sie, »ich bin es, die Säuglingen und Idioten Weisheit verleiht; durch mich werden Kinder klüger als ihre Eltern, ich mache Modehelden zu Politikern und Schuljungen zu Richtern über die Philosophie; mit meiner Hilfe debattieren und urteilen Grünschnäbel über die tiefsten Geheimnisse der Wissenschaft; und Kaffeehausliteraten, von mir inspiriert, sind imstande, den Stil eines Schriftstellers zu bemängeln und ihm jeden kleinsten Fehler nachzuweisen, ohne von seinem Thema oder seiner Sprache auch nur eine Silbe zu verstehen. Durch mich vergeuden junge Herren ihre Urteilskraft geradeso wie ihre Erbschaft, noch ehe sie darüber verfügen können. Ich bin es, die Geist und Wissen als Herrscher über die Dichtkunst entthront und ihren Platz eingenommen hat. Und sollen da ein paar emporgekommene Alte die Stirn haben, sich mir zu widersetzen? Doch kommt, ihr greisen Eltern, und liebe Kinder mein, auch du, anmutige Schwester, steigt ein in meinen Streitwagen, damit wir unseren gläubigen Modernen zu Hilfe eilen, die uns soeben eine Hekatombe opfern, wie ich an dem lieblichen Duft erkenne, der mir von dorther in die Nase steigt.«

Die Göttin nahm mit ihrem Gefolge im Wagen Platz, der von zahmen Gänsen gezogen wurde, und flog über weite Regionen dahin, wobei sie da und dort nach Gutdünken ihren Einfluß herabregnen ließ, bis sie schließlich nach ihrem geliebten Britannien kam; als sie aber über der Hauptstadt schwebte, welch reichen Segen ließ sie da auf ihre Pflanzschulen Gresham und Covent Garden niedergehen! Alsbald erreichte sie die Walstatt der Königlichen Bibliothek, wo die beiden Heere sich schon zum Kampfe rüsteten; und unsichtbar flog sie mit ihrem ganzen Troß hinein, landete auf einem jetzt leeren Bücherregal, das vorher eine Kolonie Dilettanten beherbergt hatte, und verhielt dort, um die Aufstellung der beiden Heere zu überblicken.

Da aber begannen zärtliche Muttergefühle in ihr aufzusteigen und ihr das Herz zu bewegen. Denn an der Spitze einer Schar moderner Bogenschützen erblickte sie ihren Sohn Wotton, dem die Parzen nur einen sehr kurzen Lebensfaden gesponnen hatten, Wotton, den jungen Heros, den ein unbekannter Vater aus sterblichem Geschlecht in heimlicher Liebe mit dieser Göttin gezeugt hatte. Er war ihr der liebste von all ihren Kindern, und sie beschloß, hinzugehen und ihn zu trösten. Zuvor aber sann sie nach guter alter Göttersitte auf Mittel und Wege, eine andere Gestalt anzunehmen, weil sie fürchtete, ihr göttliches Antlitz könnte seine sterblichen Augen blenden und ihm vollends den Verstand rauben. Sie verwandelte sich daher in einen Oktavband; ihr Leib wurde weiß und dürr und barst vor Trockenheit auseinander, wobei das Dicke zu Pappe und das Dünne zu Papier wurde, auf welches ihre Eltern und ihre Kinder kunstgerecht einen schwarzen Saft oder Absud aus Galle und Ruß in Form von Buchstaben verspritzten; Kopf, Stimme und Milz blieben, wie sie waren, und auch die Haut behielt ihren pergamentenen Zustand bei. In dieser Verkleidung marschierte sie auf die Modernen zu, in Format und Aufmachung nicht zu unterscheiden von dem Gottesmann Bentley, Wottons teuerstem Freunde. »Wakkerer Wotton«, ließ sich die Göttin vernehmen, »weshalb stehen unsere Truppen hier untätig herum, ohne ihren jetzigen Kampfesmut und die günstige Gelegenheit dieses Tages zu nutzen? Auf, laß uns zu den Generalen eilen und sie zum sofortigen Angriff auffordern.« Mit diesen Worten riß sie das häßlichste der Ungeheuer von ihrer Milz, das sich dort ganz vollgesogen hatte, und warf es ihm unsichtbar ins Maul, von wo aus es ihm sogleich zu Kopf stieg, ihm die Augäpfel herauspreßte, das Gesicht verzerrte und fast das

Gehirn verdrehte. Dann befahl sie heimlich zweien ihrer geliebten Kinder, Stumpfsinn und Flegelei, sich ihm bei jedem Gefecht dicht zur Seite zu halten. Nachdem sie ihn also gerüstet hatte, löste sie sich in Dunst auf, und der Heros erkannte, daß es seine Mutter, die Göttin, gewesen war.

Die vorausbestimmte Schicksalsstunde war nun gekommen, und der Kampf begann; doch bevor ich mich daran wage, ihn im einzelnen darzustellen, muß ich nach dem Beispiel anderer Schriftsteller um hundert Zungen und Münder und Hände und Federkiele flehen, die freilich alle nicht ausreichen würden, ein so gewaltiges Werk zu vollbringen. Künde mir, o Göttin, Schirmherrin der Geschichte, wer es war, der zuerst auf dem Schlachtfeld vorrückte! Paracelsus, an der Spitze seiner Dragoner, entdeckte Galenus auf dem gegnerischen Flügel und schleuderte seinen Wurfspieß mit gewaltiger Kraft, allein der tapfere Alte fing ihn mit dem Schilde auf, an dessen zweiter Schicht die Spitze abbrach. . . . .

. . . .

Hic pauca desunt . . . .

Sie trugen den verwundeten Aga* auf ihren Schilden zu seinem Streitwagen . . . .

. . . .

Desunt nonnulla . . . .

. . . .

Dann spannte Aristoteles, der Bacon mit wütender Miene anrücken sah, den Bogen so straff er nur konnte und schoß den Pfeil ab, welcher den tapferen Modernen jedoch verfehlte und über seinen Kopf hinwegschwirrte. Dafür aber traf er Descartes; die Stahlspitze fand im Nu eine brüchige Stelle in seinem Kopfpanzer; sie durchbohrte das

* Dr. Harvey.

Leder und die Pappe und drang ihm ins rechte Auge. Vom rasenden Schmerz wurde der tapfere Bogenschütze herumgewirbelt, bis ihn der Tod gleich einem Stern von höherer Anziehungskraft in seinen eigenen Wirbel zog . . .

. . . .

Ingens hiatus hic in ms . . . .

. . . .

. . . . .da erschien Homer an der Spitze der Kavallerie, auf einem feurigen Roß, das selbst von seinem Herrn nur mit Mühe gebändigt wurde, dem sich sonst aber kein Sterblicher zu nähern wagte; er sprengte in die Reihen des Feindes hinein und ritt alles nieder. Nenne mir, Göttin, wen er als ersten und wen er als letzten erschlug! Als erster rückte Gondibert gegen ihn an, in schwerer Rüstung und auf einem ruhigen, bedächtigen Wallach, der weniger für seine Schnelligkeit als für die Folgsamkeit berühmt war, mit der er niederkniete, sooft sein Reiter auf- oder absitzen wollte. Gondibert hatte Pallas ein Gelübde getan, er wolle nicht eher das Schlachtfeld verlassen, als bis er Homer seiner Rüstung beraubt hatte – schierer Wahnwitz, hatte er doch deren Träger noch nie gesehen, geschweige denn seine Stärke erfahren! Homer warf ihn mitsamt seinem Rosse zu Boden, wo er zertrampelt wurde und im Schmutz erstickte. Mit einem langen Speer streckte er sodann Denham nieder, einen mannhaften Modernen, dessen Stammbaum väterlicherseits auf Apollo zurückging, während seine Mutter sterblichen Geschlechts war. Er stürzte hin und verröchelte. Seinen himmlischen Teil nahm Apollo zu sich und machte daraus einen Stern, der irdische aber wälzte sich im Staube.* Durch einen Hufschlag seines Pferdes tötete Homer dann Wesley.

* Sir John Denhams Dichtungen sind sehr ungleich, teils ungemein gut und teils höchst mittelmäßig, so daß seine Verleumder behaupteten, »Cooper's Hill« sei gar nicht von ihm.

Darauf hob er mit gewaltiger Kraft Perrault aus dem Sattel und schleuderte ihn gegen Fontenelle, wodurch er mit einem Streich beiden den Schädel einschlug.

Auf dem linken Flügel der Reiterei erschien Vergil in glänzender Rüstung, die ihm wie angegossen saß. Sein Streitroß war ein Apfelschimmel, dessen gemessener Schritt der Ausdruck seines mit Energie gepaarten Temperaments war. Als Vergils Auge den gegnerischen Flügel nach einem Gegenstand absuchte, der seiner Tapferkeit würdig wäre, siehe, da tauchte auf einem Fuchswallach von ungeheurer Größe aus dem dichtesten Gewimmel der feindlichen Schwadronen ein Gegner auf, dessen Geschwindigkeit allerdings dem Getöse nachstand, das er machte, denn sein alter, dürrer Gaul vermochte es mit dem letzten Rest seiner Kraft nur zu einem schwerfälligen Trab zu bringen, welcher ihn zwar nur langsam voran brachte, dafür aber ein lautes Rasseln der Rüstung verursachte, das schrecklich anzuhören war. Die beiden Ritter hatten sich schon auf Lanzenwurfweite genähert, da begehrte der Fremde eine Unterredung, und als er das Visier seines Helmes aufklappte, erschien dort drinnen undeutlich ein Gesicht, welches nach einiger Zeit als das des berühmten Dryden erkannt ward. Der treffliche Alte stutzte, Erstaunen und Enttäuschung überkamen ihn zugleich, denn der Helm war neunmal größer als der Kopf, der ganz hinten darin steckte wie der Krebsstein im Magen des Hummers oder eine Maus unter einem Thronhimmel oder wie ein ausgelaugter Geck unter dem Schirmdach einer modernen Perücke, und zum Gesicht paßte die Stimme, die nur schwach und wie aus weiter Ferne zu hören war. In langer feierlicher Ansprache beschwichtigte Dryden den guten Alten, nannte ihn seinen Vater und trat an Hand einer weitläufigen Genealogie den Beweis an, daß sie nahe miteinander verwandt seien. Dann schlug er in aller Bescheidenheit vor, sie möchten zum bleibenden Zeichen ihrer brüderlichen Gesinnung doch die Rüstung tauschen. Vergil gab sein Einverständnis (denn die Göttin der Befangenheit war unbemerkt herbeigekommen und hatte ihm den Blick vernebelt), obwohl die seine aus Gold bestand und hundert Rinder gekostet hatte,* während die des anderen bloß verrostetes Eisen war. Diese glitzernde Rüstung stand dem Modernen freilich noch schlechter als die eigene. Dann kamen sie überein, die Rosse zu tauschen, doch als es ernst werden sollte, bekam es Dryden mit der Angst zu tun und war völlig außerstande, aufzusitzen . . . .

. . . .

Alter hiatus in ms . . . .

. . . .

. . . . Lucanus erschien auf einem feurigen und wunderbar gebauten Renner, der indes eigensinnig war und seinen Reiter kreuz und quer über das Schlachtfeld trug, wie es ihm einfiel. Lucanus richtete unter des Feindes Kavallerie ein gewaltiges Blutbad an, und um dieser Verheerung Einhalt zu gebieten, stellte sich ihm Blackmore, ein berühmter Moderner (der allerdings zu den Söldnern gehörte), kampflustig entgegen und schleuderte mit starker Hand seinen Speer, der indessen sein Ziel nicht erreichte und sich tief in die Erde bohrte. Dann warf Lucanus seine Lanze, doch Äskulap griff unsichtbar ein und wandte die Spitze ab. »Tapferer Moderner«, sagte Lucanus, »ich merke wohl, dich schirmt ein Gott, denn nie zuvor ließ mich mein Arm derart im Stich; aber welcher Sterbliche vermag gegen einen Gott zu streiten? Laß uns also nicht länger miteinander kämpfen, sondern Geschenke austauschen.« Lucanus beschenkte darauf den Modernen mit einem Paar Sporen, und Blackmore gab Lucanus einen Zaum

* Vide Homer.

. . . .
Pauca desunt . . . .
. . . .
. . . . Creech – doch die Göttin der Nebulosität nahm eine Wolke, gab ihr die Gestalt des Horaz in Waffen und zu Pferde und ließ sie wie auf der Flucht begriffen vor ihm erscheinen. Froh, den Kampf mit einem davonlaufenden Gegner aufnehmen zu können, verfolgte unser Ritter unter lauten Drohungen das Scheinbild, welches ihn schließlich unter das friedliche Dach seines Vaters Ogleby führte, der ihn entwaffnete und zu Bett schickte.

Dann erschlug Pindar ... und ... und Oldham und ... und Afra, die leichtfüßige Amazone; nie geradlinig vorgehend, sondern höchst geschickte und kühne Wendungen vollführend, richtete er unter der leichten Reiterei des Feindes ein schreckliches Gemetzel an. Als Cowley ihn erblickte, blutete sein edles Herz, und er zog wider den ungestümen Alten los, indem er dessen Manier, Gangart und Tempo nachahmte, soweit es die Kraft seines Rosses und seine eigene Gewandtheit zuließen. Die beiden Ritter waren noch drei Speerlängen entfernt, da warf Cowley als erster seine Lanze, die Pindar verfehlte und zwischen den Reihen der Feinde wirkungslos zu Boden fiel. Nunmehr schleuderte Pindar einen Wurfspieß, so groß und schwer, daß ihn kaum ein Dutzend Ritter, so wie in unserer entarteten Zeit die Ritter beschaffen sind, anheben konnten; er aber warf ihn mit Leichtigkeit, und von unfehlbarer Hand geschleudert, zischte er durch die Luft; und nimmer wäre der Moderne dem sofortigen Tode entgangen, hätte er nicht zu seinem Glück den Schild vorgehalten, der ihm von Venus verliehen worden war. Und nun zogen beide Helden ihre Schwerter, allein der Moderne war so entsetzt und verwirrt, daß er nicht mehr ein noch aus wußte; der Schild entglitt seinen Händen; dreimal wandte er sich zur Flucht, und dreimal wurde er wieder eingeholt. Schließlich drehte er sich um, hob die Hände flehentlich in die Höhe und bat: »Göttlicher Pindar, schone mein Leben und nimm mein Roß samt diesen Waffen hin nebst dem Lösegeld, welches meine Freunde zahlen werden, wenn sie hören, daß ich lebe und dein Gefangener bin.« – »Erbärmlicher Hund!« rief Pindar, »das Lösegeld mögen deine Freunde behalten; dein Leichnam aber soll den Vögeln in der Luft und den Tieren auf dem Felde anheimfallen.« Damit hob er das Schwert und spaltete den unglücklichen Modernen mit einem gewaltigen Hieb in zwei Teile: die eine Hälfte fiel zuckend zu Boden, um von den Pferdehufen zertrampelt zu werden, während die andere von dem durchgehenden Roß über die Walstatt getragen wurde. Diesen Teil nahm Venus, wusch ihn siebenmal in Ambrosia und berührte ihn dreimal mit einem Amarantenzweig; da wurde das Leder rund und weich, und die Buchseiten verwandelten sich in Federn, wobei der Goldrand erhalten blieb; so wurde daraus eine Taube, und Venus spannte sie vor ihren Wagen.* . . . . . .

. . . .

Hiatus valde deflendus in ms . . . .

. . . .

Der Tag ging schon zur Rüste, und die Heerhaufen der Modernen waren halb und halb zum Rückzug geneigt, da schritt aus einer der Abteilungen ihrer schwerbewaffneten Infanterie ein Hauptmann herfür, Bentley geheißen, von Statur der häßlichste aller Modernen: groß, doch plump und ohne Anmut, breit, doch ohne Kraft und Ebenmaß. Seine Rüstung war aus tausenderlei Einzelteilen zusammengestückt und gab beim Laufen ein lautes und klappern-

* Ich stimme hier dem Urteil des Verfassers nicht bei, denn ich finde Cowleys »Pindarische Oden« weit besser als seine »Geliebte«.

des Geräusch von sich wie eine Blechplatte, die ein scharfer Wind plötzlich vom Dach eines Turmes herunterweht. Sein Helm war aus verrostetem Eisen, das Visier aber aus Messing, welches sich durch seinen bösen Atem zu Vitriol verwandelte, wozu noch reichlich Galle aus derselben Quelle kam, so daß ihm, wenn er wütend war oder sich anstrengen mußte, stets eine tintige Flüssigkeit von äußerst giftiger Beschaffenheit von den Lippen troff. Seine Rechte umklammerte einen Dreschflegel, und in der Linken hielt er (um stets mit einer Angriffswaffe versehen zu sein) ein Gefäß mit Kot.* Also voll ausgerüstet, stapfte er langsamen und schwerfälligen Schrittes dorthin, wo die Feldherren der Modernen eine Beratung über den Stand der Dinge abhielten. Als er herankam, lachten sie ob seiner krummen Beine und seiner bucklichten Schulter, die Stiefel und Rüstung vergeblich zu verbergen suchten und dadurch eher noch betonten. Die Generäle hatten Verwendung für ihn wegen seines Lästermaules, welches, unter Kontrolle gehalten, ihrer Sache oft sehr zustatten kam, zuweilen aber mehr Schaden als Nutzen stiftete, denn wenn er sich auch nur im geringsten gekränkt fühlte, und häufig sogar ohne jeden Anlaß, kehrte er es gleich einem verwundeten Elefanten gegen die eigenen Führer. In solcher Gemütsverfassung befand sich Bentley jetzt: betrübt von den Erfolgen des Gegners und unzufrieden mit jedermann außer sich selbst. Ergebenst gab er den Generälen der Modernen zu verstehen, er halte sie mit untertänigstem Verlaub allesamt für eine Bande von Schurken und Narren und Hurensöhnen und verd... Schlappschwänzen und vermaledeiten Tölpeln und blutigen Analphabeten und ignoranten Lumpen,

* Die Person, von der hier gesprochen wird, ist berühmt dafür, jedermann ohne Unterschied anzugreifen und sich gemeiner und schmutziger Anwürfe zu bedienen.

und wenn man ihn selber zum Feldherrn gemacht hätte, wären jene großkotzigen Hunde*, die Alten, schon längst aus dem Felde geschlagen. »Ihr sitzt hier faul herum«, sagte er, »aber wenn ich oder ein anderer tapferer Moderner einen Feind erschlägt, macht ihr euch gleich über die Beute her. Doch ich tue keinen Schritt mehr gegen den Feind, ehe ihr mir nicht alle schwört, daß mir von jedem, den ich gefangennehme oder töte, fortan die Rüstung gehört.« Nachdem Bentley also gesprochen hatte, warf Scaliger ihm einen scheelen Blick zu und sagte: »Bübischer Schwätzer, der du dir einbildest, ein Redner zu sein, du lästerst ohne Witz und Wahrheit und Verstand. Die Bosheit deines Wesens verkehrt alles ins Gegenteil: dein Wissen macht dich barbarischer, dein Studium der Menschheit unmenschlicher, dein Umgang mit Dichtern niedriger, gemeiner und dümmer. Alle Künste der sittlichen Erziehung machen dich nur roh und störrisch; in den Salons hast du schlechte Manieren gelernt, und im Umgang mit Männern von Geist bist du vollends zum Pedanten geworden. Außerdem schleppt das Heer keinen größeren Feigling mit als dich. Doch sei getrost, ich gebe dir mein Wort, was du an Beute machst, soll ganz gewiß dein eigen sein, obgleich ich hoffe, daß solch gemeines Aas zuvor den Geiern und Würmern zum Fraße dient.«

Bentley wagte nicht, etwas zu erwidern, sondern zog sich zurück, vor Wut und Zorn schier berstend und fest entschlossen, eine große Tat zu vollbringen. Als Helfer und Gesellen nahm er seinen geliebten Wotton mit, in der Absicht, durch List oder Überrumpelung ein unbewachtes Lager des Heeres der Alten zu überfallen. Ihr Weg führte anfänglich über die Leichen ihrer erschlagenen Freunde, dann am rechten Flügel der eigenen Truppen entlang, wor-

* Vide Homer de Thersite.

auf sie nach Norden abschwenkten, bis sie zum Grabmal des Aldrovandus gelangten, welches sie auf der dem Sonnenuntergang zugekehrten Seite passierten. Und nun näherten sie sich angstschlotternd den feindlichen Vorposten und hielten Ausschau, ob sie nicht vielleicht das Verwundetenlager entdecken könnten oder ein paar verstreute Schläfer, die unbewaffnet und abseits von den anderen lagen. So wie zwei Straßenköter, von angeborener Gefräßigkeit und leerem Magen getrieben, sich zusammentun, um trotz ihrer Angst nachts in die Hürden eines reichen Viehzüchters einzubrechen; mit eingezogenem Schwanz und hängender Zunge schleichen sie leise und langsam dahin, während der wissende Mond, jetzt im Zenit, seine Strahlen senkrecht auf ihre schuldbewußten Häupter herabsendet; zu bellen freilich wagen sie nicht, wie sehr auch sein glänzendes Antlitz sie dazu verlocke, sei es im Spiegel der Pfütze oder droben am Himmel; indes der eine im näheren Umkreis Ausschau hält, erkundet der andere weithin das Feld, ob nicht fern der Herde ein halb gefressener Kadaver zu finden sei, der Rest der Mahlzeit übersatter Wölfe oder unheilvoller Raben: So ging dies liebliche Paar in Liebe verbundener Freunde einher, nicht minder angstvoll auch und achtsam; da sahen sie in einiger Entfernung zwei glänzende Rüstungen an einer Eiche hängen, deren Besitzer nicht weit davon in tiefem Schlafe lagen. Die beiden Freunde losten, und Bentley fiel es zu, das Abenteuer zu bestehen. Der machte sich auf den Weg; voraus gingen ihm Verwirrung und Entsetzen, während Grausen und Schrecken die Nachhut bildeten. Als er näher kam, siehe, da lagen zwei Helden vom Heere der Alten, Phalaris und Äsop, in tiefem Schlaf. Bentley hätte beiden gern den Garaus gemacht; er schlich sich heran und holte mit dem Flegel aus, um des Phalaris' Brust zu treffen. Da aber griff die Göttin des Grausens ein, umfing den Modernen mit eiskalten Armen und entriß ihn der Gefahr, die sie kommen sah, denn die beiden schlummernden Helden drehten sich just gleichzeitig auf die andere Seite, wiewohl tiefer Schlaf und lebhafte Träume sie gefangenhielten. Phalaris träumte nämlich gerade, ein ganz erbärmlicher Poetaster habe eine Schmähschrift auf ihn verfaßt, und er lasse ihn in seinem Stier brüllen. Und Äsop träumte, er und die Feldherren der Alten lägen ausgestreckt am Boden, da habe sich ein wilder Esel losgerissen, sei nach allen Seiten ausschlagend umhergerannt und habe ihnen ins Gesicht gemistet.* Bentley überließ die beiden Helden ihrem Schlummer, bemächtigte sich ihrer Rüstungen und machte sich davon, um seinen geliebten Wotton wiederzufinden.

Dieser war unterdes auf der Suche nach einem Abenteuer lange umhergestreift, bis er schließlich an ein kleines Rinnsal kam, welches einer in der Nähe gelegenen Quelle entsprang, die in der Sprache der Sterblichen Helikon heißt. Hier machte er halt, und von Durst gequält, beschloß er, sich an diesem klaren Bach zu laben. Dreimal versuchte er, mit profaner Hand das Wasser an die Lippen zu führen, und dreimal rann es ihm wieder durch die Finger. Da legte er sich platt auf den Bauch, doch ehe noch sein Mund die kristallene Flüssigkeit küßte, kam Apollo und hielt seinen Schild in den Wasserlauf zwischen den Modernen und den Quell, so daß er nichts als Schlamm einschlürfte. Denn wenn auch keine Quelle auf Erden der Klarheit des Helikon nahekommt, liegt auf dessen Grunde dennoch eine dicke Schlammschicht, die sich Apollo von Jupiter als Strafe für jene ausgebeten hatte, die es wagen sollten, mit ungeweihten Lippen von diesem Wasser zu kosten, und als Warnung für alle, nicht zu tief oder zu weit vom Ursprung zu schöpfen.

* Das ist nach Art des Homer, der uns die Träume jener erzählt, die im Schlaf getötet wurden.

Dort, wo der Quell aus dem Boden trat, gewahrte Wotton zwei Helden; dem einen war er zuvor noch nicht begegnet, in dem anderen aber erkannte er bald Temple, den General der Verbündeten der Alten. Dieser drehte ihm den Rücken zu und war eben dabei, aus seinem Helm in langen Zügen von der Quelle zu trinken, wohin er sich zurückgezogen hatte, um sich von den Strapazen des Kampfes auszuruhen. Als Wotton ihn erblickte, sprach er mit schlotternden Knien und zitternden Händen also zu sich selber: »O daß ich doch diesen Vernichter unseres Heeres erschlagen könnte, welchen Ruhm würde ich bei den Anführern erwerben! Aber gegen ihn anzutreten, Mann gegen Mann, Schild gegen Schild und Lanze gegen Lanze*, wer von uns Modernen würde das wagen? Denn er kämpft wie ein Gott, und stets sind Pallas oder Apollo an seiner Seite. Aber, o Mutter, wenn es wahr ist, was Fama sagt, daß ich der Sohn einer so großen Göttin bin, dann gewähre mir die Gunst, Temple mit dieser Lanze zu treffen und ihn auf einen Streich in die Hölle zu schicken, damit ich ohne Fährnis und im Triumph beutebeladen heimkehre.« Den ersten Teil dieses Gebetes erhörten die Götter auf Fürsprache seiner Mutter und Momus', der zweite Teil aber zerflatterte durch einen widrigen Wind, den die Schicksalsgöttin sandte, ungehört in den Lüften. Nun ergriff Wotton seine Lanze, schwang sie dreimal über den Kopf und schleuderte sie mit aller Kraft, die seine Mutter, die Göttin, seinem Arm verlieh. Die Lanze schwirrte sausend davon und streifte eben noch leicht das Wehrgehenk des abgekehrten Alten, bevor sie zu Boden fiel. Temple merkte weder, daß ihn die Waffe berührte, noch hörte er ihren Aufschlag, und Wotton hätte zu seinem Heer entkommen und die Ehre beanspruchen können, seine Lanze ungestraft gegen einen so großen Führer geworfen

* Vide Homer.

zu haben. Apollo aber, erzürnt, daß ein mit Beihilfe einer so üblen Göttin geschleuderter Speer seine Quelle verunreinigt hatte, nahm die Gestalt von ... an und näherte sich leise dem jungen Boyle, dem Begleiter Temples. Er wies zuerst auf die Lanze, dann in die Ferne auf den Modernen, der sie geschleudert hatte, und befahl dem jungen Helden, auf der Stelle Rache zu nehmen. Boyle, mit einer Rüstung angetan, die der Rat der Götter ihm verliehen hatte, ging sogleich auf den angstbebenden Feind los, der nunmehr die Flucht ergriff. So wie ein junger Löwe in den Ebenen Libyens oder in der Arabischen Wüste, ausgesandt von seinem betagten Vater, um sich Beute, Bewegung oder Übung zu verschaffen, dahinjagt in der Hoffnung, einem Tiger aus den Bergen oder einem wütenden Keiler zu begegnen; dann aber will es der Zufall, daß ein wilder Esel mit aufdringlichem Geschrei sein Ohr beleidigt; nur ungern möchte das edle Tier sich die Pranken mit so gemeinem Blute beflecken, doch mehr noch fühlt es sich gereizt durch den widerlichen Lärm, den die törichte Nymphe Echo, so urteilslos wie ihr ganzes Geschlecht, viel lauter und viel lieber wiederholt als Philomelas Lied; drum wahrt der Leu die Ehre des Waldes und sucht das lärmende langohrige Geschöpf zu reißen: so floh auch Wotton, so von Boyle verfolgt. Doch Wotton, schwer bewaffnet und schlecht zu Fuß, kam immer langsamer voran, als sein geliebter Bentley auf dem Plan erschien, beladen mit der den beiden Alten im Schlaf geraubten Beute. Boyle gewahrte ihn wohl und erkannte auch bald Helm und Schild seines Freundes Phalaris, die er beide erst kürzlich eigenhändig neu poliert und vergoldet hatte; da funkelten seine Augen vor Zorn, und von der Verfolgung Wottons ablassend, stürmte er wütend auf den Neuankömmling los. Gern hätte er an allen beiden Rache geübt, allein sie flohen jetzt nach verschiedenen Richtungen, und so wie eine Frau, die sich in ihrer Hütte dürftig durch Spinnen ernährt*, wenn ihre Gänse sich auf der Weide verlaufen haben, von einem Ende zum anderen rennt, um allenthalben die Versprengten zur Herde zurückzuscheuchen, sie aber schnattern laut und flattern über den Plan; so verfolgte Boyle, so floh dieses Freundespaar. Als die beiden schließlich einsahen, daß ihre Flucht vergeblich war, schlossen sie sich tapfer zusammen und stellten sich in Schlachtordnung auf. Als erster warf Bentley mit aller Kraft einen Speer, auf die Brust des Feindes zielend, doch unsichtbar erschien Pallas, nahm ihm im Flug die Spitze und ersetzte sie durch eine aus Blei, welche mit dumpfem Schlag gegen den Schild des Feindes prallte und abgestumpft zu Boden fiel. Da ergriff Boyle, der seine Gelegenheit gut wahrnahm, eine Lanze von wunderbarer Länge und Schärfe, und da das Freundespaar Seite an Seite dicht nebeneinander stand, holte er nach rechts aus und schleuderte die Waffe mit ungewöhnlicher Kraft. Bentley sah das Verhängnis nahen und preßte die Arme an die Rippen, um seinen Leib zu decken, die Spitze aber drang ein, fuhr durch Arm und Seite, ohne an Schwung zu verlieren, und blieb erst stecken, als sie auch den wackeren Wotton durchbohrt hatte, der seinen sterbenden Freund stützen wollte und so sein Schicksal teilte. So wie ein geschickter Koch, wenn er ein Schnepfenpaar bratfertig macht, mit eisernem Spieß die zarten Flanken beider durchsticht, damit Beine und Flügel fest an den Rippen anliegen, so war dieses Freundespaar durchbohrt, bis sie dann fielen, vereint im Leben, vereint im Tode, so eng vereint, daß Charon die zwei für einen halten und zum halben Fahrpreis über den Styx setzen wird. Gehabt euch wohl, liebwertes Paar! Nur wenige euresglei-

* Dies ist ebenfalls nach Art Homers; daß sich die Frau ihr Brot mühsam mit Spinnen verdient, gehört gar nicht hierher und wäre ohne eine solche Autorität auch nicht zu verzeihen.

chen laßt ihr zurück, und glücklich und unsterblich sollt ihr sein, so ich mit all dem Witz und der Beredsamkeit, die mir zuteil, Euch dabei helfen kann.

Und nun . . . . Desunt cetera.

Eine Abschweifung über Wesen, Nutzen und Notwendigkeit der Kriege und Streitigkeiten

Da dies ein Thema von großer Wichtigkeit ist, so gedenkt der Verfasser, es methodisch und ausführlich in einer getrennten Abhandlung zu erörtern und hier nur einige Andeutungen darüber zu machen, was dieser große Traktat enthalten wird. Der Kriegszustand ist allen Geschöpfen natürlich. Der Krieg ist ein Versuch, andern gewaltsam einen Teil dessen zu nehmen, was sie haben und was wir haben wollen. Jedermann, der sich seines eignen Verdienstes vollauf bewußt ist, aber sieht, daß es von andern nicht genügend beachtet wird, hat von Natur aus das Recht, den andern alles zu nehmen, was, wie er meint, ihm gebührt; und jedes Geschöpf, das sieht, wie seine eigenen Bedürfnisse diejenigen der andern übersteigen, hat gleichfalls das Recht, sich alles zu nehmen, was seine Natur verlangt. Tiere sind viel bescheidener in ihren Ansprüchen dieser Art als Menschen, und unbedeutende Menschen bescheidener als große. Je höher einer seine Ansprüche hinaufschraubt, um so mehr Geschrei erhebt er darum; und je mehr Erfolg er hat, ein um so größerer Held ist er. So beanspruchen größere Seelen im Verhältnis zu ihrem überlegenen Verdienst auch ein größeres Recht, geringeren Leuten alles zu nehmen. Dies ist die wahre Grundlage der Größe und des Heroismus und des Gradunterschieds unter den Menschen. Der Krieg also nötig, um Subordination zu erzwingen, Städte, Reiche usw. zu gründen, und ferner, um politische Gebilde von schlechten Säften zu befreien. Kluge Fürsten erkennen die Notwendigkeit, im Ausland Kriege zu führen, um im Innern Ruhe zu haben. Krieg, Hungersnot und

Seuchen, die gewöhnliche Kur für Korruption in politischen Gebilden. Vergleich zwischen den dreien. Der Verfasser will auf jedes dieser Mittel einen Panegyrikus schreiben. Der größte Teil der Menschheit liebt den Krieg mehr als den Frieden. Nur wenige Feiglinge leben mit allen Menschen im Frieden. Die Bescheidenen und Demütigen jeder Art stets die Beute derer von edleren oder stärkeren Gelüsten. Die Neigung zum Kriege allgemein. Wer nicht selbst Krieg führen kann oder es zu tun nicht wagt, benutzt andre dazu. Davon leben Zuhälter, Meuchelmörder, Halsabschneider, Anwälte, Soldaten usw. Die meisten Berufe wären zwecklos, wenn alle friedlich wären. Daher brauchen die Tiere weder Schmiede noch Anwälte, weder Behörden noch Schreiner, weder Soldaten noch Wundärzte. Da die Tiere nur eng begrenzte Gelüste haben, sind sie außerstande, gegen ihre eigene Gattung dauernde Kriege zu führen oder sich in Truppen und Scharen hinausführen zu lassen, um einander zu vernichten. Diese Vorrechte gehören nur dem Menschen an. Die Überlegenheit der menschlichen Natur, erwiesen durch die ungeheure Reihe von Gelüsten, Leidenschaften, Bedürfnissen usw., die ihr eigen sind. Das des genaueren auseinanderzusetzen in des Verfassers Panegyrikus auf die Menschheit.

Eine Abhandlung zum Nachweis dessen, daß die Abschaffung des Christentums in England nach Lage der Dinge mit einigen Nachteilen verbunden sein kann und vielleicht nicht die vielen guten Wirkungen hervorbringen wird, die man sich davon verspricht

Geschrieben im Jahre 1708

Ich bin mir wohl bewußt, was für eine Schwäche und Anmaßung es ist, gegen die allgemeine Stimmung und Neigung der Welt zu kämpfen. Ich entsinne mich, daß es mit großem Recht und aus gebührender Rücksicht auf die Freiheit sowohl des Publikums wie der Presse unter mancherlei Strafen verboten wurde, gegen die Union zu schreiben, zu reden oder Wetten abzuschließen, und zwar, ehe sie noch vom Parlament bestätigt war; denn man sah darin die Absicht, sich dem Volksstrom zu widersetzen, und das ist nicht nur töricht, sondern es bedeutet auch einen klaren Bruch des grundlegenden Gesetzes, wonach die Majorität der öffentlichen Meinung als Gottes Stimme zu verstehen ist. Ebenso, und aus genau denselben Gründen, ist es vielleicht weder ungefährlich noch klug, sich in einem Augenblick gegen die Abschaffung des Christentums zu wenden, da alle Parteien sich in diesem Punkt offenbar so völlig einig sind, wie wir aus ihren Handlungen, Reden und Schriften zu schließen nicht umhinkönnen. Aber wie es kommt, das weiß ich nicht – vielleicht ist die Affektation der Ungewöhnlichkeit schuld, vielleicht die Verderbtheit der menschlichen Natur –: auf jeden Fall trifft es sich unglücklicherweise so, daß ich nicht ganz dieser Meinung sein kann. Ja, wenn ich auch wüßte, daß der Oberstaatsanwalt meine sofortige Verfolgung anordnen würde, so würde ich dennoch gestehn, daß ich beim gegenwärtigen Stand unsrer innen- und außenpolitischen Angelegenheiten die absolute Notwendigkeit, das Christentum unter uns auszurotten, nicht einsehn kann.

Das mag vielleicht als ein zu großes Paradoxon erscheinen, als daß selbst unser weites und paradoxes Zeitalter es ertragen könnte; deshalb werde ich es mit der größten Vorsicht und der äußersten Ehrerbietung gegen jene große und profunde Majorität behandeln, die anderer Gesinnung ist.

Und dennoch werden vielleicht wißbegierige Leute freundlichst bemerken, wie sehr sich der Geist einer Nation in einem halben Menschenalter wandeln kann. Ich habe von einigen sehr alten Leuten mit Sicherheit behaupten hören, daß noch zu ihren Zeiten die gegenteilige Anschauung ebenso verbreitet war, wie die andre es jetzt ist, und daß damals der Plan, das Christentum abzuschaffen, als ebenso sonderbar erschienen und für ebenso absurd gehalten worden wäre, wie es jetzt geschieht, wenn man zu seiner Verteidigung schreibt oder redet.

Deshalb gebe ich offen zu, daß jeder Schein gegen mich ist. Die Lehre des Evangeliums ist, nach dem Schicksal andrer Lehrsysteme, allgemein veraltet und verbraucht; und selbst die große Masse des Volkes, unter der es sein Ansehn am längsten behauptet zu haben scheint, schämt sich seiner heute ebensosehr wie die Vornehmeren; denn die Meinungen steigen ebenso wie die Moden von den Vornehmen zum Mittelstand und von dort zum Volk hinab; und dort werden sie schließlich fallengelassen und verschwinden.

Hier aber möchte ich nicht mißverstanden werden, und deshalb muß ich so kühn sein und eine begriffliche Unterscheidung von den Schriftstellern der anderen Partei entlehnen, nämlich den Unterschied, den sie zwischen nominellen und wirklichen Trinitariern machen. Ich hoffe, kein Leser wird mich für so schwach halten, daß ich mich zur Verteidigung des wirklichen Christentums erhöbe, wie es (wenn wir den Autoren der Zeit glauben dürfen) in primitiven Zeiten der Menschen Glauben und Handlungen beeinflußte. Das wiederaufrichten zu wollen, wäre wahrlich ein irres Unternehmen; es hieße die Fundamente aufwühlen, auf einen Schlag den ganzen Witz und die halbe Gelehrsamkeit des Königreichs vernichten, den ganzen Rahmen und Aufbau der Dinge zerbrechen, den Handel zerstören, Künste und Wissenschaften mitsamt ihren Professoren ruinieren, kurz, unsre Gerichtshöfe, Börsen und Läden in Wüsten verwandeln; und es wäre genauso absurd wie der Vorschlag des Horaz, wo er den Römern rät, allesamt ihre Stadt zu verlassen und in einem entlegenen Teil der Welt einen neuen Wohnsitz zu suchen, um dort die Verderbtheit der Sitten zu kurieren.

Deshalb scheint mir diese Warnung an sich völlig unnötig (und ich habe sie nur eingeflochten, um jeder Möglichkeit der Haarspalterei vorzubeugen); denn jeder aufrichtige Leser wird leicht verstehen, daß meine Abhandlung nur der Verteidigung des nominellen Christentums gilt; das andre ist vermöge eines consensus omnium seit einiger Zeit als mit unsrem gegenwärtigen Streben nach Reichtum und Macht ganz unvereinbar beiseite geschoben worden.

Weshalb wir aber darum auch Namen und Titel der Christen abwerfen sollen, ich muß gestehn, das kann ich (bei aller Ehrfurcht) nicht einsehn, wiewohl die allgemeine Meinung und Strömung so heftig dafür ist. Da jedoch die einflußreichen Befürworter des Plans der Nation so wunderbare Vorteile versprechen und viele einleuchtende Einwände gegen das System des Christentums erheben, so will ich in Kürze die Beweiskraft beider untersuchen und ihnen gern ihr größtes Gewicht zuerkennen, um dann die Antworten zu geben, die ich für die vernünftigsten halte. Danach möge man mir gestatten, darlegen zu dürfen, welche Nachteile eine solche Neuerung bei dem gegenwärtigen Stand der Dinge vielleicht mit sich bringen könnte.

Zunächst besteht ein großer Vorteil, den die Abschaffung des Christentums mit sich bringen soll, darin, daß sie die Gewissensfreiheit bedeutend erweitern und festigen würde; denn dieses große Bollwerk unsrer Nation und der protestantischen Religion ist, allen guten Absichten der Gesetzgebung zum Trotz, wie wir es kürzlich an einem ernsten Beispiel haben sehn können, immer noch vom Pfaffentum sehr eingeschränkt. Denn es wird zuversichtlich behauptet, daß jüngst zwei wirklich hoffnungsvolle junge Herrn von glänzendem Witz und profundem Urteilsvermögen, die bei einer tiefschürfenden Untersuchung der Ursachen und Wirkungen und durch die bloße Kraft natürlicher Begabung, ohne daß irgendwelche Gelehrsamkeit auf sie abgefärbt hätte, die Entdeckung machten, daß es keinen Gott gäbe, und ihre Gedanken großmütig zum Nutzen der Allgemeinheit mitteilten, in beispielloser Strenge und auf Grund ich weiß nicht welchen veralteten Gesetzes, wegen Gotteslästerung belangt wurden. Und wie man weise bemerkte, wenn die Verfolgung einmal beginnt, so weiß kein Sterblicher, wie weit sie reichen und wo sie enden wird.

Zur Erwiderung darauf scheint mir, vorbehaltlich klügeren Urteils, daß gerade dies die Notwendigkeit einer nominellen Religion unter uns beweist. Sehr geistreiche Leute lieben es, mit den höchsten Dingen frei umzuspringen; und wenn man ihnen nicht erlaubt, einen Gott zu schmähen oder zu verleugnen, so werden sie von Würdenträgern Übles reden, die Regierung beschimpfen und über das Ministerium nachdenken. Ich denke, nur wenige werden leugnen, daß das von viel verderblicheren Folgen ist; wie denn auch Tiberius sagte: Deorum offensa diis curae.

Was nun insbesondere den berichteten Einzelfall angeht, so scheint es mir nicht gerecht, nach einem einzigen Beispiel zu urteilen, denn vielleicht läßt sich ein zweites nicht anführen; und doch (zum Trotz all derer, die sich vielleicht vor einer Anzeige fürchten) wird, wie wir wissen, in jedem Kaffeehaus und jeder Schenke und überall, wo man sich sonst unter guten Freunden trifft, millionenmal Gotteslästerung begangen. Man muß freilich zugeben, daß es, um noch den mildesten Ausdruck für eine solche Handlungsweise zu benutzen, ein arger Auswuchs der absoluten Macht war, einen freigebornen englischen Offizier nur wegen Gotteslästerung zu belangen. Es läßt sich wenig zur Entschuldigung des Generals anführen; vielleicht fürchtete er, es könnte unter den Verbündeten Anstoß erregen, unter denen es, nach allem, was wir wissen, vielleicht die Landessitte ist, an einen Gott zu glauben. Doch wenn er, wie einige es getan haben, auf Grund eines irrigen Prinzips geltend machte, daß ein Offizier, der sich einer Gotteslästerung schuldig mache, heute oder morgen auch so weit gehn könne, eine Meuterei anzuzetteln, so kann man diese Schlußfolgerung keineswegs zugeben; denn sicherlich wird der Befehlshaber eines englischen Heers nur wenig Gehorsam finden, wenn seine Soldaten ihn so wenig fürchten und verehren wie eine Gottheit.

Es wird ferner gegen die Lehre des Evangeliums eingewandt, sie verpflichte die Menschen zum Glauben an Dinge, die zu schwierig seien für Freidenker und solche, die alle Vorurteile, wie sie einer beschränkten Bildung in der Regel anhaften, abgeschüttelt haben. Darauf erwidere ich, daß man mit Einwänden, die sich die Klugheit der Nation zum Anlaß nehmen, vorsichtig sein sollte. Ist es nicht jedem erlaubt, zu glauben, was er will, und der Welt seinen

Glauben zu verkünden, wann er will, zumal wenn es dazu dient, die herrschende Partei zu stärken? Sollte wohl irgendein unbeteiligter Ausländer, der den jüngst von Asgil, Tindal, Toland, Coward und vierzig andern geschriebenen Plunder läse, auf den Gedanken kommen, daß das Evangelium unsre von den Parlamenten bestätigte Glaubensgrundlage sei? Glaubt denn irgend jemand, oder behauptet er, er glaube, oder wünscht er, man möge denken, er behaupte, er glaube eine Silbe von dem ganzen Kram? Und wird darum irgendein Mensch weniger gut aufgenommen, oder muß er sehn, daß sein Mangel an nominellem Glauben ihn irgendwie in der Verfolgung einer Zivil- oder Militärlaufbahn hindert? Und selbst wenn es eine alte eingeschlafene Bestimmung oder zwei gäbe, die wider ihn sind, sind sie nicht jetzt bis zu einem Grade veraltet, daß selbst Empson und Dudley, wenn sie noch lebten, die Unmöglichkeit einsehn müßten, sie anzuwenden?*

Es wird gleichfalls geltend gemacht, daß es schätzungsweise in diesem Königreich mehr als zehntausend Pastoren gibt, deren Einkünfte, vermehrt um die der Herren Bischöfe, ausreichen würden, um mindestens zweihundert geistreiche, vergnügungssüchtige und freidenkende junge Herren zu unterhalten, lauter Feinde des Pfaffentums, der engen Prinzipien, der Pedanterie und der Vorurteile, die eine Zierde für den Hof und die Stadt sein könnten. Und dann könnte weiter eine große Zahl körperlich tüchtiger Geistlicher einen brauchbaren Nachwuchs für unsre Flotte und unser Heer ergeben. Diese Erwägung scheint nicht ohne Gewicht zu sein. Aber immerhin verdienen auch verschiedene andere Dinge erwogen zu werden. Zunächst, ob

* Empson und Dudley waren zwei Ratgeber, die durch ihre illegalen Konfiskationen Heinrich VIII. zu seinem großen Reichtum verhalfen. (A. d. Ü.)

man es nicht für notwendig halten wird, daß in bestimmten Landdistrikten, ähnlich denen, die wir Kirchspiele nennen, wenigstens ein Mensch vorhanden sein sollte, der lesen und schreiben kann. Dann scheint mir die Rechnung falsch, daß die Einkünfte der Kirche in diesem Lande bei der jetzigen verfeinerten Lebensweise ausreichen könnten, zweihundert junge Herren oder auch nur die Hälfte zu erhalten; das heißt, ihnen eine Rente auszuwerfen, die sie, wie man nach heutigem Sprachgebrauch sagt, flotthalten würde. Aber noch lauert in diesem Plan ein größeres Unheil, und wir sollten uns vor der Torheit des Weibes hüten, das die Henne schlachtete, die ihr jeden Morgen ein goldenes Ei legte. Denn bitte, was würde im nächsten Jahrhundert aus dem Menschengeschlecht werden, wenn wir uns auf nichts verlassen könnten als auf die skrofulösen schwindsüchtigen Erzeugnisse, die unsre geistreichen und vergnügungssüchtigen Leute liefern, wenn sie sich gezwungen sehn, nachdem sie ihre Kraft, Gesundheit und Habe vergeudet haben, ihr zertrümmertes Vermögen durch eine unangenehme Heirat wieder zusammenzuflicken, und so ihrer Nachkommenschaft Fäule und galantes Benehmen vermachen? Nun aber hat die weise Gesetzgebung Heinrichs VIII.* zehntausend Menschen in die Notwendigkeit versetzt, mit schmaler Kost und bescheidener Leibesführung sich zu begnügen; und sie sind unser einziges großes Zuchtreservoir, ohne das die Nation in ein oder zwei Menschenaltern zu einem einzigen großen Hospital werden müßte.

Ein weiterer, angeblich durch die Abschaffung des Christentums zu erreichender Vorteil ist der Gewinn eines vollen Tages von sieben; dieser eine Tag ist jetzt völlig verloren, und also ist das Königreich an Handel, Gewerbe und Vergnügen um ein Siebentel ärmer; abgesehen noch davon,

* Der den größeren Teil der Kircheneinkünfte konfiszierte. (A. d. Ü.)

daß der Allgemeinheit so viele stattliche Bauten verlorengehen, die jetzt in der Hand der Geistlichkeit sind und die man in Spielhäuser, Börsen, Markthallen, öffentliche Schlafstätten und andre öffentliche Gebäude umwandeln könnte.

Ich hoffe, man wird mir das harte Wort verzeihn, wenn ich dies reinste Sophisterei nenne. Ich gebe gern zu, daß in unvordenklichen Zeiten eine alte Sitte bestanden hat, nach der das Volk sich an jedem Sonntag in den Kirchen versammelte, und daß die Läden auch heute noch häufig geschlossen sind, und zwar, wie man es versteht, um die Erinnerung an jenen alten Brauch zu wahren; wie sich aber das den Geschäften oder dem Vergnügen hindernd in den Weg stellen sollte, ist kaum einzusehn. Und wenn unsere Herren, die das Vergnügen suchen, wirklich an einem Tag in der Woche gezwungen sind, zu Hause zu spielen statt im Schokoladenhaus? Sind nicht die Schenken und Kaffeehäuser geöffnet? Kann es einen gelegeneren Tag geben, um eine Arzneidosis einzunehmen? Wird am Sonntag weniger geprügelt als an andern Tagen? Ist er nicht der Haupttag, an dem die Kaufleute ihre Wochenabrechnung aufstellen und die Anwälte ihre Akten vorbereiten? Aber gern wüßte ich, wie man behaupten kann, die Kirchen dienten nicht ihrem richtigen Zweck? Wo finden mehr Verabredungen und galante Stelldicheins statt? Wo wird mehr Wert darauf gelegt, mit dem größten Kleiderprunk in der vordersten Loge zu sitzen? Wo sieht man mehr geschäftliche Zusammenkünfte? Wo werden mehr Geschäfte aller Art abgeschlossen? Und wo ist ein Schläfchen so bequem und so verlockend?

Ein Vorteil aber, der aus der Abschaffung des Christentums erwachsen soll, ist größer als alle vorangegangenen: daß sie nämlich alle Parteien unter uns gänzlich beseitigt, indem sie jene trennenden Unterscheidungen zwischen Hochkirche und Puritanertum, Whigs und Tories, Presbyterianern und anglikanischer Kirche aufhebt, die jetzt gegenseitig bei allen öffentlichen Angelegenheiten als Hemmschuh wirken, weil sie nur zu leicht den eignen Vorteil oder die Unterdrückung ihrer Gegner über das dringendste Staatsinteresse stellen.

Ich gestehe: wäre es sicher, daß durch diese Lösung der Nation ein so großer Vorteil erwüchse, so würde ich mich fügen und schweigen. Aber will hier irgend jemand behaupten, daß, wenn man durch Parlamentsbeschluß die Wörter ›Huren, Trinken, Betrügen, Lügen und Stehlen‹ aus der englischen Sprache und den englischen Wörterbüchern verbannte, wir dann am nächsten Morgen alle keusch und mäßig, ehrlich und gerecht und wahrheitsliebend erwachen müßten? Ist das eine richtige Folgerung? Oder wenn uns die Ärzte verböten, die Wörter ›Pocken, Gicht, Rheumatismus und Gallenstein‹ auszusprechen, würden damit, wie durch Talismane, die Krankheiten selbst vernichtet? Wurzeln Partei und Cliquenwirtschaft nicht tiefer in der Menschen Herzen als Phrasen, die der Religion entlehnt sind? Ruhen sie nicht auf festeren Grundlagen? Und ist unsere Sprache so arm, daß wir keine andern Namen für sie finden können? Sind ›Neid, Hochmut, Habgier und Ehrgeiz‹ so schlechte Namengeber, daß sie keine Bezeichnungen für ihre Besitzer zu liefern vermögen? Werden nicht die Wörter ›Heidukken und Mamelucken, Mandarine und Paschas‹, oder irgendwelche beliebig gebildeten andern dienen können, um jene, die im Ministerium sitzen, von denen zu unterscheiden, die gern darin säßen, wenn sie es nur könnten? Was zum Beispiel ist leichter, als die Ausdrucksweise zu ändern und statt des Wortes Kirche in der Politik die Frage aufzuwerfen, ob die Londoner Feuersäule in Gefahr sei? Weil die Religion uns am nächsten lag, als es galt, ein paar bequeme Phrasen zu schaffen, ist darum unsre Erfindungsgabe so unfruchtbar, daß wir keine andern finden können? Nehmen wir beispielshalber einmal an, die Tories wären für Margarita, die Whigs für Mrs. Tofts, die Mittelparteiler für die Valentini*, würden nicht die Bezeichnungen ›Margaritianer‹, ›Toftianer‹ und ›Valentianer‹ recht erträgliche Unterscheidungsmerkmale abgeben? Die Prasini und Veneti, zwei höchst übelgesinnte Parteien in Italien, entstanden (wenn ich mich recht entsinne) durch Farbunterschied in ihren Bändern; und wir könnten ebensogut um die Würde des Blau und des Grün streiten und Hof, Parlament und Königreich genauso nach diesen Farben, wie nach beliebigen Kunstausdrücken, die der Religion entlehnt sind, in feindliche Lager spalten. Und deshalb, scheint mir, ist dieser Einwand gegen das Christentum nicht stichhaltig, und die Aussicht auf einen so großen Vorteil, wie ihn uns seine Abschaffung bringen soll, wird hinfällig.

Ferner wird der Einwand erhoben, es sei eine sehr absurde, lächerliche Sitte, daß man eine ganze Klasse von Menschen dulde, ja, sogar anstelle und besolde, damit sie sich an einem von sieben Tagen der Woche gegen die Gesetzmäßigkeit all jener Methoden lauthals ins Zeug lege, die man beim Streben nach Größe, Reichtum und Vergnügen am meisten benutzt und die an den sechs andern Tagen den steten Brauch aller lebenden Menschen bilden. Aber dieser Einwand ist, scheint mir, eines so verfeinerten Zeitalters wie des unsern ein wenig unwürdig. Wir wollen die Sache in aller Ruhe erörtern: ich appelliere an das Gewissen jedes gebildeten Freidenkers und frage, ob er nicht auf der Jagd

* Margarita: Francesca Margherita de l'Epine, eine damals berühmte Sängerin; auch von Swift in seinem ›Tagebuch für Stella‹ erwähnt. Mrs. Tofts, eine englische Sängerin, die ebenfalls in der italienischen Oper sang. Die Valentini, die dritte Rivalin des Kreises. Die Mittelparteiler, engl. Trimmers, was wörtlich Aufputzer oder Putzmacher bedeutet, jene Partei unter Karl II., die zwischen der Krone und den Parteigängern der protestantischen Linie vermitteln wollte. (A. d. Ü.)

nach der Befriedigung irgendeiner herrschenden Leidenschaft stets bei dem Gedanken, daß sie etwas Verbotenes sei, einen wundervollen Ansporn gefunden habe; und gerade deshalb, um dieses Gefühl zu kultivieren, hat die Weisheit der Nation, wie wir sehn, mit ganz besonderer Sorgfalt Vorkehrungen getroffen, daß die Damen mit verbotener Seide, die Herren mit verbotenem Wein versorgt werden. Und wahrlich, es wäre zu wünschen, daß, um die Genüsse der Stadt zu steigern, noch ein paar Verbote mehr erlassen würden; denn aus Mangel an solcher Nachhilfe beginnt die Stadt, wie ich höre, bereits schlaff und langweilig zu werden, was täglich zu grausamen Übergriffen des Spleens führt.

Es wird der Öffentlichkeit auch als ein großer Vorteil hingestellt, daß, wenn wir die Lehre des Evangeliums einmal abgeschafft haben, natürlich jede Religion auf ewig verbannt sei; mit ihr also auch jene schwerwiegenden Vorurteile der Erziehung, die unter Namen wie ›Tugend, Gewissen, Ehre, Gerechtigkeit‹ und ähnlichen den Frieden der menschlichen Seele so leicht stören und deren Begriffe zuweilen während eines ganzen Lebens durch gesunde Vernunft und Freidenkerei kaum auszurotten sind.

Hier bemerke ich zunächst, wie schwer es ist, eine Phrase loszuwerden, wenn die Welt sie einmal liebgewonnen hat, und sei auch der Anlaß, der sie zuerst schuf, längst hinfällig geworden. Vor ein paar Jahren genügte es, daß jemand eine häßliche Nase hatte, damit die tiefgründigen Denker der Zeit es so oder so fertigbrachten, die Ursache in den Vorurteilen seiner Erziehung zu sehen. Aus dieser Quelle sollten all unsre törichten Begriffe von Gerechtigkeit, Frömmigkeit und Vaterlandsliebe, alle unsre Vorstellungen von Gott oder einem künftigen Leben, von Himmel, Hölle und dergleichen stammen. Und früher mag dieser Angriff vielleicht nicht ganz ohne Sinn gewesen sein. Aber durch einen vollständigen Wandel in den Erziehungsmethoden hat man so gründlich dafür gesorgt, diese Vorurteile zu beseitigen, daß (ich sage es zu Ehren unsrer gebildeten Neuerer) die jungen Herren, die jetzt auf dem Schauplatz stehn, von diesen Dingen nicht im geringsten mehr infiziert sind und keine Faser solchen Unkrauts mehr verraten; und also wird der letzte Vorwand, aus diesem Grunde das nominelle Christentum abzuschaffen, völlig hinfällig.

Im übrigen läßt sich darüber streiten, ob die Verbannung jeglicher Religionsbegriffe unter dem Volk angebracht wäre. Nicht daß ich im geringsten der Meinung jener wäre, die da glauben, die Religion sei eine Erfindung der Politiker, um den niederen Teil der Gesellschaft durch die Furcht vor unsichtbaren Mächten in heiliger Scheu zu halten – es sei denn, die Menschheit wäre damals sehr viel anders gewesen als jetzt. Denn ich halte die große Masse unsres Volks hier in England für ebenso große Freidenker, das heißt für ebenso verläßliche Ungläubige wie die Herren von höchstem Rang. Aber mir scheint, ein paar spärliche Vorstellungen von einer höheren Macht sind für das niedere Volk von einzigartigem Nutzen, denn sie ergeben ein ausgezeichnetes Mittel, kleine Kinder zur Ruhe zu bringen, wenn sie eigensinnig werden, und an einem langweiligen Winterabend bilden sie ein treffliches Thema für Späße.

Schließlich wird es als ein besondrer Vorteil hingestellt, daß die Abschaffung des Christentums sehr dazu beitragen würde, die Protestanten zu einigen; weil man die Artikel des Abendmahls erweitern würde, könnte man allerlei Nonkonformisten aufnehmen, die jetzt um einiger weniger Zeremonien willen ausgeschlossen bleiben, die alle Parteien eingestandenermaßen für unwesentlich halten. Nur dies werde den großen Zielen des Strebens nach Einigung entsprechen, weil sie ein weites, edles Tor auftue, durch das alle eintreten dürften; während das Schachern mit den

Nonkonformisten und die Winkelzüge um die eine oder andre Zeremonie immer nur ein paar Hintertürchen auftue und auch die nur angelehnt lasse, so daß nicht mehr als einer zur gleichen Zeit eintreten könne, und auch das nur, indem er sich bücke und seitwärts schiebe und hineinquetschen müsse.

Auf all das erwidere ich dies: Die Menschheit neigt zu einem ganz bestimmten Geiste, der sich meist den Anschein gibt, als sei er ein Diener der Religion, wiewohl er weder im Verhältnis der Eltern noch eines Paten, noch auch eines Freundes zu ihr steht; ich meine den Geist der Opposition, der längst vor dem Christentum lebte und auch leicht ohne es existieren kann. Wenn wir zum Beispiel untersuchen, worin die Opposition der Sektierer unter uns besteht, so finden wir, daß das Christentum nichts damit zu tun hat. Schreibt etwa das Evangelium irgendwo einen gezwungenen, verkrampften Gesichtsausdruck, einen hölzernen, formellen Gang, eine Besonderheit der Sitten und Gebräuche und eine affektierte Redeweise vor, die sich von dem vernünftigen Teil der Menschheit unterscheidet? Wenn aber das Christentum seinen Namen nicht hergäbe, um in die Bresche zu springen und solchen Grillen Beschäftigung oder Ablenkung zu verschaffen, so würden sie sich notwendigerweise in Übertretungen der Landesgesetze oder in der Störung des öffentlichen Friedens Luft machen. Jeder Nation ist eine bestimmte Menge Enthusiasmus zugeteilt worden; und wenn der keinen geeigneten Gegenstand findet, auf den er sich richten kann, so bricht er aus und setzt alles in Flammen. Wenn die Ruhe eines Staates dadurch erkauft werden kann, daß man den Leuten ein paar Zeremonien hinwirft, über die sie herfallen können, so ist das ein Handel, den kein Verständiger ablehnen würde. Mögen die Hetzhunde sich mit einem ausgestopften Schafsfell amüsieren, wenn es sie nur davon abhält, die Herde zu zerreißen. Die ausländische Einrichtung der Klöster scheint in einer Hinsicht ein Zug großer Weisheit zu sein; denn es gibt wenig Anomalien menschlicher Leidenschaften, die nicht zu irgendeinem von ihnen ihre Zuflucht nehmen könnten, um sich Luft zu schaffen; sie sind ja Asyle für die Spekulativen, die Melancholiker, die Hochmütigen, die Schweigsamen, die Politiker und die Verdrießlichen; dort können sie sich freien Lauf lassen und die schädlichen Partikel verpuffen. Wir aber sind hier auf dieser Insel gezwungen, für eine jede Gattung eine eigne Religionssekte zu gründen, um sie ruhig zu halten. Und wenn das Christentum je abgeschafft wird, so muß die Gesetzgebung einen anderen Ausweg finden, um sie zu beschäftigen und zu unterhalten. Denn was nützt es, wenn wir ein noch so großes Tor auftun, während doch stets eine Anzahl von Menschen übrigbleibt, die ihren Stolz und ihr Verdienst dareinsetzen, nicht einzutreten?

Nachdem ich so die wichtigsten Einwände gegen das Christentum und die Hauptvorteile, die man uns von seiner Abschaffung verspricht, erwogen habe, will ich jetzt mit der gleichen Ehrfurcht und dem gleichen Vorbehalt klügeren Urteils dazu übergehn, ein paar Nachteile zu erwähnen, die daraus erwachsen könnten, wenn man das Evangelium aufhöbe. Denn an sie haben die Befürworter der Abschaffung vielleicht nicht genügend gedacht.

Zunächst bin ich mir wohl bewußt, wie leicht die geistreichen und dem Vergnügen lebenden Herren über den Anblick so vieler schlampiger Pastoren, die ihnen etwa in den Weg laufen und ihre Augen beleidigen, murren und sich entrüsten müssen; aber zugleich bedenken die weisen Reformatoren nicht, welch ein Vorteil und Glück es für unsere großen Geistreichen ist, wenn sie stets Gegenstände für ihren Spott und ihre Verachtung haben, an denen sie ihre Talente üben und schärfen können, so daß ihre Laune nicht nötig hat, über Leute ihresgleichen oder gar über sich selber herzufallen; zumal sie es hier ohne die geringste denkbare Gefahr für sich selbst tun können.

Und um noch einen parallelen Gedankengang zu verfolgen: wie finden, wenn das Christentum einmal abgeschafft wäre, die Freidenker, die Leute der unbedingten Vernunft und die Männer der tiefen Gelehrsamkeit je wieder ein in allen Punkten so darauf berechnetes Thema, daß sie an ihm ihr Geschick entfalten können? Welcher wunderbaren Erzeugnisse der Geistreichelei würden wir beraubt werden! Der Erzeugnisse derer, die ihren Genius durch beständige Übung auf Spott und Schmähung wider die Religion eingeschult haben und also nimmermehr imstande wären, in einem andern Thema zu glänzen oder sich auszuzeichnen! Wir klagen täglich über den großen Verfall geistreichen Argumentierens bei uns, und sollten wir freiwillig das größte, vielleicht das einzige Thema beseitigen, das uns noch bleibt? Wer hätte je in Asgil einen Mann von Geist, in Toland einen Philosophen vermutet, wenn nicht der unerschöpfliche Gegenstand des Christentums ihnen bereitwilligst den Stoff geliefert hätte? Welches andre Thema aus der ganzen Kunst oder Natur hätte Tindal den Ruf eines tiefsinnigen Autors eingetragen oder ihm Leser verschafft? Nur die kluge Wahl des Themas ziert den Schriftsteller und zeichnet ihn aus. Denn wären auch hundert solcher Federn zugunsten der Religion in Tätigkeit getreten, sie wären alle sofort in Schweigen und Vergessenheit versunken.

Auch halte ich es nicht für gänzlich unmöglich und meine Befürchtungen nicht für völlig unbegründet, wenn ich befürchte, daß die Abschaffung des Christentums vielleicht die Kirche in Gefahr bringen könnte oder mindestens dem Senat die Mühe auferlegen würde, einen neuen Schutzbeschluß zu fassen. Ich möchte, daß man mich nicht mißverstehe; ich denke nicht daran, zu behaupten oder zu glauben, daß die Kirche gegenwärtig oder beim jetzigen Stande der Dinge in Gefahr wäre; aber wir wissen nicht, wie bald es dahin kommen mag, wenn das Christentum aufgehoben wird. So einleuchtend der Plan auch scheint, vielleicht lauert hinter ihm doch eine gefährliche Absicht. Nichts ist allgemeiner bekannt, als daß die Atheisten, Deisten, Sozinianer, Antitrinitarier und die andern Untergruppen der Freidenker wenig Eifer für die gegenwärtigen kirchlichen Institutionen zeigen. Sie haben sich ausgesprochenermaßen für die Widerrufung der Testakte erklärt*; sie verhalten sich

* Die Testakte, erlassen 1673, ein Gesetz, das von jedem Beamten den Testeid verlangte, der sich gegen die Lehre von der Transsubstantiation wandte. Swift war stets ein scharfer Gegner der Aufhebung dieser Akte. Die Frage war für Irland insbesondere 1708 aktuell geworden, weil das damalige Whig-Ministerium (Godolphin) sehr geneigt war, die Aufhebung durchzusetzen; zuvor aber wollte man die Wirkung an Irland erproben. In Irland hatten sich eben die Presbyterianer aus Anlaß bedrohlicher Gerüchte von einem geplanten Einfall in England durch loyale Haltung ausgezeichnet, und der damalige Speaker des irischen Unterhauses, Brodrick, der spätere Lord Middleton, agitierte in London für die Aufhebung. Swifts Stellung wird durch seine Worte charakterisiert, diese Methode (nämlich die, eine gesetzgeberische Handlung an Irland zu erproben) gleiche dem Verfahren eines vorsichtigen Arztes, der eine neue Arznei zunächst einem Hund eingäbe, ehe er sie menschlichen Wesen verordne. Er schrieb damals den »Letter concerning the sacramental Test«, der ihn um jede Aussicht brachte, durch das bestehende Whig-Ministerium je zu einem seinen Fähigkeiten entsprechenden Amt zu gelangen. Es ist natürlich Unsinn, wenn zugleich behauptet wurde, diese Stellungnahme bedeute einen Abfall von seiner politischen Partei. Denn Swift ist im letzten Grunde niemals Parteimann gewesen. Er war vor allem ein Mann der Kirche. Wenn er zu den Tories ›überging‹, so geschah es vermutlich nur, weil er von ihnen mehr für die Kirche erhoffte. Swifts Kampagne gegen die Aufhebung der Testakte, die er 1731 von neuem begann, als eine dahingehende Vorlage im irischen Parlament zur Beratung stand, trug viel zum Sturz des Entwurfs bei. Das Gesetz ist erst 1828 gefallen. (A. d. Ü.)

sehr gleichgültig gegen alle Zeremonien und treten nicht für das jus divinum des Episkopats ein. Deshalb kann man hierin einen ersten politischen Schritt sehn, die Verfassung der bestehenden Kirche zu ändern und an ihrer Stelle das Presbyterianertum aufzurichten; doch mögen ihn die Leute, die am Ruder sind, des genauern erwägen.

Schließlich scheint mir nichts klarer, als daß wir durch diesen Ausweg geradenwegs dem Übel in die Arme laufen werden, das wir vor allem vermeiden wollen, und daß die Abschaffung der christlichen Religion der schnellste Weg zur Einführung des Papismus sein wird. Und ich neige dieser Anschauung um so mehr zu, als wir ja wissen, wie sehr es von jeher bei den Jesuiten Brauch gewesen ist, Abgesandte mit der Anweisung herüberzuschicken, daß sie sich als Mitglieder der verschiedenen unter uns herrschenden Sekten ausgeben sollten. So wird berichtet, daß sie zu verschiedenen Zeiten als Presbyterianer, Anabaptisten, Independenten und Quäker aufgetreten sind, je nachdem, wer von diesen am meisten in Ansehn stand. Und seit die Mode aufgekommen ist, die Religion abzuschaffen, haben die papistischen Missionare nicht verfehlt, sich unter die Freidenker zu mischen. Unter ihnen ist Toland, das große Orakel der Antichristen, ein irischer Geistlicher und Sohn eines solchen; und der höchst gelehrte und scharfsinnige Verfasser eines Buches mit dem Titel: ›Die Rechte der christlichen Kirche‹* wurde im geeigneten Augenblick mit

* Tindal: Swift kritisierte das obengenannte Buch in einer besonderen Schrift: »Anmerkungen zu seinem Buch mit dem Titel: ›Die Rechte der christlichen Kirche usw.‹« Das Buch war scheinbar ein Angriff gegen den Katholizismus, in Wahrheit aber gegen das Christentum überhaupt. Nach einer Anekdote sagte Tindal, als er an seinem Werk arbeitete (das übrigens einen großen Erfolg hatte und in weniger als einem Jahr drei Auflagen erlebte), zu einem Freund, er schreibe an einem Buch, das ›die Geistlichkeit rasend machen‹ würde. (A. d. Ü.)

dem römischen Glauben versöhnt, dessen treuer Sohn er noch immer ist, wie aus Hunderten von Stellen in seiner Abhandlung hervorgeht. Vielleicht könnte ich der Zahl noch ein paar andere hinzufügen; aber die Tatsache ist unbestreitbar, und die Leute schließen ganz richtig. Denn angenommen, das Christentum wird abgeschafft, so werden die Leute doch niemals ruhen, bis sie eine andre Methode der Anbetung gefunden haben, die ebenso unfehlbar den Aberglauben erzeugen wird, wie all das im Papismus enden muß.

Und wenn es also, was ich gesagt habe, zum Trotz, dennoch für notwendig gehalten wird, einen Gesetzentwurf für die Abschaffung des Christentums einzubringen, so möchte ich in aller Demut eine Verbesserung vorschlagen; man möge nämlich an Stelle des Wortes Christentum das Wort Religion im allgemeinen setzen, denn mir scheint, dadurch werden all die guten Ergebnisse, die die Befürworter versprechen, viel leichter erzielt werden.

Denn solange wir einen Gott und seine Vorsehung am Leben lassen, nebst all den notwendigen Folgerungen, die wißbegierige und forschungseifrige Leute aus solchen Voraussetzungen ziehen werden, treffen wir die Wurzel des Übels noch nicht, auch wenn wir die gegenwärtige Lehre des Evangeliums noch so energisch vernichten. Denn was soll die Gedankenfreiheit nützen, wenn sie keine Handlungsfreiheit im Gefolge hat, die doch das einzige Ziel aller Einwände gegen das Christentum bleibt, stehe dieses Ziel scheinbar auch in noch so großer Ferne? Und deshalb sehen die Freidenker das Christentum als eine Art Gebäude an, in dem alle Teile so aufeinander ruhen, daß der ganze Bau, wenn man auch nur einen einzigen Nagel herauszieht, zu Boden stürzen muß. Das fand einen glücklichen Ausdruck in den Worten jenes Mannes, der von einem Text gehört hatte, den man zum Beweis der Dreieinigkeit anführte und der in einem alten Manuskript anders lautete. Er griff diesen Wink auf und schloß vermöge einer überraschenden Ableitung eines langen Sorites höchst logisch: »Aber wenn es so ist, wie Sie sagen, so kann ich in aller Ruhe weiter huren und trinken und dem Pastor Trotz bieten.« Daraus, und aus vielen ähnlichen Beispielen, die ich leicht anführen könnte, erhellt meiner Meinung nach nichts klarer, als daß sich der Streit nicht gegen einige besonders schwer verdauliche Punkte der christlichen Lehre richtet, sondern gegen die Religion im allgemeinen; denn da sie der menschlichen Natur Einschränkungen auferlegt, hält man sie für die große Feindin der Gedanken- und Handlungsfreiheit. Wenn man es aber schließlich immer noch als für Kirche und Staat vorteilhaft ansieht, daß das Christentum abgeschafft wird, so scheint es mir doch, als sei es geratener, die Ausführung des Plans auf eine Zeit des Friedens zu verschieben und nicht in der gegenwärtigen Lage unsre Verbündeten vor den Kopf zu stoßen; es trifft sich leider so, daß sie alle Christen sind; und viele von ihnen sind vermöge der Vorurteile ihrer Erziehung so bigott, daß sie eine Art Stolz in diesen Namen setzen. Wenn sie uns verleugnen und wir auf ein Bündnis mit dem Türken rechnen sollen, so werden wir sehen, daß wir in einem großen Irrtum befangen sind. Denn erstens haust er in zu großer Ferne und ist fast immer in Kriege mit dem persischen Kaiser verwickelt; und zweitens würde sich sein Volk noch mehr über unsern Unglauben entrüsten als unsre christlichen Nachbarn. Denn die Türken beobachten nicht nur streng die Regeln ihres Gottesdienstes, sondern, was noch schlimmer ist, glauben an einen Gott; soviel verlangt man nicht einmal von uns, wenn wir den Namen Christen auch beibehalten.

Doch um zum Schluß zu kommen. Welche großen Vorteile für den Handel sich manche auch von diesem Plan versprechen, so fürchte ich doch sehr, daß sechs Monate nach Erlaß des Gesetzes zur Ausrottung des Evangeliums die Aktien der Bank von England und der Ostindischen Kompagnie um mindestens ein Prozent fallen werden. Und da das fünfzigmal mehr ist, als die Weisheit unseres Zeitalters für die Erhaltung des Christentums je aufs Spiel zu setzen für geraten hielt, so ist kein Grund vorhanden, weshalb wir uns so große Verluste auferlegen sollten, einzig, um es vernichten zu können.

Bescheidener Vorschlag, wie man verhüten kann, daß die Kinder armer Leute in Irland ihren Eltern oder dem Lande zur Last fallen, und wie sie der Allgemeinheit nutzbar gemacht werden können

Geschrieben im Jahre 1729

Es ist ein melancholischer Anblick für alle, die in dieser großen Stadt umhergehn oder im Lande reisen, wenn sie die Gassen, Straßen und Türen der Hütten voller Bettlerinnen sehn, hinter denen sich drei, vier oder sechs Kinder drängen, alle in Lumpen, die jeden Vorübergehenden um ein Almosen belästigen. Diese Mütter sind, statt für ihren ehrlichen Lebensunterhalt sorgen zu können, gezwungen, ihre ganze Zeit auf Streifzüge zu verwenden, weil sie für ihre hilflosen Kinder Brot erbetteln müssen; die aber werden, wenn sie aufwachsen, entweder aus Mangel an Arbeit zu Dieben, oder sie verlassen ihr geliebtes Vaterland, um in Spanien für den Prätendenten zu kämpfen, oder sie verkaufen sich auf die Barbados.*

Ich denke, alle Parteien sind sich darüber einig, daß diese übertriebene Kinderzahl in den Armen oder auf dem Rücken oder an den Fersen ihrer Mütter, und oft genug ihrer Väter, bei dem gegenwärtigen beklagenswerten Zustand des Königreichs nur eine sehr große Plage mehr ist; und wer daher eine gute, billige und leichte Methode fände, diese Kinder zu gesunden und nützlichen Gliedern des Staates zu machen, würde sich ein solches Verdienst um die

* Antillen.

Öffentlichkeit erwerben, daß man ihm als einem Retter der Nation ein Denkmal errichten müßte.

Aber meine Absicht beschränkt sich keineswegs darauf, nur die Kinder berufsmäßiger Bettler zu versorgen, sondern sie greift viel weiter aus und will die volle Zahl der Kinder eines bestimmten Alters umfassen, wie sie von Eltern geboren werden, die in Wirklichkeit nicht besser imstande sind, sie zu erhalten, als jene, die in den Straßen um Almosen betteln.

Ich selber habe viele Jahre lang über dieses wichtige Thema nachgedacht und die verschiedenen Vorschläge andrer Weltverbesserer reiflich erwogen und stets gefunden, daß sie sich in ihren Berechnungen gröblich irrten. Freilich läßt sich ein eben geborenes Kind ein Sonnenjahr lang mit der Milch der Mutter ernähren, ohne andere Nahrung zu brauchen, zumindest nicht mehr als für höchstens zwei Shilling, und diese Summe, oder ihren Wert in Naturalien, kann die Mutter sicherlich durch ihren gesetzlichen Beruf des Bettelns beschaffen, und eben nach Vollendung des ersten Jahres gedenke ich für die Kinder in einer Weise zu sorgen, daß sie, statt ihren Eltern oder der Gemeinde zur Last zu fallen und statt für den Rest ihres Lebens an Nahrung und Kleidung Mangel zu leiden, im Gegenteil vielmehr zu der Ernährung und teilweise auch der Kleidung vieler Tausender beitragen werden.

Noch einen anderen großen Vorzug hat mein Vorschlag; er wird nämlich den mutwilligen Aborten und der scheußlichen Praktik jener Frauen ein Ende machen, die ihre unehelichen Kinder töten; dieser Brauch ist leider nur zu häufig unter uns, und die armen unschuldigen Säuglinge werden, dünkt mich, eher geopfert, um den Kosten als der Schande zu entgehen, denn die würde noch in der wildesten und unmenschlichsten Brust Tränen und Mitleid wecken.

Man veranschlagt die Zahl der Seelen in diesem Königreich in der Regel auf anderthalb Millionen, darunter, schätze ich, werden etwa zweihunderttausend Ehepaare sein, wo die Frauen werdende oder stillende Mütter sind; von ihnen ziehe ich dreißigtausend Paare ab, die imstande sind, ihre Kinder selbst zu unterhalten, wenn ich auch fürchte, unter den gegenwärtigen Nöten des Königreichs werden ihrer noch nicht einmal so viel sein; aber angenommen, das stimme, so bleiben noch hundertsiebzigtausend Mütter. Ich ziehe nochmals fünfzigtausend ab, und zwar für die Frauen, die eine Fehlgeburt haben, oder deren Kinder innerhalb des ersten Jahres durch Unfall oder Krankheit sterben; dann bleiben nur noch hundertundzwanzigtausend jährlich von armen Eltern geborene Kinder. Die Frage ist also, wie diese Anzahl aufgezogen und versorgt werden soll; denn wie ich bereits gesagt habe, ist dies nach allen bisher vorgeschlagenen Methoden unter gegenwärtigen Umständen völlig unmöglich; wir können sie weder im Handwerk noch in der Landwirtschaft verwenden; wir bauen weder Häuser (ich meine auf dem Lande) noch bebauen wir Felder. Höchst selten können sie sich vor ihrem sechsten Jahr durch Stehlen ihren Lebensunterhalt sichern, es sei denn, die Veranlagung ist besonders günstig; ich gebe freilich zu, daß sie die Anfangsgründe weit früher lernen, doch können sie während dieser Zeit eigentlich nur erst als Novizen gelten, wie mir ein führender Herr aus der Grafschaft Cavan mitteilt, der mir auch versichert, daß er selbst in einem wegen der größten Geschicklichkeit in dieser Kunst so berühmten Teil des Königreichs nicht mehr als ein oder zwei Beispiele unter dem sechsten Jahr erlebt habe.

Unsre Kaufleute versichern mir, daß ein Knabe oder ein Mädchen unter dem zwölften Jahr keine marktfähige Ware ist; und selbst in diesem Alter werfen sie bei der Veräußerung nicht mehr als drei Pfund oder höchstens drei Pfund und eine halbe Krone ab; das kann sich weder für die Eltern noch für das Königreich lohnen, denn die Kosten der Ernährung und der Kleiderfetzen sind mindestens viermal so hoch gewesen.

Ich werde also jetzt demütigst meine eignen Gedanken darlegen, die, wie ich hoffe, nicht dem geringsten Einwand begegnen können.

Mir ist von einem sehr unterrichteten Amerikaner aus meiner Bekanntschaft in London versichert worden, daß ein junges, gesundes, gutgenährtes einjähriges Kind eine sehr wohlschmeckende, nahrhafte und bekömmliche Speise ist, einerlei, ob man es dämpft, brät, bäckt oder kocht, und ich zweifle nicht, daß es auch in einem Frikassee oder einem Ragout in gleicher Weise seinen Dienst tun wird.

Ich unterbreite also der öffentlichen Erwägung demütigst den Vorschlag, daß von den hundertundzwanzigtausend bereits berechneten Kindern zwanzigtausend für die Zucht zurückbehalten werden; von ihnen soll nur ein Viertel aus Knaben bestehen, was immerhin schon mehr ist, als wir bei Schafen, Hornvieh oder Schweinen erlauben; mein Grund ist der, daß diese Kinder selten die Frucht der Ehe sind, auf die unsre Wilden nicht viel Gewicht legen; und deshalb wird ein männliches Wesen für vier weibliche genügen. Die übrigen hunderttausend mögen, wenn sie ein Jahr alt sind, im ganzen Königreich vornehmen und reichen Leuten zum Kauf angeboten werden; dabei mag man der Mutter raten, die Kinder im letzten Monat reichlich zu säugen, damit sie für eine gute Tafel rund und fett werden. Ein Kind wird bei einem Essen für Freunde zwei Gänge ergeben, und wenn die Familie allein speist, so wird das Vorder- oder Hinterviertel ganz ausreichen; mit ein wenig Pfeffer oder Salz gewürzt, wird es gekocht noch am vierten Tage ganz ausgezeichnet schmecken, besonders im Winter.

Ich habe im Durchschnitt berechnet, daß ein neugeborenes Kind zwölf Pfund wiegt; bei erträglicher Ernährung wird es in einem Sonnenjahr auf achtundzwanzig Pfund steigen.

Ich gebe zu, daß diese Speise etwas teuer kommen wird; aber eben deshalb wird sie sich sehr für den Großgrundbesitzer eignen; da die Gutsherrn bereits die meisten Eltern verschlungen haben, so haben sie offenbar auch den nächsten Anspruch auf die Kinder.

Kinderfleisch wird während des ganzen Jahres auf dem Markt sein, am reichlichsten aber im März oder kurz vorher und nachher, denn ein ernster Autor, ein hervorragender französischer Arzt, versicherte uns, daß in römisch-katholischen Ländern, da Fische eine zeugungskräftige Nahrung sind, neun Monate nach den Fasten mehr Kinder geboren werden als zu irgendeiner andern Jahreszeit; deshalb werden ein Jahr nach den Fasten die Märkte noch mehr überfüllt sein als gewöhnlich, denn die Zahl der papistischen Kinder beträgt in diesem Königreich mindestens das Dreifache der andern. So wird mein Vorschlag noch einen Nebenvorteil mit sich bringen, indem er die Zahl der papistischen Kinder verringert.

Ich habe die Säugekosten eines Bettlerkindes (unter deren Zahl ich alle Kätner und Tagelöhner und vier Fünftel der Pächter begreife) einschließlich ihrer Lumpen bereits auf etwa zwei Shilling im Jahr veranschlagt, und ich glaube, es würde keinem Edelmann leid tun, wenn er für den geschlachteten Körper eines guten fetten Kindes zehn Shilling gäbe, denn, wie ich bereits gesagt habe, wird er vier Gänge einer ausgezeichneten nahrhaften Speise ergeben, wenn er nur einen besonderen Freund oder die eigne Familie zu Tisch hat. So wird der Gutsherr lernen, ein guter Landwirt zu werden; er wird beliebt sein unter seinen Pächtern, die Mutter wird acht Shilling Reinverdienst haben und arbeitstüchtig bleiben, bis sie ein neues Kind zur Welt bringt.

Wer wirtschaftlicher ist (und ich muß gestehn, die Zeiten verlangen es), kann den Körper häuten; die Haut wird, kunstvoll gegerbt, wundervolle Damenhandschuhe und Sommerstiefel für elegante Herrn ergeben.

In unsrer Stadt Dublin kann man zu diesem Zweck in den passendsten Gegenden Schlachthäuser einrichten; wir können versichert sein, daß es an Schlächtern nicht fehlen wird. Ich persönlich freilich empfehle eher, die Kinder lebend zu kaufen und gleich nach dem Schlachten herzurichten, wie wir es mit Spanferkeln machen.

Ein sehr würdiger Mann, der diesem Land mit echter Liebe ergeben ist und dessen Tugenden ich sehr hochschätze, hatte kürzlich die Liebenswürdigkeit, als wir über diesen Gegenstand sprachen, noch einen Verbesserungsvorschlag zu meinem Plan zu machen. Er sagte, daß mancher Edelmann dieses Königreichs in letzter Zeit sein Hochwild völlig abgeschossen habe; und also meinte er, daß man dem Mangel an Wild recht wohl durch junge Burschen und Mädchen nicht über vierzehn und nicht unter zwölf Jahren abhelfen könnte, zumal eine so große Zahl von jungen Leuten beiderlei Geschlechts in allen Ländern aus Mangel an Arbeit und Dienst vor dem Hungertode stände; die sollten ihre Eltern, wenn sie noch leben, und sonst ihre nächsten Verwandten vergeben. Doch bei aller Achtung vor einem so ausgezeichneten Freund und einem so verdienstvollen Patrioten kann ich seinen Gedanken nicht ganz zustimmen; denn was die Knaben angeht, so versicherte mein amerikanischer Bekannter auf Grund vielfacher Erfahrung, daß ihr Fleisch wie das unsrer Schulknaben durch fortwährende Leibesübung im allgemeinen zäh und mager, ihr Geschmack aber unangenehm sei; und sie zu mästen, würde die Kosten nicht lohnen. Was ferner die Mädchen angeht, so glaube ich, in demütiger Ergebenheit, daß dieser Plan einen Verlust für die Öffentlichkeit bedeuten würde, weil sie bald selbst Mütter werden könnten. Außerdem ist es nicht unwahrscheinlich, daß ein paar überbedenkliche Leute (wenn auch sehr zu Unrecht) einem solchen Brauch den Vorwurf machen würden, er grenze ein wenig an Grausamkeit, was für mich, wie ich gestehe, stets der stärkste Einwand gegen jeden Plan gewesen ist, so gut er auch gemeint sein mochte.

Um aber meinem Freund gerecht zu werden, so gab er zu, daß dieser Ausweg ihm von dem berühmten Salmanazor eingegeben worden war, einem Eingeborenen der Insel Formosa, der vor mehr als zwanzig Jahren von dort nach London kam und meinem Freunde in der Unterhaltung sagte, daß, wenn in seiner Heimat ein junger Mensch hingerichtet würde, der Henker den Leichnam als besondere Leckerei an vornehme Personen verkaufe; so sei zu seiner Zeit der Körper eines dicken, fünfzehnjährigen Mädchens, das gekreuzigt wurde, weil es versucht hatte, den Kaiser zu vergiften, vom Galgen weg je Braten um vierhundert Kronen an den ersten Staatsminister Seiner Kaiserlichen Majestät und andre große Hofmandarine verkauft worden. Ich kann wahrlich nicht leugnen, daß, wenn von mehreren runden jungen Mädchen in dieser Stadt derselbe Gebrauch gemacht würde, die, ohne einen Heller Vermögen, nicht ohne Tragsänfte aus dem Hause gehn können und dabei in ausländischem Putz, den sie niemals bezahlen werden, im Theater und in Gesellschaften erscheinen, das Königreich dabei nicht übel fahren würde.

Einige Leute von verzagter Natur sind in großer Sorge um jene ungeheure Anzahl Armer, die bejahrt, krank oder verkrüppelt sind; und man hat mir gegenüber oft den Wunsch ausgesprochen, ich möge meine Gedanken darauf richten, welchen Weg man einschlagen müsse, um das Land von einer so schweren Last zu befreien; aber das macht mir nicht die geringste Mühe, da es nur zu bekannt ist, daß sie tagtäglich, so schnell man es vernünftigerweise nur erwarten kann, vor Kälte, Hunger, Schmutz und Ungeziefer sterben oder verfaulen. Und auch die jüngeren Arbeitsleute sind mittlerweile in fast der gleichen hoffnungsvollen Lage. Sie können keine Arbeit finden, und also siechen sie vor Nahrungsmangel dahin, und zwar in einem Grade, daß sie, wenn sie gelegentlich zu gewöhnlicher Arbeit gedungen werden, keine Kraft mehr haben, sie zu verrichten; so wird das Land, und so werden sie selbst glücklicherweise vor kommenden Übeln bewahrt.

Meine Abschweifung ist schon allzu lang geworden, ich kehre also zu meinem Thema zurück. Ich denke, die Vorteile meines Vorschlags sind handgreiflich und zahlreich, und obendrein von höchster Wichtigkeit.

Zunächst würde er, wie ich bereits bemerkt habe, die Zahl der Papisten, die uns alljährlich überwuchern, bedeutend verringern; sie sind die kinderreichsten Leute der Nation und unsre gefährlichsten Feinde, und sie bleiben eigens im Lande, um das Königreich dem Prätendenten auszuliefern; sie hoffen die Abwesenheit so mancher guter Protestanten, die lieber ihr Land verlassen haben, als zu Hause zu bleiben und wider ihr Gewissen einem bischöflichen Kuraten den Zehnten zu zahlen, sich zunutze zu machen.

Zweitens werden die ärmeren Pächter einen eigenen wertvollen Besitz haben, der gesetzmäßig pfändbar werden und dazu verhelfen kann, den Gutsherrn ihre Pacht zu zahlen; denn ihr Getreide und ihr Vieh sind bereits beschlagnahmt, und Geld ist ihnen etwas völlig Unbekanntes.

Drittens wird das Nationalvermögen, während die Unterhaltung der hunderttausend Kinder von zwei Jahren an aufwärts jährlich auf nicht weniger als auf je zehn Shilling zu berechnen ist, auf diese Weise um jährlich fünfzigtausend Pfund vermehrt, abgesehn von dem Vorteil, daß ein neues Gericht auf die Tafeln aller wohlhabenden Herrn im Königreich kommt, die nur ein wenig erlesenen Geschmack besitzen; und das Geld wird im Lande bleiben, da die Ware ausschließlich einheimisches Wachstum und Fabrikat ist.

Viertens werden die unaufhörlich Schwangeren, abgesehn von dem Reinverdienst von jährlich acht Shilling Sterling, den sie durch den Verkauf ihrer Kinder erzielen, von der Last befreit sein, sie noch nach ihrem ersten Jahr erhalten zu müssen.

Fünftens würde diese Nahrung auch den Schenken großen Besuch einbringen, denn die Wirte werden sicherlich klug genug sein, die besten Rezepte für eine vollendete Zubereitung zu erfinden; dann werden ihre Häuser von all den feinen Herrn besucht werden, die sich mit Recht auf ihre Kenntnisse der vorzüglichen Küche etwas zugute tun, und ein geschickter Koch, der seine Gäste zu verpflichten weiß, wird auch dafür Sorge tragen, die Speisen so teuer zu bereiten, wie sie es nur wünschen können.

Sechstens würde mein Vorschlag ein großer Ansporn zur Eheschließung sein, wie ja alle weisen Nationen entweder durch Belohnung zu ihr ermuntert oder sie durch Gesetze und Strafen erzwungen haben. Es würde die Sorgfalt und Zärtlichkeit der Mütter ihren Kinder gegenüber steigern, wenn sie einer lebenslänglichen Versorgung der armen Kleinen sicher wären, zumal die Öffentlichkeit sie in einem gewissen Grade zu ihrem jährlichen Nutzen statt zu ihrem Verlust zu liefern hätte. Wir würden unter den verheirateten Frauen bald einen ehrlichen Wettstreit erleben, welche von ihnen das fetteste Kind auf den Markt bringen könnte; die Männer würden gegen ihre Frauen während der Zeit ihrer Schwangerschaft so liebevoll werden, wie sie es jetzt gegen ihre trächtigen Stuten, Kühe oder Sauen sind, und sie würden sie aus Furcht vor einer Fehlgeburt nicht mehr schlagen noch mit Füßen treten, wie es jetzt nur zu häufig der Brauch ist.

Es ließen sich noch viele andre Vorteile aufzählen: zum Beispiel der, daß unser Export eingetonnten Rindfleisches jährlich um einige tausend Fässer steigen würde; das Schweinefleisch würde größere Verbreitung finden, und ebenso die Kunst, guten Speck zu bereiten, an dem es bei uns so außerordentlich fehlt, weil die Ferkel allgemein vernichtet werden: sie erscheinen viel zu oft auf unserm Tisch, sind jedoch in keiner Weise nach Geschmack und Pracht mit einem gut gewachsenen, fetten, einjährigen Kind zu vergleichen, das sich, am Spieß gebraten, auf einem Bürgermeistergastmahl oder bei jeder andern öffentlichen Festlichkeit stattlich ausnehmen wird. Aber dies und vieles andre lasse ich aus, da ich mich der Kürze befleißige.

Angenommen, daß in dieser Stadt tausend Familien ständige Käufer des Kinderfleischs wären, abgesehn von denen, die es bei Lustbarkeiten, vor allem bei Hochzeiten und Taufen, essen würden, so veranschlage ich die Zahl der Kinder, die Dublin allein verbrauchen würde, auf jährlich etwa zwanzigtausend; die übrigen achtzigtausend würde der Rest des Königreichs verzehren (wo sie wahrscheinlich ein wenig billiger verkauft würden).

Ich kann mir nicht denken, daß gegen diesen Vorschlag ein einziger Einwand zu erheben wäre, es sei denn, man wollte geltend machen, daß hierdurch die Bevölkerungsziffer in diesem Königreich bedeutend verringert würde. Das gebe ich offen zu, ja, dies war eine meiner Hauptabsichten, als ich ihn der Welt unterbreitete. Ich wünsche, der Leser möge wohl beachten, daß ich mein Heilmittel nur für dieses eine individuelle Königreich Irland berechnet habe, und für kein andres, das es auf der Erde je gegeben hat, gibt, oder, soweit ich mir vorstellen kann, geben wird. Deshalb komme mir niemand mit andern Möglichkeiten, die Not zu beheben: mit einer Steuer von fünf Shilling je Pfund, die die in England lebenden Irländer zu zahlen hätten; damit, daß wir weder Kleider noch Hausrat brauchen dürften, die nicht in Rohstoff und Verarbeitung aus unserm Lande stammen; daß wir Materialien und Dinge, die ausländischen Luxus fördern, streng ablehnen müssen; daß es gilt, unsre Frauen von den teuren Vergnügungen des Stolzes, der Eitelkeit, des Müßiggangs und Spiels abzubringen; daß wir den Hang zur Sparsamkeit, Umsicht und Mäßigung stärken sollen; daß wir unser Land lieben lernen müssen (in welchem Punkte wir uns selbst von den Lappen und den Bewohnern von Topinambu unterscheiden); daß wir unsere Feindseligkeiten und Zänkereien aufzugeben haben, und es auch nicht länger wie die Juden machen dürfen, die sich noch in dem Augenblick, als ihre Stadt erobert wurde, gegenseitig totschlugen; daß wir vorsichtig sein sollten, nicht unser Land und unser Gewissen um ein Nichts zu verkaufen; daß wir die Gutsherrn lehren müßten, ihren Bauern gegenüber wenigstens eine Spur von Erbarmen zu zeigen; und schließlich, daß wir den Geist der Ehrlichkeit, des Fleißes und der Gewandtheit in unsre Ladenbesitzer pflanzen sollten, die sich, wenn man jetzt den Beschluß faßte, nur noch unsre einheimischen Waren zu kaufen, sofort verbünden würden, um uns zu betrügen und uns im Preis, im Maß und in der Güte der Waren zu übervorteilen, wo sie denn auch bisher noch niemals dazu zu bringen waren, daß sie sich ein einziges Mal erboten hätten, hinfort ehrlich zu verfahren, obwohl man sie oft und ernsthaft dazu aufgefordert hat.

Deshalb wiederhole ich, es rede mir niemand von diesen und ähnlichen Mitteln, die Not zu beheben, bevor er nicht wenigstens einen Schimmer von Hoffnung hat, daß jemals ein kräftiger und aufrichtiger Versuch gemacht wird, sie in die Wirklichkeit zu übertragen.

Ich selber habe mich jahrelang damit abgemüht, eitle, müßige und illusorische Gedanken darzulegen; doch als ich an jedem Erfolg schließlich verzweifelte, verfiel ich glücklicherweise auf diesen Vorschlag, der einerseits völlig neu ist und andrerseits eine feste und reale Grundlage hat; er verursacht keine Kosten und wenig Mühe; seine Ausführung liegt ganz in unsrer eignen Macht, und er bringt uns nicht in Gefahr, England zu verstimmen. Denn diese Ware eignet sich nicht für den Export, da das Fleisch zu zart ist, um sich selbst in Salz lange zu halten, obschon ich vielleicht ein Land nennen könnte, das mit Freude unsre ganze Nation auch ohne Salz aufessen würde.

Schließlich bin ich aber von meiner eignen Meinung nicht so heftig eingenommen, daß ich jeden von klugen Männern vorgeschlagenen Plan abwiese, wenn er sich nur als ebenso unschuldig, billig, leicht durchführbar und wirkungsvoll erweist. Aber ehe man mir, meinem Vorschlag entgegen, irgend etwas der Art unterbreitet, um einen bessern darzulegen, möge es dem Urheber oder den Urhebern gefallen, zwei Punkte reiflich zu erwägen.

Erstens, wie sie unter den gegenwärtigen Umständen für hunderttausend nutzlose Münder und Rücken Nahrung und Kleidung finden wollen; und zweitens, da in diesem Königreich eine runde Million von Wesen menschlicher Gestalt lebt, deren ganze Habe zusammengenommen eine Schuld von zwei Millionen Pfund Sterling ergeben würde – denn man muß diejenigen, die von Beruf Bettler sind, zu der großen Masse von Pachtbauern, Kätnern und Tagelöhnern mit ihren Weibern und Kindern, die in Wirklichkeit ebenfalls Bettler sind, hinzurechnen –, möchte ich die Politiker, denen mein Vorschlag mißfällt und die vielleicht verwegen genug sind, eine Erwiderung zu versuchen, bitten, zunächst einmal die Eltern dieser Sterblichen zu fragen, ob sie es nicht heute für ein großes Glück halten würden, wenn sie auf die beschriebene Weise im Alter von einem Jahr als Nahrungsmittel verkauft worden wären, so daß ihnen die ewige Straße des Elends erspart geblieben wäre, die sie seither durch die Unterdrückung der Gutsherrn, durch die Unmöglichkeit, ohne Geld und Gewerbe Pacht zu zahlen, durch den Mangel an der alltäglichen Notdurft, ohne Haus und Kleider, die sie vor der Unbill des Wetters schützen könnten, und in der unvermeidlichen Aussicht, auf ewig ihrer Nachkommenschaft das gleiche oder noch größeres Elend zu vermachen, gezogen sind.

Ich versichere in der Aufrichtigkeit meines Herzens, daß ich nicht das geringste persönliche Interesse verfolge, wenn ich versuche, dieses notwendige Werk zu fördern, denn ich habe nichts weiter im Auge als das öffentliche Wohl meines Landes; ich will unsern Handel fördern, die Kinder versorgen, den Armen Erleichterung verschaffen und auch den Reichen ein wenig Vergnügen gönnen. Ich selbst habe keine Kinder, durch die ich auch nur einen Heller verdienen könnte. Mein Jüngster ist neun Jahre alt und meine Frau über die Zeit des Gebärens hinaus.

Ein ernsthafter und brauchbarer Plan zur Schaffung eines Hospitals für Unheilbare, von allgemeinem Nutzen für alle Untertanen Seiner Majestät

Nichts trägt mehr zum guten Ruf einzelner Personen oder zur Ehre einer ganzen Nation bei als die Errichtung und Stiftung geeigneter Gebäude zur Aufnahme jener, die von verschiedenen Leiden geplagt sind. Die Kranken und Unglücklichen werden dadurch von dem Elend fehlenden Beistands befreit, und andere werden dadurch von dem Elend ihres Anblicks befreit.

Es steht fest, daß der Sinn des englischen Volkes sehr stark auf öffentliche Wohltätigkeit gerichtet ist, und zwar in so hohem Maße, daß man fast in allen Teilen dieser großen und reichen Stadt und auch in vielen der angrenzenden Gemeinden eine Vielzahl von Hospitälern findet, die sowohl durch großzügige Spenden privater Familien als auch durch die Freigebigkeit der öffentlichen Hand unterhalten werden: einige für Seeleute, die ihre Kräfte im Dienst ihres Vaterlandes erschöpften, andere für gebrechliche Kriegsinvaliden, einige für den Unterhalt verarmter Kaufleute und andere für ihre Witwen und Waisen, einige zum Dienst an denen, die unter langwierigen Krankheiten dahinsiechen, und andere für jene, die den Verstand verloren haben.

Bei näherer Betrachtung stelle ich aber fest, daß eine Art der Wohltätigkeit fast völlig außer acht gelassen wird, die mir jedoch von so wichtiger Natur zu sein scheint, daß sie gegenwärtig notwendiger ist und mehr zur Bequemlichkeit, zur Ruhe und zum Glück des ganzen Königreichs beitragen würde als nur irgendeine andere: Ich meine ein Krankenhaus für Unheilbare.

Ich muß zwar zugeben, daß solch eine Einrichtung eine sehr hohe und fortlaufende Ausgabe darstellen würde. Indessen hege ich nicht den geringsten Zweifel, daß es mir gelingen wird, die Welt wirksam davon zu überzeugen, daß mein vorliegender Plan für solch ein Hospital sehr gut durchführbar ist und jedem, dem das Wohl seines Landes und seiner Mitmenschen wirklich am Herzen liegt, als äußerst wünschenswert erscheinen muß.

Man kann beobachten, daß nicht nur die Körper der Menschen von einer unendlichen Vielzahl von Krankheiten befallen werden, die sich der Macht der Medizin entziehen und sich oft als unheilbar erweisen, sondern auch ihr Geist, der von einer gleichen Vielzahl angegriffen wird, die keine Geschicklichkeit, keine Gewalt, keine Medizin ändern oder bessern kann. Und ich meine, daß wir aus Rücksicht auf den öffentlichen Frieden und Nutzen wie auch auf die Seelenruhe vieler frommer und wertvoller Familien dieser Art von Unheilbaren hauptsächlich unsere Aufmerksamkeit und unsere Wohltätigkeit zuwenden sollten.

Die Notwendigkeit eines Hospitals für solche Unheilbaren wird wohl allgemein eingesehen werden, wenn man bedenkt, welche Zahl von absolut Unheilbaren jeder Beruf, Rang und Stand fortgesetzt hervorbringt, die gegenwärtig nichts als einen nationalen Mißstand darstellen und von denen wir das Königreich auf keine andere Weise so wirksam befreien können.

Man denke zum Beispiel nur einmal ernsthaft daran, welche Mengen von unheilbaren Narren, unheilbaren Spitzbuben, unheilbaren Xanthippen, unheilbaren Schreiberlingen (außer mir selbst), unheilbaren Gecken, unheilbaren Ungläubigen, unheilbaren Lügnern, unheilbaren Huren es überall dort gibt, wo Menschen zusammenkommen, ganz zu schweigen von den unheilbar Eitlen, unheilbar Neidischen, unheilbar Stolzen, unheilbar Affektierten, unheilbar

Frechen und zehntausend anderen Unheilbaren, die ich zwangsläufig mit Schweigen übergehen muß, damit sich dieser Essay nicht zu einem ganzen Band auswächst. Und ohne Zweifel wird jeder Unvoreingenommene meiner Ansicht zustimmen, daß die Öffentlichkeit schon aus christlicher Nächstenliebe soweit wie möglich von dieser lästigen und unerträglichen Vielfalt von Unheilbaren befreit werden sollte.

Erstens, was die Kategorie der unheilbaren Narren angeht, so dürfen wir wohl mit Recht erwarten, daß solch ein Hospital mit einer beträchtlichen Anzahl von Leuten beliefert würde, die aus unseren Universitäten hervorgegangen sind und gegenwärtig in verschiedenen Berufen unter den ehrwürdigen Titeln von Ärzten, Juristen und Geistlichen in der Welt auftreten.

Da aber jene alten Seminare seit einigen Jahren fast nur noch als Pflanzschulen für diese Art von Unheilbaren angesehen werden, sollte es höchst lobenswert sein, für sie eine gewisse Vorsorge zu treffen, denn es ist mehr als wahrscheinlich, daß sie zwangsläufig nur einen sehr dürftigen Lebensunterhalt erwerben könnten, wenn sie sich auf ihre eigenen Leistungen in ihren Berufen verlassen müßten.

Ich möchte hier ungern in den Verdacht geraten, ich wolle irgendeinen Stand herabsetzen und glaube, geringe Einnahmen aus irgendeinem Beruf in den Künsten oder Wissenschaften seien stets ein sicheres Zeichen für einen ebenso geringen Grad des Könnens; denn ich neige, offen gestanden, ein wenig zur entgegengesetzten Meinung. Oft habe ich nämlich beobachtet, daß denjenigen, die bei Gericht, am Puls des Kranken oder auf der Kanzel das geringste Wissen oder den wenigsten Verstand aufzuweisen haben, im allgemeinen der größte Anteil an den Beförderungen und dem Gewinn zufällt. Dafür ließen sich viele Beispiele anführen, aber die Öffentlichkeit scheint in dieser Hinsicht keines Beweises zu bedürfen.

In der gleichen Kategorie dürfen wir fernerhin eine absurd große Zahl reicher alter Witwen erwarten, deren starke und begehrliche Gelüste in ihnen ausgefallene Leidenschaften für Männer entfachen, die sich in Alter und Aussehen beträchtlich von ihnen unterscheiden. Mit einem guten Wittum erkaufen sie sich Verachtung und Abneigung, und da sie von Alter, körperlichen Gebrechen und vermutlich auch schlechter Laune geplagt werden, sind sie gezwungen, solche Männer mit Geld in ihre Arme zu lokken, deren Vermögen in einem ebenso schlechten Zustand ist wie ihr Charakter.

Außer diesen würde unsere Kollektion unheilbarer Narren eine unglaubliche Bereicherung von jeder der folgenden Gruppen erfahren:

Von jungen verschwenderischen Erben, die gerade alt genug sind, um sich von Jockeys, Pferdenarren, Spielern, Zuhältern, Gaunern, Kurtisanen und dergleichen ehrenwerten Taschendieben ausnehmen zu lassen.

Von Geizkragen, die halb verhungern, um die Verschwendungssucht ihrer Erben befriedigen zu können, und die sich vor aller Welt ihres Vermögens unwürdig erweisen durch die erbärmliche und lächerliche Art, in der sie es genießen.

Von streitsüchtigen Leuten aller Stände, die Vergnügen daran haben, den größten Teil ihres Vermögens mit Prozessen zu verschwenden, um dadurch andere Leute an den Bettelstab zu bringen.

Von jenen, die auf Beteuerungen der Freundschaft vertrauen, ohne sie erprobt zu haben, oder die sich auf die Treue einer Geliebten verlassen.

Von jungen ungebildeten Landjunkern, die ins Ausland reisen, um von dort Unzucht, Dünkel, Arroganz, Eitelkeit und Geckenhaftigkeit einzuführen, obwohl diese Artikel bei uns anscheinend schon im Überfluß vorhanden sind.

Von jungen Geistlichen, die durch Heirat eine Familie gründen wollen, ehe sie die notwendigen Mittel zu deren Unterhaltung erlangt haben.

Von jenen, die beträchtliche Besitzungen in verschiedenen Ländern haben und doch so unheilbar dumm sind, ihre ganzen Einkünfte in diesem Land auszugeben.

Diese und viele andere Gruppen, die hier erwähnt werden könnten, würden uns eine ständige Möglichkeit bieten, der Öffentlichkeit Erleichterung zu verschaffen, wenn wir ein Hospital zur Unterbringung solcher Unheilbaren hätten, denen es gegenwärtig entweder durch die allzu große Zuneigung naher Verwandter oder die Trägheit der Behörden noch gestattet ist, frei umherzugehen und an den belebtesten Orten dieser Stadt zu erscheinen, als ob sie tatsächlich vernunftbegabte Wesen wären.

Ich hätte fast vergessen, darauf hinzuweisen, daß in dieser Gruppe eine gewisse Wahrscheinlichkeit dafür besteht, daß sich viele Geistliche als gut geeignet erweisen, in das Hospital aufgenommen zu werden und dort als Hauspfarrer zu dienen, womit dann unnötige Ausgaben für Gehälter entfielen.

Nach diesen Narren kommen in der Reihenfolge jene, die man passend in der weitläufigen Kategorie der unheilbaren Spitzbuben zusammenfassen kann, von denen uns die verschiedenen Rechtsschulen ständig mehr als genug liefern würden.

Ich glaube allerdings, daß von dieser Art Unheilbarer jährlich nur eine begrenzte Anzahl aufzunehmen wäre; und wir sollten uns weder durch die Rücksicht auf die Ruhe oder das Wohlergehen der Nation noch durch irgendeinen anderen wohltätigen oder gemeinnützigen Grund dazu verleiten lassen, diese Zahl zu überschreiten. Denn wenn wir in eine solche Einrichtung alle jene aufnähmen, die in dem Ruf stehen, unheilbar mit diesem Übel behaftet zu sein, und wenn es der Gesellschaft möglich wäre, ausreichenden Platz für ihre Aufnahme zu schaffen, dann hätte ich nicht den geringsten Zweifel, daß alle unsere Rechtsschulen, die jetzt so überfüllt sind, in kurzer Zeit ihrer Insassen ledig wären und dem Rechtswesen, jenem einträglichen Handwerk, Leute zur Ausübung fehlten.

Ich zittere bei dem Gedanken an die Scharen von Rechtsbeiständen, Anwälten, Winkeladvokaten, Notaren, Wucherern, Lohnschreibern, Taschendieben, Pfandleihern, Gefängniswärtern und Friedensrichtern, die stündlich in solch ein Hospital getrieben würden, und welche Aufregung das auch in vielen vornehmen und reichen Familien hervorrufen könnte.

Welch unerwartete Not könnte es für viele Leute von Vermögen und Rang bedeuten, sich so plötzlich ihrer reichen Verwalter beraubt zu sehen, in die sie viele Jahre lang das äußerste Vertrauen gesetzt haben, wenn sie diese nun unwiderruflich in einer solchen Kollektion von Unheilbaren untergebracht fänden.

Wie viele Waisen könnten dann damit rechnen, daß man ihre Vormünder ins Hospital abführt; und wie viele gierige Testamentsvollstrecker hätten dann Grund, über mangelnde Gelegenheit zu Raubzügen zu jammern.

Hätte nicht die Börse Ursache, den Verlust ihrer Spekulanten und Makler zu beklagen, ebenso wie der Wohltätigkeitsverein die Einlieferung vieler seiner Direktoren?

Würde nicht Westminster Hall, ebenso wie alle Spielhöllen dieser großen Stadt, vollständig entvölkert werden, und würden nicht die Fachleute an all diesen Orten in ihren Berufen völlig überflüssig werden, da sie jeder weiteren Möglichkeit zur Unehrlichkeit beraubt wären?

Kurz gesagt, ein solches Vorhaben könnte das ganze

Königreich in Verwirrung und Unordnung stürzen, und wir würden feststellen, daß sämtliche Einnahmen des Landes schwerlich ausreichen würden, um eine so große Zahl von Unheilbaren auf diese Weise zu unterhalten, wie zur Aufnahme in unser Hospital berechtigt schienen.

Denn wenn wir nur bedenken, wie unser Land von öffentlichen wie privaten Kartentischen und Spielhäusern wimmelt und wie auch jedes dieser Häuser, ebenso wie die obengenannte Westminster Hall, von Spitzbuben wimmelt, die auf Gewinn ausgehen, oder von Narren, die etwas zu verlieren haben, dann werden wir bald davon überzeugt sein, wie notwendig eine Beschränkung der Zahl der Unheilbaren ist, die zu diesen Gruppen gehören, denn sonst wäre diese Einrichtung nicht in der Lage, außer ihnen noch irgendwelche anderen aufzunehmen.

Wenn jedoch durch diesen meinen Plan die Nation von zwanzig- oder dreißigtausend solcher Unheilbarer befreit werden kann, dann sollte er, so glaube ich, als recht vorteilhaft angesehen werden und der öffentlichen Aufmerksamkeit würdig erscheinen.

Die nächste Art, für die ich gern Vorkehrungen treffen würde und die sich seit vielen Generationen als unerträgliche Plage und Last für das brave englische Volk erwiesen hat, umfaßt jene, die am besten unter der Bezeichnung unheilbarer Xanthippen Aufnahme finden könnten.

Ich gebe zu, daß dies eine Veranlagung von so schrecklicher Natur ist, daß nur wenige Frauen sich zu dem Eingeständnis bereit finden, daß sie in irgendeiner Weise dazu neigen. Und doch soll es kaum einen Pfarrer, Lehrling, Ratsherrn, Landjunker oder Ehegatten geben, der nicht feierlich gerade das Gegenteil versichern würde.

Ich wünschte in der Tat, daß man den Ausdruck Xanthippe gegen ein etwas sanfteres Wort mit gleicher Bedeutung austauschte, denn ich bin davon überzeugt, daß allein schon diese Bezeichnung für weibliche Ohren ebenso anstößig ist, wie die Auswirkungen dieser unheilbaren Krankheit für die männlichen Ohren sind; und das ist tatsächlich unsagbar.

Die Tatsache, daß es schon immer üblich gewesen ist, dieselbe Handlung mit verschiedenen Bezeichnungen zu beehren, nur um nicht Anstoß zu erregen, kann jeder leicht feststellen.

Zum Beispiel: Wie viele Juristen, Rechtsbeistände, Anwälte, Sheriff-Vertreter, ränkevolle Kammerzofen und Geldverwalter machen sich ständig der Erpressung, Bestechung, Unterdrückung und vieler anderer gewinnbringender Spitzbübereien schuldig, um die Börsen jener Leute zu erleichtern, mit denen sie in irgendeiner Weise zu tun haben! Und trotzdem werden alle diese unterschiedlichen Hilfsmittel zur Erlangung eines Vermögens im allgemeinen unter weniger anstößigen Namen wie Gebühren, Sporteln, Trinkgelder, Geschenke, Erkenntlichkeiten und dergleichen geführt, obgleich man sie von Rechts wegen als Räuberei bezeichnen und folglich mit dem Galgen belohnen sollte.

Ja, wie viele ehrenwerte Herren ließen sich aufzählen, die ganz offen aus der Ungerechtigkeit ein Geschäft machen; die das Recht dazu bringen, die Augen zuzudrücken, wenn Macht oder Gewinn seinen Weg kreuzen, und die es verstehen, durch die Laster, den Hader und die Torheit der Menschen reich zu werden; die aber, statt (wie sie es verdienten) durch hart klingende Namen wie Spitzbuben, Diebe und Unterdrücker des Volkes gebrandmarkt zu werden, nur den distinguierten Titel Friedensrichter tragen, in welchem Ausdruck nach allgemeiner Ansicht all die vielen anderen Bezeichnungen enthalten sind.

Doch zurück zum Thema. Als ich mich anschickte, diesen Plan der Öffentlichkeit zum Gebrauch und zur Prüfung zu unterbreiten, hatte ich zunächst die Absicht, einen ganzen Bezirk in dieser Stadt zu überprüfen, um meine Berechnung der Zahl der unheilbaren Xanthippen vollständiger und genauer zu machen. Aber ich fand es unmöglich, meine Untersuchung über mehr als eine Straße auszudehnen.

Zuerst wandte ich mich an einen reichen Bürger in Cornhill, der Ratsherr für seinen Bezirk war. Ich machte ihm gegenüber die Bemerkung, wenn er eine unheilbare Xanthippe in der Nachbarschaft wüßte, hätte ich einige Hoffnung, sie in einer Weise versorgen zu können, die sie daran hindern würde, weiterhin Ärger zu machen. Er verwies mich hocherfreut an seinen nebenan wohnenden Freund, flüsterte mir dann jedoch zu, daß er mich mit viel weniger Mühe und mit größerer Freude aus seiner eigenen Familie beliefern könnte – und bat um das Vorzugsrecht.

Sein Freund nebenan gab bereitwillig zu, daß die Eigenschaften seiner Frau nicht falsch geschildert worden waren und daß er gern einen Beitrag zur Förderung eines so nützlichen Vorhabens leisten würde. Indessen erklärte er nachdrücklich, daß es wenig Zweck habe, die Nachbarschaft nur von einer Frau zu befreien, wenn Unmengen anderer zurückblieben, die ebenso unerträglich seien.

Aus diesem Umstand schloß ich, daß die Zahl solcher Unheilbaren in London, Westminster und Southwark sehr beträchtlich sein würde und daß für ein solches Hospital, wie ich es empfehle, durchaus eine großzügige Unterstützung zu erwarten sei.

Außerdem würde sich die Zahl dieser weiblichen Unheilbaren wahrscheinlich sehr stark erhöhen durch zusätzliche Mengen von alten Jungfern, die dessen überdrüssig sind, daß sie ihre Übellaunigkeit ein halbes Leben lang verbergen mußten, und nun darauf brennen, ihr in der zweiten Hälfte freien Lauf zu lassen. Denn man kann beobachten, daß alte Jungfern ebenso wie Weine mit geringem

Körper mit den Jahren meist nicht angenehmer, sondern unerträglich scharf, sauer und ungenießbar werden.

In dieser Kategorie können wir auch die Einlieferung zahlreicher alter Junggesellen erwarten, besonders solcher, die über Besitz, aber nur sehr mäßigen Verstand verfügen. Ein reicher alter Junggeselle wird nämlich, da er ständig von Schmeichlern, Vettern, armen Verwandten und Erbschleichern umschwärmt wird, die sich um ihrer eigenen Ziele willen seiner Boshaftigkeit und seinen Launen unterwerfen, unmerklich von dieser krankhaften Zanksucht befallen, die sich meist als unheilbar erweist und ihn seinen Freunden unleidlich und seinen Feinden eine Zielscheibe des Spotts werden läßt.

Was die unheilbaren Schreiberlinge angeht (zu deren Gilde ich zu gehören die Ehre habe), so sind sie wahrscheinlich gar nicht zu zählen; folglich wird es vollkommen unmöglich sein, auch nur ein Zehntel ihrer Zunft unterzubringen. Da diese Gruppe von Unheilbaren jedoch gewöhnlich mehr von Armut geplagt ist als irgendeine andere, wird ihre Aufnahme in diese Stiftung eine doppelte Wohltat bedeuten: eine Wohltat für die Welt, für die sie eine Landplage und eine Last darstellen, und eine Wohltat für sie selbst, da sie von Mangel, Verachtung, Fußtritten und vielen anderen Widrigkeiten dieser Art befreit werden, denen sie ständig ausgesetzt sind.

Sogar Grub Street hätte dann Grund zur Freude, wenn sie es erleben könnte, wie so viele ihrer halb verhungerten Lohnarbeiter reich versorgt wären, und das ganze Volk dieser mageren Unheilbaren würde wohl vor Freude jauchzen, daß es aus den Dachstuben und von der Tyrannei der Drucker, Verleger und Buchhändler befreit würde.

Welch ein Sammelsurium von Balladenschreibern, Odenverfassern, Übersetzern, Possendrechslern, Opernschmierern, Biographen, Pamphletisten und Journalisten würde sich in das Hospital drängen, geradezu wie die wilden Tiere, die vor der Sintflut in die Arche Noahs flohen! Welch allgemeine Zufriedenheit würde solch Anblick bei allen auslösen, außer bei den Pastetenbäckern, Krämern, Kerzenmachern und Tabakhändlern, denen allein die Schreibereien dieser Unheilbaren etwas einbrachten!

Oft habe ich mit Bestürzung beobachtet, welche Vielzahl von unheilbaren Gecken man zu jeder Tageszeit zwischen St. James und Limehouse antreffen kann. Sie sind ebenso zahlreich wie Pfaffen aus Wales und ebenso verachtenswert. Wie alle Kaffeehäuser, Theater, Promenaden und privaten Gesellschaften von ihnen wimmeln, wie sie unaufhörlich ihre Liebschaften und jede Art unsinniger Vergnügungen betreiben, wie eifrig sie das Gehabe von Affen nachzuahmen scheinen, so wie die Affen sich bemühen, die Bewegungen der Menschen zu imitieren! Aus derartigen Beobachtungen kam ich zu dem Schluß, daß man der Nation einen hervorragenden Dienst erweisen würde, wenn man den größten Teil dieser Unheilbaren einsperrte, die sämtlich lebende Karikaturen der Menschennatur sind. Und ich bin davon überzeugt, daß ich mit dieser Meinung durchaus nicht allein dastehe.

Was die unheilbaren Ungläubigen und Lügner anbetrifft, so werde ich sie unter der gleichen Rubrik einordnen; ich würde sie auch gern in die gleiche Abteilung des Hospitals einweisen, denn es besteht zwischen ihnen eine viel größere Ähnlichkeit, als allgemein angenommen wird.

Gefallen sie sich nicht in gleicher Weise darin, der Öffentlichkeit Unwahrheiten vorzuspiegeln, und scheinen sie nicht gleichermaßen begierig, für klüger und wichtiger gehalten zu werden als andere Leute? Geben sie nicht beide Darstellungen, deren Unrichtigkeit sie kennen, und stellen nicht beide zuversichtlich Behauptungen auf, von denen sie wissen, daß sie in höchstem Maße Widerspruch erregen müssen?

Die Parallele ließe sich mit Leichtigkeit weiter fortsetzen, wenn die geplante Kürze dieses Essays das zulassen würde. Indessen kann ich nicht umhin, noch anzumerken, von welch riesigen Mengen unheilbarer Lügner die Länder Seiner Majestät überlaufen sind, wieviel Ärger und Nachteil sie der Öffentlichkeit bringen, welch unvorstellbaren Schaden sie Privatpersonen zufügen und wie notwendig solch ein Hospital ist, um das Land von dem Fluch so vieler Unheilbarer zu befreien.

Dieses Leiden tritt in fast ebenso vielen Formen auf, wie es Personen gibt, die davon befallen sind, und in jedem dieser Fälle ist die Medizin machtlos.

Einige lügen zu ihrem Vorteil, wie zum Beispiel Fischhändler, Schmeichler, Kuppler, Rechtsanwälte, Mitgiftjäger und Wahrsager, und andere lügen zu ihrem Vergnügen, wie zum Beispiel Jungfern, Ehefrauen, Witwen und alle anderen, die am Teetisch zusammenkommen.

Einige lügen aus Eitelkeit, wie zum Beispiel Dichter, Maler, Schauspieler, Stutzer, Offiziere und alle jene, die häufig bei großen Empfängen zu finden sind; und andere lügen aus Bosheit, wie zum Beispiel alte Jungfern usw.

Einige lügen, weil es so üblich ist, wie zum Beispiel Liebhaber, Gecken, Lakaien, Matrosen, Handwerker, Kaufleute und Kammerzofen; und andere lügen aus Gefälligkeit oder Notwendigkeit, wie zum Beispiel Höflinge, Kaplane usw. Kurzum, es wäre endlos, wollte man sie alle aufzählen, aber dieser kurze Abriß mag genügen, um uns eine kleine, unvollständige Vorstellung von ihrer Anzahl zu geben.

Was die übrigen Unheilbaren angeht, so darf man wohl mit Recht annehmen, daß sie mindestens den gleichen Anteil ausmachen wie die bereits erwähnten. Hinsichtlich der unheilbaren Huren in diesem Land muß ich jedoch besonders vermerken, daß diejenigen von ihnen, die öffentlich sind und es als ihren Beruf ausüben, schon besondere Hospitäler zur Verfügung hätten, wenn wir nur Richter ohne Leidenschaften und Beamte ohne ein unheilbares Verlangen nach Bestechungsgeldern finden könnten. Diejenigen aber, die privat sind und es zu ihrem Vergnügen betreiben, möchte ich aus zwei Gründen nicht dabei stören:

Erstens, weil es möglicherweise viele vornehme, reiche, zufriedene und ahnungslose Ehegatten kränken könnte, wenn man sie über ihre eigene Schmach und die unverzeihliche Treulosigkeit ihrer Frauen aufklärt; und zweitens, weil es stets unmöglich sein wird, eine Frau daran zu hindern, sich irgendeiner Art von Fehltritt schuldig zu machen, sobald sie fest entschlossen ist, ihn zu wagen.

Nach all diesen Bemerkungen muß jeder vernünftige Mann unweigerlich davon überzeugt sein, daß ein Hospital zur Unterbringung dieser verschiedenen Arten von Unheilbaren für das ganze Land von größtem Nutzen sein würde. Ich glaube daher, daß nun nichts weiter nötig ist, als der Öffentlichkeit zu beweisen, daß solch ein Plan gut auszuführen ist. Dazu gehört erstens eine sichere Methode zur Beschaffung einer jährlichen Einnahme, die zumindest ausreicht, um das Experiment zu starten (welches der übliche Weg zur Gründung von Hospitälern ist), und zweitens die begründete Aussicht, daß ein solches Hospital durch ständige Zuwendungen unterstützt würde. Das würde uns in nur wenigen Jahren die Möglichkeit geben, die Zahl der Unheilbaren auf das Zehnfache derjenigen zu erhöhen, mit der wir billigerweise den ersten Versuch wagen können.

Berechnung der täglichen und jährlichen Ausgaben eines für Unheilbare zu errichtenden Hospitals

	Pfund pro Tag
Unheilbare Narren gibt es fast unendlich viele. Ich würde jedoch zunächst nur zwanzigtausend zulassen. Wenn man dann die Unterhaltskosten pro Person so niedrig wie möglich, nämlich auf nur einen Shilling täglich, berechnet, belaufen sich die täglichen Ausgaben für diese Gruppe auf	1000
Unheilbare Spitzbuben sind womöglich noch zahlreicher, und es gehören auch Ausländer dazu, insbesondere Iren. Ich würde ihre Zahl aber auf etwa dreißigtausend beschränken; das wären	1500
Unheilbare Xanthippen kämen in Mengen aus fast allen Familien im Lande. Tatsächlich dürfen wir, wenn dieses Hospital einen wirklichen Nutzen bringen soll, selbst am Anfang nicht weniger als dreißigtausend aufnehmen, einschließlich der Damen von Billingsgate und vom Leadenhall-Markt. Das macht	1500
Die unheilbaren Schreiberlinge sind zweifellos eine sehr beträchtliche Gesellschaft, und von dieser Kategorie würde ich wenigstens vierzigtausend zulassen, weil anzunehmen ist, daß diese Unheilbaren am meisten einen täglichen Lebensunterhalt entbehren. Und wenn wir nicht die berechtigte Hoffnung hegen könnten, daß viele aus dieser Gruppe richtiger unter die unheilbaren Narren aufgenommen werden, würde ich mich energisch dafür einsetzen, dieser Zahl noch zehn- oder zwanzigtausend hinzuzufügen. Aber ihre genehmigte Zahl ergibt einen Betrag von	2000
Unheilbare Gecken sind sehr zahlreich, und wenn man bedenkt, welche Mengen jährlich aus Frankreich und Italien eingeführt werden, dann können wir nicht weniger als zehntausend zulassen; das wären	500
Unheilbare Ungläubige (wie sie sich zu nennen belieben) sollten in einer Zahl von zehntausend in das Hospital aufgenommen werden. Falls es jedoch zufällig einmal Mode werden sollte, gläubig zu sein, dann wird wahrscheinlich der größte Teil von	

Pfund pro Tag

ihnen nach ganz kurzer Zeit als vollständig geheilt aus dem Hospital entlassen werden. Die Ausgaben für sie wären 500

Unheilbare Lügner sind in allen Teilen des Königreiches unendlich viel vorhanden. Wenn man dabei die Bürgerfrauen, Krämer, Lehrlinge, Zeitungsschreiber, alten Jungfern und Schmeichler in Betracht zieht, dann kann man unmöglich weniger als dreißigtausend zulassen, was sich belaufen würde auf. . . 1500

Unheilbar neidische Leute gibt es in der ganzen Nation in riesigen Mengen. Es steht auch kaum zu erwarten, daß sich ihre Zahl verringern wird, solange einige besondere Personen zur öffentlichen Belohnung für ihre überragenden Fähigkeiten mit Ruhm und Ehre überhäuft werden, während andere, die nach ihrer eigenen Meinung ebenso vortrefflich sind, unbeachtet und in Geringschätzung leben müssen. Da es nun unmöglich wäre, alle zu versorgen, die von dieser Krankheit befallen sind, würde ich zustimmen, versuchsweise zunächst nur zwanzigtausend von ihnen aufzunehmen; und das ergibt 1000

Von den unheilbar Eitlen, Affektierten oder Frechen würde ich wenigstens zehntausend zulassen. Ich bin überzeugt, daß diese Zahl als sehr unbedeutend erscheint, wenn wir alle Arten von Frauen, von der Herzogin bis zur Kammerzofe, einschließen, alle Dichter, die ein wenig Erfolg gehabt haben, besonders auf dem Gebiet des Dramas, und alle Schauspieler die ein klein wenig Beifall gefunden haben. Beträgt nur 500

Aus dieser einfachen Rechnung geht hervor, daß täglich zweihunderttausend Menschen versorgt würden. Die Summe zur Unterhaltung dieser Kollektion von Unheilbaren ist aus der folgenden Zusammenstellung zu ersehen:

Für die unheilbaren		*Pfund pro Tag*
Narren, mit	20000 zu je einem Shilling	1000
Spitzbuben	30000	1500
Xanthippen	30000	1500
Schreiberlinge	40000	2000
Gecken	10000	500
Ungläubigen	10000	500

Lügner	30000		1500
Für die unheilbar			
Neidischen	20000		1000
Eitlen	10000		500
Unterhaltene insges.	200000	Ausgaben insges.	10000

Daraus ergibt sich, daß sich bei einer derartigen Tagesausgabe die Summe in 365 Tagen auf £ 3650000 belaufen wird.

Ich bin völlig davon überzeugt, daß sich leicht eine viel größere Summe als diese aufbringen ließe, bei vollster Zufriedenheit der Untertanen und ohne auch nur im geringsten die Einkünfte der Krone zu schmälern.

In erster Linie könnte ein großer Teil dieser Summe durch freiwillige Beiträge der Bevölkerung aufgebracht werden.

Die Einwohnerzahl Großbritanniens ist auf etwas weniger als acht Millionen berechnet worden, von denen wir, nach äußerst vorsichtiger Schätzung, etwa die Hälfte als Unheilbare betrachten können. Da nun all die verschiedenen Unheilbaren, sei es als Freunde, Bekannte, Ehefrauen, Ehemänner, Töchter, Sachwalter, Eltern, alte Jungfern oder alte Junggesellen, eine unvorstellbare Plage für all jene sind, mit denen sie zufällig zu tun haben, und da keine Aussicht besteht, von dieser Plage befreit zu werden, außer durch solch ein Hospital, welches allmählich erweitert werden könnte, um schließlich alle aufzunehmen, so kann man, glaube ich, nicht daran zweifeln, daß zumindest dreieinhalb Millionen Menschen aus der übrigen Bevölkerung in der Lage und auch willens wären, die geringe Summe von zwanzig Shilling pro Jahr für die Ruhe des Landes, den Frieden in den Familien und zur Ehre der Nation im allgemeinen beizutragen. Dieser Beitrag aber würde der von uns benötigten Summe sehr nahekommen.

Man kann diese Berechnung auch keineswegs als unbegründete Mutmaßung abtun, denn wo gibt es einen Mann von gesundem Menschenverstand, Ehrlichkeit und Güte, der nicht gern eine viel größere Summe aufbringen würde, um von einer Xanthippe, einem Spitzbuben, einem Narren, einem Lügner oder einem Gecken befreit zu werden, der selbstgefällig die Schriften anderer zitiert, oder von einem eitlen, frechen Dichter, der seine eigenen zitiert?

Weiterhin kann man mit Recht annehmen, daß viele junge Edelleute, Ritter, Junker und verschwenderische Erben mit sehr großen Gütern in unser Hospital kämen. Ich würde vorschlagen, daß das jährliche Einkommen aus den Gütern jedes dieser Unheilbaren dem Haus zur Verwendung zugewiesen werden sollte. Außer diesen aber wird es sicherlich viele alte Geizkragen, Ratsherren, Richter, Direktoren von Gesellschaften, Juristen und Kaufleute aller Art geben, die ein ungeheures persönliches Vermögen besitzen und in entsprechendem Maße an das Hospital zahlen sollten.

Doch damit ich hier nicht fälschlich so verstanden werde, als schlüge ich einen ungerechten oder tyrannischen Plan vor, will ich meine Absicht näher erklären.

Nehmen wir einmal an, ein junger Edelmann mit Einkünften von zehn- oder zwanzigtausend Pfund pro Jahr würde dort als Unheilbarer aufgenommen. Dann würde ich nur einen solchen Teil seines Vermögens zur Erhaltung des Hospitals beanspruchen, wie er selbst ausgeben würde, wenn er frei wäre. Und nach seinem Tode würde der Gewinn aus seinem Besitz ganz normal dem nächsten rechtmäßigen Erben, ob männlich oder weiblich, zufallen.

Mein Grund für diesen Vorschlag liegt aber darin, daß beträchtliche Vermögen, die unter der Verwaltung solcher Unheilbarer wahrscheinlich für Hunde, Pferde, Huren, Gauner, Ärzte, Schneider, Kuppler, Possenreißer oder Architekten draufgingen, auf diese Weise einen wirklichen

Nutzen, sowohl für die Öffentlichkeit als auch für die Besitzer selbst, bringen würden. Vielleicht ist das sogar die einzige Methode, die sich finden läßt, um solche jungen Verschwender überhaupt einmal zum Wohl ihres Landes beitragen zu lassen.

Obgleich die Besitzungen der verstorbenen Unheilbaren auf die nächsten Erben übergehen könnten, würde dem Hospital vermutlich kein großer Nachteil daraus erwachsen, denn sehr wahrscheinlich würden die meisten dieser Erben nach und nach in der einen oder der anderen Kategorie ebenfalls aufgenommen werden und folglich ihre Besitzungen wieder in die Nutzung des Hospitals übergehen.

Was die reichen Geizkragen usw. betrifft, so würde ich ihr privates Vermögen genau überprüfen und taxieren lassen, denn wenn sie alte Junggesellen sind (wie das häufig der Fall ist), sollte ihr ganzes Vermögen der Stiftung zufallen. Wenn sie aber verheiratet sind, würde ich zwei Drittel ihres Vermögens ihren Familien zum Unterhalt lassen. Diese Familien würden mit Freuden das restliche Drittel und vielleicht sogar noch mehr drangeben, um solche mürrischen und unangenehmen Familienväter loszuwerden.

Wenn man von den zweihunderttausend Unheilbaren die vierzigtausend Schreiberlinge abzieht, die sich natürlich in einer sehr schlechten Lage befinden, ließen sich, glaube ich, unter den restlichen hundertsechzigtausend Narren, Spitzbuben und Gecken so viele mit großen Besitzungen und ausreichendem Vermögen finden, daß sie mindestens zweihunderttausend Pfund pro Jahr aufbringen könnten.

Als weiteren Beitrag zu unserer Stiftung würde ich eine Steuer auf alle Inschriften und Grabsteine, Denkmäler und Obelisken legen, die zu Ehren der Toten errichtet werden, und auf Siegessäulen und Trophäen zu Ehren der Lebenden, denn diese Gegenstände fallen naturgemäß und zu Recht unter die Rubrik Lügen, Stolz, Eitelkeit usw.

Wenn alle Inschriften im ganzen Land unparteiisch untersucht würden, um jene zu besteuern, die als nachweislich falsch oder schmeichelhaft erscheinen, dann würde sicher nicht ein Fünftel der Gesamtzahl aus solch einer Überprüfung frei hervorgehen.

Man würde dann feststellen, daß manch ein ehrgeiziger Unruhestifter fälschlich mit dem Titel eines Patrioten versehen wurde und daß manch einem Richter in Middlesex unberechtigt nachgesagt wird, er ruhe in Hoffnung auf die Erlösung.

Daß mancher Wucherer durch die Bezeichnungen ehrlich und bescheiden diskreditiert wird und mancher Rechtsanwalt durch die Charakterisierung als gewissenhaft und gerecht.

Daß mancher britische Staatsmann und General mit mehr Ehre vermodert, als er zu Lebzeiten besaß, und daß sein Staub sich eines besseren Rufes erfreut als einst sein lebendiger Leib.

Daß viele langweilige Geistliche fälschlich als beredt hingestellt werden und ebenso viele dumme Ärzte als gelehrt.

Doch ungeachtet des großen Umfangs einer Steuer auf solche monumentalen Hochstapeleien, werde ich nur auf zwanzigtausend zu je fünf Pfund pro Jahr rechnen, was eine jährliche Summe von einhunderttausend Pfund ergeben wird.

Zusätzlich zu diesen Jahreseinkommen würde ich das Parlament unseres Landes um das Privileg von zwei Lotterien im Jahr bitten, durch die das Hospital einen Reingewinn von zweihunderttausend Pfund erhalten würde. Eine solche Bitte kann auch keineswegs als außergewöhnlich angesehen werden, da sie dem Nutzen von Narren und Spitzbuben dienen würde, was der einzige Grund dafür war, daß in diesem Jahr eine Lotterie genehmigt wurde.

Endlich noch würde ich den Besitz des Mr. Richard

Norton hinzufügen, und um seinem Andenken alle nur mögliche Ehre zu erweisen, würde ich im ersten Raum des Krankenhauses oder in jedem anderen, der besser dafür geeignet scheint, sein Standbild errichten. Auf diesem Denkmal aber würde ich eine lange, von seinen engsten Freunden verfaßte Inschrift zulassen, die auf alle Zeit von der Steuer befreit bliebe.

Aus diesen Punkten würden also jährlich folgende Summen eingehen:

	Pfund jährlich
Aus freiwilligen Beiträgen	3 500 000
Aus den Besitzungen der Unheilbaren	200 000
Durch die Steuer auf Grabsteine, Denkmäler usw. (das von Mr. Richard Norton immer ausgenommen) . .	100 000
Durch zwei jährliche Lotterien	200 000
Durch den Besitz des Mr. Richard Norton	6 000
Insgesamt	4 006 000
Da die für das Hospital notwendige Summe	3 650 000
beträgt, werden darüber hinaus noch jährlich	356 000
übrigbleiben.	

Diese Summe von 356 000 Pfund sollte zur Errichtung des Gebäudes und zur Bestreitung von Nebenausgaben in solch einer Weise verwendet werden, wie sie zur Förderung der Ziele des Hospitals am besten geeignet erscheint. Ihre ganze Verwaltung aber sollte dem Geschick und der Umsicht jener überlassen bleiben, die als Direktoren eingesetzt werden.

Es könnte sich allerdings als ein wenig schwierig erweisen, einen geräumigen Ort auszuwählen, der groß genug für ein Gebäude dieser Art wäre. Ich hätte nicht übel Lust, den Versuch zu machen, ganz Yorkshire einzuhegen, wenn ich nicht fürchten müßte, daß es mit so vielen unheilbaren Spitzbuben eigener Erzeugung übervölkert wäre, daß überhaupt kein Platz für die Aufnahme irgendwelcher anderer bliebe, durch welchen Umstand unser ganzes Projekt für einige Zeit verzögert werden könnte.

Damit habe ich diese Angelegenheit so deutlich wie möglich beleuchtet, damit jedermann die Notwendigkeit, Nützlichkeit und Ausführbarkeit dieses Planes beurteilen kann; ich werde nun nur noch ein paar verstreute Hinweise geben, die mir nicht ganz unnütz erscheinen.

Ich glaube, der jeweilige Premierminister sollte sehr viel zu solch einer Stiftung beitragen, denn durch seine hohe Stellung und seine Verdienste muß er notwendigerweise eine große Anzahl mit Neid, Haß, Falschheit und anderen derartigen Krankheiten vergiften und folglich das Hospital in jedem Jahr mit vielen Unheilbaren beliefern.

Es wäre mein Wunsch, daß die zur Leitung dieses Hospitals berufenen Direktoren einige Anzeichen von Religion und Gottesglauben hätten (wenn so etwas möglich wäre), denn jene, die als unheilbare Ungläubige, Atheisten, Deisten und Freidenker eingeliefert werden – und die meisten dieser Sippschaft sind es nur aus Stolz, Selbstgefälligkeit und Heuchelei –, könnten vielleicht allmählich zu Gläubigen werden, wenn sie sähen, daß es zum guten Ton des Ortes gehört, an dem sie leben.

Wenn es auch nicht üblich ist, daß die Einwohner irischer Abstammung in unserem Lande irgendwelche Förderung erfahren, wäre ich dafür, daß man hier einmal dieses nationale Vorurteil völlig außer acht läßt, und ich würde um des Ansehens beider Länder willen darum bitten, daß eine große Abteilung im Hospital besonders für Iren eingerichtet wird, die sich durch Spitzbüberei, Unzucht oder Mitgiftjägerei für die Aufnahme qualifiziert haben, denn deren Zahl wäre sicher sehr beachtlich.

Ich würde ferner darum bitten, daß man einen Vater, der sich darüber freut, seinen Sohn mittels einer Reise von London nach Paris in einen Laffen oder Gecken verwandelt zu sehen, zusammen mit dem jungen Mann in das Hospital schickt, weil er ein absolut unheilbarer alter Narr ist.

Wenn ein Dichter glücklich etwas hervorgebracht hat, besonders auf dem Gebiet des Dramas, das vom Publikum leidlich gut aufgenommen wurde, sollte er sofort in das Hospital eingeliefert werden, denn stets ist unheilbare Eitelkeit die Auswirkung eines kleinen Erfolges. Wenn seine Werke aber schlecht aufgenommen werden, dann sollte er als Schreiberling Zutritt erhalten.

Meine Hoffnung geht dahin, auf Grund der großen Mühe, die ich mir mit diesem Plan gegeben habe, als einer der schreibenden Unheilbaren in die Einrichtung eingelassen zu werden. Als zusätzliche Gunst aber bitte ich inständig darum, mich nicht in eine Abteilung mit einem Dichter zu stecken, der sein Genie für die Bühne verwendet hat, denn er wird mich durch ständiges Rezitieren seiner eigenen Werke töten, und man weiß ja, daß es äußerst schmerzlich ist, irgendeinen Unsinn zu ertragen – außer unserem eigenen.

Der private Grund, weshalb ich mich so zeitig um die Aufnahme bewerbe, ist in der Feststellung zu suchen, daß Plänemacher und Spekulanten sich meist an den Bettelstab bringen. Wenn ich aber als unheilbarer Narr oder Schreiberling in dem Hospital versorgt werde, wird diese abschreckende Feststellung wenigstens einmal öffentlich widerlegt, und meine Leidensgefährten können einer öffentlichen Belohnung für ihre Anstrengungen sicher sein.

Wie ich zugeben muß, macht mich der Gedanke in höchstem Grade glücklich, daß, obgleich in dieser kurzen Abhandlung die Charaktere von vielen Tausenden aus der ungeheuren Vielzahl von Unheilbaren enthalten sind, sich vermutlich keine einzelne Person beleidigt fühlen wird; denn es ist natürlich, lächerliche Charaktere auf die ganze Welt zu beziehen, nur nicht auf sich selbst. Und ich gehe so weit zu behaupten, daß die unheilbarsten Narren, Spitzbuben, Xanthippen, Gecken, Schreiberlinge oder Lügner im ganzen Land eher alle ihre Bekannten als von jenen Krankheiten befallen aufzählen würden, als sich nur einmal vorzustellen, daß sie selbst in irgendeiner Weise für ein solches Hospital in Frage kämen.

Ich hoffe in der Tat, daß unsere weisen Gesetzgeber diesen Plan ernsthaft in Erwägung ziehen und eine Stiftung gründen werden, die für so viele nutzlose Untertanen Seiner Majestät von solch großem Vorteil sein wird und die zu gegebener Zeit vielleicht sogar ihnen selbst und ihren Nachkommen von Nutzen sein kann.

Aus meiner Dachkammer in Moorfields, den 20. August 1733.

Betrachtungen über einen Besenstiel

Im Stil und nach Art der Betrachtungen
des Ehrenwerten Robert Boyle
Geschrieben im Jahre 1703

Utile dulci

Diesen einzelnen Stock, den du jetzt schmachvoll in jenem unsauberen Winkel liegen siehst, habe ich noch in vollem Wuchs inmitten des Waldes gekannt: Da strotzte er vor Kraft, da war er voller Blätter und Zweige; jetzt aber müht sich die rührige Kunst des Menschen vergebens, mit der Natur zu wetteifern, indem sie ihm dieses trockene Reiserbüschel an den saftlosen Stamm bindet: Er ist nun höchstens noch das Gegenteil von dem, was er einst war, ein umgekehrter Baum, die Zweige auf der Erde und die Wurzeln in der Luft. Jetzt greift jede schmutzige Magd nach ihm, der dazu verdammt ist, sich für sie abzuplagen, und dem eine Laune des Schicksals bestimmt hat, anderes zu säubern, selbst aber widerlich zu sein. Ist er im Dienste der Mägde schließlich bis auf den Stumpf abgenutzt, wird er entweder zur Tür hinausgeworfen oder gar noch zum letzten Gebrauch verurteilt, nämlich zum Feueranmachen. Als ich dies erschaute, da kam mir ein Seufzer an, und ich sprach bei mir: *Wahrlich, der Mensch ist ein Besenstiel!* Die Natur sandte ihn in die Welt: stark und lebensvoll, in blühender Verfassung, auf dem Haupte sein eigenes Haar tragend, gleichsam das Gezweig dieses denkenden Gewächses, bis dann die Axt der Ausschweifung ihm die sprossenden Zweige abschlug und ihn zum dürren Stamm verwandelte. Alsdann nimmt er Zuflucht zur Kunst, setzt sich eine Perücke auf und hält sich etwas zugute auf ein (über und über mit Puder bedecktes) unnatürliches Haarbüschel, das niemals auf seinem Kopf gewachsen ist. Wollte sich nun aber hier unser Besenstiel anmaßen, so auf den Schauplatz zu treten, stolz auf jene Birkenreiser, die ihm selbst nicht entsprossen, und über und über mit Staub bedeckt, und sei er auch aus dem Zimmer der feinsten Dame zusammengefegt, so würden wir ihn doch ob seiner Eitelkeit verspotten und verachten. Was sind wir doch für parteiische Richter über unsere eigenen Vortrefflichkeiten und die Fehler anderer!

Aber ein Besenstiel, wird man vielleicht einwerfen, ist das Sinnbild eines auf den Kopf gestellten Baumes. Und bitte, was ist denn der Mensch anders als ein ganz und gar verkehrtes Wesen? Dessen animalische Eigenschaften ständig über seinen Verstand triumphieren, dessen Kopf dort ist, wo er die Füße haben sollte, und der wie ein Wurm im Staube kriecht! Und doch spielt er sich bei all seinen Fehlern als Weltverbesserer und Überwinder von Mißständen auf, als Tilger des Unrechts, stöbert er in jedem Schmutzloch der Natur herum, um verborgenen Unflat ans Tageslicht zu befördern, und wirbelt Wolken von Staub auf, wo vorher keiner war; und die ganze Zeit über ist er selbst aufs tiefste besudelt von den Schmutzigkeiten, die er hinwegzufegen vorgibt. Seine letzten Tage verbringt er als Sklave der Weiber, und meist der unwürdigsten, bis er, abgenutzt bis zum letzten, gleich seinem Bruder, dem Besen, entweder zur Tür hinausgeworfen wird oder aber dazu herhalten muß, Flammen zu entzünden, an denen sich andere wärmen.

Menschen ohne Rückgrat

Dies die Beschreibung. Einen Namen wollt Ihr?
Dann ist ein Erzschelm der, der ehrlich heißt.
Ben Jonson

Kein Talent ist so nützlich, um in der Welt hochzukommen, keines macht die Menschen vom Glück unabhängiger als die Eigenschaft, die den stumpfsten Menschen gegeben ist und, wie man sich im allgemeinen ausdrückt, darin besteht, kein Rückgrat zu besitzen. Es ist eine Art niederer Klugheit, mit deren Hilfe die geringsten und mittelmäßigsten Leute ohne weitere Begabungen in aller Gemütsruhe ihren Weg in der Welt machen. Man behandelt sie überall gut. Sie können weder Anstoß nehmen noch geben. Höfe sind selten frei von Menschen dieses Charakters. Wenn sie zufällig von hohem Range sind, fallen natürlich die meisten Ämter, sogar die größten, an sie, sobald die Mitbewerber nicht angenehm sind. Bei solchen Berufungen freut oder ärgert sich niemand. Wie richtig diese Wahrnehmung ist, könnte ich durch verschiedene Beispiele aus meiner Erinnerung belegen (denn über die gegenwärtige Zeit sage ich nichts).

Da nun tatsächlich Regelmäßigkeit und eingespielte Formen beim Weiterführen der Geschäfte dieser Welt äußerst nützlich sind, ist es sehr bequem, daß diese Menschen ohne Rückgrat so weit an der Führung der Geschäfte teilnehmen, wie es ihren Talenten entspricht. Sie sollen sich aber keineswegs in Dinge mischen, die Genie, Wissen, umfassendes Verständnis, schnelle Auffassungsgabe, Edelmut, Großzügigkeit, Scharfsinn oder andere höhere Gaben des menschlichen Geistes voraussetzen. Denn diese Art von Menschen ohne Rückgrat hat gewöhnlich ausgesprochene Geldgier und wenig Gewissensnöte über die Art daranzukommen. Sie schafft es mit kriecherischer Schmeichelei und Unterwürfigkeit. Ihr fehlt jedes Gemeinschaftsgefühl und jeder Sinn dafür. Wenn die Besitzer dieser Rückgratlosigkeit in Macht und Stellung kommen, beurteilen sie die Menschen, die sie begünstigen und bevorzugen, ständig falsch. Sie haben kein Maß für Verdienst und Tüchtigkeit bei anderen, sondern kennen nur die Treppenstufen, die sie selbst hinaufgestiegen sind. Ihnen fehlt auch die geringste Aufmerksamkeit dafür, ob sie Gutes tun oder der Öffentlichkeit schaden. Jeder von ihnen dient wahrscheinlich nur seiner Sicherheit und seinen Interessen. So bleiben sie unberührt von aller Freundschaft und Feindschaft. Niemals beklagen sie sich und niemals finden sie die Zeiten schlecht. Sie haben auch tatsächlich niemals Grund dazu.

Männer von hervorragenden Anlagen und Fähigkeiten erheben sich manchmal an den Höfen, manchmal im Gerichtswesen und zuweilen sogar im kirchlichen Leben. Von dieser Art waren Lord Bacon, der Earl of Strafford und Erzbischof Laud während der Regierungszeit König Karls I. und andere in unserer Zeit, die ich nicht nennen möchte. Aber diese und viele andere gerieten unter verschiedenen Fürsten und in verschiedenen Königreichen in Ungnade, wurden verbannt oder erlitten die Todesstrafe. Sie fielen nur durch den Neid auf ihre Tüchtigkeit und ihr überlegenes Genie. In kritischer Lage und in der Bedrängnis des Staates wagten sie es, ihrem Fürsten und ihrem Lande außerhalb der üblichen Formen zu dienen. Dabei fehlte ihnen natürlich die vernünftige und mäßigende Abgeordnetentugend der Rückgratlosigkeit.

Dieses Mißgeschick, das regelmäßig außerordentlichen Menschen beim Führen der großen Staatsgeschäfte begegnet, hat man verschieden erklärt. Es braucht aber hier nicht weiter ausgeführt zu werden, wenn offensichtlich das geschieht, was ein gewisser Schriftsteller beobachtet und ausgedrückt hat. Er sagt: »Wenn ein großer Genius in der Welt erscheint, vereinen sich alle Dummköpfe gegen ihn.« Wenn dies schon sein Schicksal ist, solange er seine Gaben ganz im stillen braucht, ohne dem Ehrgeiz oder der Habgier eines Menschen in die Quere zu kommen, was muß er erwarten, wenn er sich herauswagt, um an einem Hofe hochzukommen? Nur geschlossene Gegnerschaft, wenn er die Leiter emporsteigt. Jede Hand ist bereit, ihn abstürzen zu lassen, wenn er an der Spitze ist. Und in diesem Punkte handelt das Glück geradezu der Natur entgegengesetzt; denn in der Natur finden wir, daß Körper voller Leben und geistiger Kraft leicht aufsteigen und nur schwer fallen, wohingegen schwere Körper nur mühsam steigen und mit größerer Geschwindigkeit herunterkommen: Bei uns aber verhält sich das Glück jeden Tag gerade umgekehrt.

Das Talent, kein Rückgrat zu besitzen, wie ich es mit seinen verschiedenen zugehörigen Eigenschaften und Nebenumständen beschrieben habe, ist nirgendwo so dienlich wie bei der Geistlichkeit. Bei ihrem Vorankommen wirkt nichts so vernichtend wie das charakterliche Merkmal der geistigen Bildung und Belesenheit, sichere Umgangsformen oder jene Art der Haltung, die wir im Umgang mit Personen von hoher Stellung und Würde annehmen. Diese Befähigungen werden von den Gemeinen aller Rangstufen als Kennzeichen der Leichtfertigkeit angerechnet und verdammt. Sie sind der letzte Frevel, den die Welt einem Geistlichen verzeiht. Dem könnte ich noch hinzufügen: eine ungezwungene Art des Sprechens in bunter Gesellschaft und zu häufiges Erscheinen an vielbesuchten Treffpunkten, beides ist für das Weiterkommen im geistlichen Beruf ebenso schädlich.

Mir sind indes ein paar Ausnahmen von den einzelnen Beobachtungen aufgefallen. Ich habe gesehen, wie einige der stumpfsten Menschen sich um Geist bemühten, und andere mit ebenso geringen geistigen Ansprüchen Gewandtheit im Umgang und im Gespräch erstrebten. Sie konnten aber niemals die Welt von der Echtheit ihres Seitensprunges überzeugen. Sie kamen schließlich in beachtliche Stellungen, weil alle Leute von ihrer Rückgratlosigkeit fest überzeugt waren. Sie wirkten nämlich einen Grad zu niedrig, um die Welt zu ihrem eigenen Nachteil zu täuschen. Ich gebe aber zu, daß dieses Verfahren zu gefährlich ist, um oft angewendet zu werden. Einst bewarben sich, wie ich mich erinnere, zwei Geistliche als Kandidaten um eine kleine Schule in Yorkshire. Ein Herr von Rang und Einfluß im Lande, der seinen Nachbarn an Einsicht überlegen war, verschaffte dem die Stelle, der der bessere Gelehrte und der gebildetere Mensch war, sehr zum Bedauern der ganzen Pfarrei. Der andere ging enttäuscht nach London, wo er das beste Muster der Rückgratlosigkeit wurde, das ich je gekannt habe. Er war schwerfälligen Geistes und besaß neben einem kalten, gleichgültigen Temperament eine Wichtigkeit des Auftretens, die ihn sicher über viele Schwierigkeiten hinwegtrug. Er lebte und starb in hoher Stellung, während sein Mitbewerber zu gering war, um in einem ruhmvollen Bericht weiterzuleben.

Diese besondere Rückgratlosigkeit, die ich so herzlich feiere und empfehle, hat einen noch nicht erwähnten Vorteil. Sie trägt einen Mann sicher durch alle Bosheit und allen Wechsel des Parteigetriebes. So weit, daß er seinen Anspruch auf einen Anteil, an dem, was gerade gängig ist, gewöhnlich erheben darf, gleich, welche Partei zufällig oben ist. Diese Erscheinung kommt mir höchst vernünftig vor. Denn bei allen großen Änderungen geht die gewinnende Seite meist so stürmisch zu Werk, daß sie den Ballast derer braucht, die die Welt ›gemäßigte Männer‹ nennt. Ich bezeichne sie als ›Menschen ohne Rückgrat‹. Die Leute, die an der Macht sind, können sie ohne weitere Umstände so schwer beladen, wie es ihnen paßt. Sie können sie durch die unebensten und dunkelsten Straßen treiben ohne Gefahr, daß sie zu Boden gehen oder sich den Rücken brechen. Und sie können gewiß sein, daß sie weder störrisch noch bösartig werden.

Ich will hier dem Leser eine kurze Geschichte erzählen von zwei Geistlichen in England, von ihren Charakteren und von den Stufen ihrer Laufbahn in dieser Welt. Die Macht der weltlich gesinnten Rückgratlosigkeit und die traurigen Folgen, die beim Fehlen dieser Tugend entstehen, sollen deutlich sichtbar werden.

Corusodes war Student in Oxford und eines Bauern Sohn. Er fehlte niemals beim Gebet oder in der Vorlesung und auch kein einziges Mal im Kolleghaus, nachdem die Glocke geläutet hatte. Jeden Tag hockte er zehn Stunden in seinem Arbeitsraum, las seine mitgeschriebenen Vorlesungen durch, döste, schnitt Papiere zurecht oder stopfte seine Strümpfe, was er bewunderungswürdig gut fertigbrachte. Er konnte sich ernsthaft betrinken – auf Kosten anderer, mit dem Bier des Kollegs –, und bei diesen Gelegenheiten war er immer sehr fromm. Er trug den gleichen Talar fünf Jahre lang, ohne ihn schmutzig zu machen oder zu zerreißen. Kein einziges Mal sah er einen Bilderband oder ein Gedicht an. Er las Vergil und Remus im gleichen Tonfall, aber mit sehr unterschiedlichem Geschmack. Er vertrug keinen Spaß und war allem Geistvollen gegenüber ohne das geringste Verständnis.

Wegen einer bestimmten Äußerung ist er noch heute berühmt. Als er mit einigen anderen Studenten bei einem Krug Bier saß, erzählte einer aus der Gesellschaft so viele heitere Geschichten, daß die übrigen sehr lustig wurden; nur Corusodes bleib schweigsam und unberührt. Als sie sich trennten, rief er seinen fröhlichen Gefährten beiseite und sagte: »Mein Herr, an Ihrem häufigen Sprechen und am Lachen unserer Freunde erkenne ich, daß Sie viel Scherze erzählt haben. Sie mußten mein Stillschweigen bemerken. Aber, mein Herr, so ist mein Humor; ich mache niemals selbst einen Scherz und lache niemals über den eines anderen Menschen.«

So erhielt Corusodes die Priesterweihe, nachdem er durch äußersten Geiz und in einer sehr ärmlichen studentischen Kameradschaft vierunddreißig Pfund gespart hatte. Er ging nach London, wo seine Schwester Kammermädchen bei einer Dame und eine so gute Fürsprecherin war, daß er durch sie die Erlaubnis erhielt, zweimal täglich in der Familie Gebete zu lesen, für zehn Shilling im Monat. Er hatte jetzt eine langsame, unterwürfige und plumpe Verbeugung und ein gewisses Talent für grobe Schmeichelei zu rechter und unrechter Zeit entwickelt. Er schüttelte dem Hausmeister die Hand, er brachte dem Pagen den Katechismus bei und durfte manchmal am Tisch des Aufwärters mitessen. Kurz, er machte sich im ganzen Hause beliebt und wurde von der Dame an ein anderes gutes Haus als Kaplan empfohlen, wodurch seine Einkünfte (außer den Abschiedsgeschenken) auf dreißig Pfund im Jahr stiegen. Seine Schwester verschaffte ihm eine schöne Halsbinde mit Schleife von dem Lord selbst (der eine kleine galante Absicht auf sie hatte), und durch die Fürsprache seiner Lordschaft erhielt er eine Hilfspredigerstelle zu sechzig Pfund im Jahr. Er predigte dauernd in eigener Person, in gewichtiger Weise, mit sehr hörbarer Stimme, in sehr kirchlichem Stile und im Inhalt dem Verständnis seiner Hörer angepaßt. Einige Zeit später konnte Seine Lordschaft über eine Landpfarre verfügen, und da er jetzt durch Erfolge in seiner Liebesgeschichte etwas ermuntert worden war, verlieh er die Pfründe Corusodes, der noch seine Hilfspredigerstelle und seinen Wohnsitz in der Stadt beibehielt. Dort nahm er ständig an allen Wohltätigkeitsversammlungen teil, ohne jemals etwas mehr als seine häufigen frommen Ermahnungen beizusteuern. Wenn in seiner Pfarre eine bessergestellte Frau zufällig einmal in der Kirche fehlte, konnte sie am nächsten oder übernächsten Tage sicher mit seinem Besuch rechnen. Er kam, um zu tadeln und – mitzuessen.

Er hatte eine gut ausgesuchte Anzahl von Armen, die ständig am Straßeneingang seiner Wohnung warteten und für die er gewohnheitsmäßig bei seiner früheren Gönnerin vorsprach. Bei den Sammlungen ließ er seine eigene halbe Krone dazufallen, und nahm sie wieder heraus, wenn er das Geld verteilte. Im Hause einer hochgestellten Persönlichkeit setzte er sich nur, wenn man ihn dreimal aufgefordert hatte, und dann auf die Kante des entferntesten Stuhles. Sein ganzes Betragen war förmlich und gezwungen und hing ihm so fest an, daß er es auch bei seiner höchsten Berufung nicht mehr abschütteln konnte.

Sein Lord stand jetzt in hohem Amte bei Hofe, und er ging ihm mit der unterwürfigsten Dienstfertigkeit zur Hand. Als seine Schwester mit einem Kind in eine zurückgezogene Wohnung verschwunden war, setzten Seine Lordschaft seine Gnadenbeweise an Corusodes selbst fort. Er sorgte für seine Ernennung zum ordentlichen Kaplan und nach angemessener Zeit für eine Pfarrei in der Stadt und eine entsprechende kirchliche Würde.

Corusodes bezahlte seine Kuraten pünktlich, zum niedrigsten Satz und teilweise vom Kommunionsgelde, er gab ihnen aber guten Rat im Überfluß. Er heiratete die Witwe eines Bürgers, die ihm beibrachte, wie man kleine Beträge zu zehn vom Hundert ausleiht. Sie verschaffte ihm auch die Bekanntschaft von Spekulanten in der Börsengasse. Mit Hilfe ihrer Geschicklichkeit verhandelte er das freigewordene Pfarrschreiberamt.

Er hielt ein elendes Haus, aber die Schuld fiel völlig auf

›Madame‹, denn der gute Doktor saß immer hinter seinen Büchern, besuchte die Kranken oder tat andere Werke der Wohltätigkeit oder Frömmigkeit in seiner Pfarrei.

Alle ihm unterstellten Geistlichen behandelte er mit scheinheiligster Überheblichkeit. Gegen seine Amtsbrüder war er streng und tadelsüchtig, wenn sie zum ersten Male in der Gesellschaft auftauchten oder wenn sie im geringsten bevorzugt wurden. Laien von hohem Rang oder großem Vermögen begegnete er mit äußerster Duldsamkeit; für ihre Fehler hatte er weder Augen noch Ohren. Er war niemals empfindlich gegenüber dem unwürdigsten Zustand bei Hofe, im Parlament und in den Ministerien. Er legte alle öffentlichen Maßnahmen auf das günstigste aus. Er hatte viele heilsame Kernsprüche bereit, um alle Mißstände im Staate zu entschuldigen: Menschen sind nur Menschen; Erunt vitia donec homines; Quod supra nos, nihil ad nos und einige andere von gleichem Gewicht.

Ich müßte meinen Bericht übermäßig verlängern, um das ganze System seines Verhaltens aufzuzeichnen; seine schreckliche Auffassung vom Papsttum, seine große Mäßigung gegenüber den Freikirchlichen aller Benennungen, mit den herzlichen Wünschen, daß durch ein wenig Nachgeben auf beiden Seiten eine allgemeine Einigung unter den Protestanten erfolgen möge; seine kurzen, harmlosen Predigten, wenn er bei Hofe an der Reihe war und das Thema genau zu der gegenwärtigen Höchstgeltung der herrschenden Anschauungen paßte; seine Künste, eine Bischofsmütze zu erhalten, indem er gegen die Bischöfe schrieb; und die Beweise, die er von seiner Königstreue gab, indem er den Mord an einem zum Märtyrer gemachten Fürsten (aus einem anderen Hause) beschönigte oder verteidigte.

Wir verlassen ihn, ausgerüstet mit seinen ganzen ausgeklügelten Fertigkeiten, mitten in der Laufbahn zum Erfolge und in schnellem Aufstieg zur Spitze auf der Leiter der kirchlichen Würden. Er wird sie sehr wahrscheinlich erreichen, ohne das Verdienst einer einzigen Tugend, sehr mäßig versehen mit den geringwertigsten Kenntnissen und gänzlich frei von jedem Geschmack, jeder Urteilskraft und jedem geistigen Schwung. In seiner Erhabenheit wird ihm natürlich auch daran liegen, andere nach sich emporzuziehen, deren Fertigkeiten seinen eigenen ähneln, vorausgesetzt, daß sich seine geliebten Söhne, Neffen oder andere Verwandte nicht mitbewerben. Seine Geneigtheit darf allerdings nicht von denen in Anspruch genommen sein, die die Macht haben, ihn unter Druck zu setzen oder weiter zu fördern.

Eugenio begann seine Laufbahn an der gleichen Universität und etwa zur gleichen Zeit wie Corusodes. Er hatte in der Schule den Ruf eines Mordskerls und unglücklicherweise dichterisches Talent. Deswegen erhielt er viele mahnende Briefe von seinem Vater und ernste Vorstellungen von seinem Mentor. Er vernachlässigte seinen Lehrstoff am Kolleg nicht, aber sein Hauptstudium galt den alten Dichtern und der vollen Beherrschung der griechischen und römischen Sprache. Er brachte es niemals zum begünstigten und geförderten Kollegmitglied, denn man wandte gegen ihn ein, er habe Gedichte geschrieben, einige sogar gegen einen gewissen ehrwürdigen Doktor, der wegen seines Stumpfsinns berühmt war. Außerdem hatte man beobachtet, wie er sich vor Damen verbeugte, als er sie auf der Straße traf, und es hatte sich als wahr herausgestellt, daß er einst im Familienkreise mit einem halben Dutzend Personen beiderlei Geschlechts getanzt hatte.

Er war der jüngere Sohn eines angesehenen Mannes von guter Herkunft aber kleinem Einkommen. Als sein Vater starb, trieb es ihn nach London, sein Glück zu suchen. Er wurde geweiht, und man machte ihn zum Vorleser in einer Pfarrkirche für zwanzig Pfund im Jahr. Ein Oxforder Freund führte ihn in Will's Kaffeehaus ein, wo sich damals die Männer von Geist trafen; dort hatte er einige Zeit später das zweifelhafte Glück, ausgezeichnet zu werden. Sein karges Gehalt zwang ihn, große Schulden zu machen, um sich einen neuen Talar und einen Priesterrock zu kaufen. Dann und wann mußte er nun etwas Geistreiches oder Witziges schreiben oder eine Predigt für zehn Shillinge halten, um sich mit dem Notwendigsten zu versorgen. Tausendmal erhielt er von seinen poetischen Freunden Empfehlungen an hochgestellte Persönlichkeiten. Man bezeichnete ihn als einen jungen Mann mit ausgezeichneter Begabung, der Unterstützung verdiene. Man machte ihm tausend Versprechungen. Aber seine Bescheidenheit und seine großgeartete Denkweise, die die Sklaverei des ständigen Bettelns und Drängens verachteten, brachten ihm immer wieder Enttäuschungen. So machte er für wachsame Dummköpfe Platz, die bestimmt niemals außer Sichtweite waren.

Er konnte ausgezeichnet predigen, wäre er nur nicht manchmal ein wenig zu gebildet und geneigt gewesen, zu sehr auf seine eigene Art des Denkens und Ergründens zu vertrauen.

Wenn eine bessere Stelle frei wurde und er mühsam bei irgendeinem viel versprechenden Lord auf sich aufmerksam gemacht hatte, erhielt er die übliche Antwort, daß er zu spät käme, denn die Stelle wäre gerade am Tage vorher einem anderen übertragen worden. Ihm blieb nur der Trost, daß jeder sagte, es sei doch sehr schade, daß man nichts für den armen Herrn Eugenio tun könne.

Der Rest der Geschichte ist mit wenigen Worten erzählt. Als er der schwachen Hoffnungen und der schwächeren Befürwortungen müde war, nahm er für dreißig Pfund im Jahr eine Stelle als Hilfsgeistlicher in Derbyshire an. Als er dann fünfundvierzig war, hatte er das große Glück, von einem Freund seines Vaters bei der Besetzung eines Vikariats vorgezogen zu werden. Das neue Amt brachte ihm jährlich sechzig Pfund ein. Es lag aber im gottverlassensten Teil Derbyshires. Dort kam ihm mit dem Grübeln, das Einsamkeit und Enttäuschungen mit sich bringen, der Schwung seines Geistes abhanden. Er heiratete die Witwe eines Bauern und lebt noch dort, völlig unbedeutend und vergessen. Nur einige Nachbarn haben zufällig gehört, daß er einst, in seiner Jugend, ein hervorragender Mann gewesen sein soll.

Über die Kunst der politischen Lüge

E quibus hi vacuas implent sermonibus aures,
Hi narrata ferunt alio: mensuraque ficti
Crescit, et auditis aliquid novus adjicit auctor,
Illic Credulitas, illic temerarius Error,
Vanaque Laetitia est, consternatique Timores,
Seditioque recens, dubioque auctore susurri.*

Meine Freunde haben mich durch beharrliche Bitten dazu bewogen, den Aufsatz, den ich in der letzten Ausgabe meiner Zeitung begonnen hatte, zu unterbrechen und einen ›Versuch über die Kunst des politischen Lügens‹ zu schreiben.

Man sagt uns, daß der Teufel der Vater der Lüge ist und vom Anfang her ein Lügner war. Diese Erfindung ist also zweifellos alt, und der erste Versuch des Teufels war außerdem rein politisch. Er diente dazu, das Ansehen seines Herrn zu unterhöhlen und den dritten Teil seiner Untertanen vom Gehorsam abzubringen. Dafür wurde Luzifer aus dem Himmel ausgestoßen, wo er (wie Milton es ausdrückt) Vizekönig einer großen westlichen Provinz war. Er muß seine Fähigkeiten jetzt in den unteren Bezirken betätigen, und zwar bei den anderen gefallenen Engeln oder den armen betrogenen Menschen, die er noch täglich zu seiner eigenen Sünde verführt und weiter versuchen wird, bis er im bodenlosen Abgrund an die Kette kommt.

* »Einige füllen davon mit Schwatzen müßige Ohren, / Andere tragen Erzähltes umher; das Maß der Erdichtung / Wächst: der es eben vernommen, mehrt das Gehörte durch Neues. / Dort ist gläubiger Wahn und dort ist eifernder Irrtum, / Eitles Ergötzen hier und dort verschüchterter Schrecken, / Plötzlicher Aufruhr dazu und unverbürgtes Gezischel.« Zit. aus Ovid, *Metamorphosen* XII, 56-61.

Aber wenn auch der Teufel der Vater der Lüge ist, so scheint er doch, wie alle großen Erfinder, durch die beständigen großen Verbesserungen, die nach ihm gemacht wurden, viel von seinem Rufe verloren zu haben.

Wer als erster die Lüge zu einer Kunst gemacht und sie in der Politik angewandt hat, geht aus der Geschichte nicht ganz klar hervor, obwohl ich einige eifrige Nachforschungen angestellt habe. Darum werde ich sie nur nach dem zeitgemäßen Verfahren betrachten, wie es in den letzten zwanzig Jahren im südlichen Teil unserer Insel entwickelt worden ist. Die Dichter erzählen uns, daß die Erde, nachdem die Riesen von den Göttern überwältigt waren, aus Rache einen letzten Sproß, die Fama, hervorbrachte. Die Fabel wird so gedeutet, daß immer, wenn Tumult und Aufruhr zur Ruhe gebracht worden sind, Gerüchte und falsche Nachrichten in Unmengen im Volk verbreitet werden. Nach dieser Auslegung ist also die Lüge das letzte Hilfsmittel einer geschlagenen, niedrigen und rebellischen Partei im Staate. Aber die Heutigen sind hier weiter vorgedrungen. Sie haben diese Kunst benutzt, um die Macht zu gewinnen und zu bewahren, und ebenso, um sich zu rächen, sobald sie unterlegen sind. Auch die Tiere brauchen die gleichen Werkzeuge, um sich Nahrung zu verschaffen, wenn sie hungrig sind, und um zu beißen, wenn man auf sie tritt.

Dieser gleiche Stammbaum gilt aber nicht immer für die politische Lüge. Ich möchte ihn daher etwas veredeln, indem ich ein paar Einzelheiten über ihre Geburt und ihre Eltern hinzufüge. Eine politische Lüge kommt manchmal im Kopfe eines abgewirtschafteten Staatsmannes zur Welt und wird von ihm losgelassen, um beim Pack gepflegt und gehätschelt zu werden. Manchmal wird sie als Monstrum geboren und in die richtige Form geleckt, bei anderer Gelegenheit erscheint sie in vollständiger Gestalt und wird beim

Ablecken verdorben. Oft wächst sie ganz regelmäßig wie ein Kind heran und braucht Zeit, um auszureifen. Oft tritt sie auch ausgewachsen ans Tageslicht, schwindet aber allmählich dahin. Zuweilen ist sie von hoher Abkunft und manchmal das Gezücht eines Börsenjobbers. Hier schreit sie schon laut bei der Geburt, dort wird sie flüsternd hervorgebracht. Ich kenne eine Lüge, die jetzt mit ihrem Lärm das halbe Königreich in Aufregung bringt. Sie ist heute zu stolz und groß, um sich zu ihren Eltern zu bekennen, aber ich kann mich noch gut an ihre Flüsterzeit erinnern. Zur Geburt dieses Untiers, nämlich der Lüge, noch eine abschließende Bemerkung: Wenn es ohne Stachel auf die Welt kommt, wird es totgeboren, und sobald es den Stachel verliert, stirbt es.

Es überrascht nicht, daß ein Kind, das schon so wunderbar geboren wird, zu großen Abenteuern bestimmt ist, und so sehen wir, daß die Lüge fast zwanzig Jahre lang der Schutzgeist der herrschenden Partei gewesen ist. Sie kann Königreiche ohne Kampf erobern und manchmal sogar mit Verlust einer Schlacht. Sie kann Ämter geben und nehmen, einen Berg zu einem Maulwurfshaufen zusammensinken lassen und einen Maulwurfshaufen zu einem Berg erheben. Sie hat viele Jahre lang bei den Wahlausschüssen den Vorsitz geführt, kann einen Neger weißwaschen, aus einem Atheisten einen Heiligen machen und aus einem Verworfenen einen Patrioten. Sie kann auswärtige Minister mit Nachrichten versorgen und das Ansehen der Nation steigern oder herabsetzen. Sie fliegt als Göttin umher, mit einem mächtigen Spiegel in den Händen, um die Massen zu blenden und ihnen, je nachdem wie sie ihr Werkzeug hält, Nutzen im Schaden oder Schaden im Nutzen zu zeigen. In diesem Spiegel entdeckt man seine Freunde in Mänteln, mit den Lilien Frankreichs und mit Papstkronen übersät, die Gürtel mit Ketten und Rosenkränzen behängt und in hölzernen Schuhen. Seine schlimmsten Feinde aber sieht man mit den Zeichen der Freiheit, des Besitzes, der Schonung und Mäßigung geschmückt und mit einem Füllhorn in den Händen. Die langen Schwingen der Göttin gleichen denen eines fliegenden Fisches und sind nur zu gebrauchen, solange sie feucht gehalten werden. Deshalb taucht sie die Flügel in den Schmutz und verspritzt ihn in die Augen der Menge, wenn sie sich erhebt und mit großer Geschwindigkeit dahinfliegt. Aber alle Augenblicke muß sie wieder auf schmutzige Wege hinab, um sich neuen Vorrat zu holen.

Manchmal dachte ich, wenn doch ein Mensch die Gabe des zweiten Gesichtes für Lügen hätte, so wie einzelne Schotten Geister sehen! Wie prächtig könnte er sich in dieser Stadt unterhalten! Er würde die verschiedene Form, Farbe und Größe der Lügenschwärme beobachten können, die um die Köpfe einiger Leute schwirren wie die Fliegen im Sommer um die Ohren des Pferdes. Er sähe die Legionen, die jeden Nachmittag über der Börsengasse schweben, zahlreich genug, um den Himmel zu verdunkeln. Er würde eine Unzahl von ihnen über einem Klub unzufriedener großer Herren kreisen sehen und erkennen, wie man sie von dort her in ganzen Ladungen hinunterschickt, um sie bei den zahlreichen Wahlen auszustreuen.

Ein politischer Lügner unterscheidet sich in einem wesentlichen Punkt von seinen Geistesverwandten. Er braucht nur ein kurzes Gedächtnis; je nach den verschiedenen Anlässen, die ihm in jeder Stunde begegnen, muß er von sich selbst abweichen und beide Seiten eines Widerspruchs beschwören können. Es hängt ganz davon ab, wie die Personen, mit denen er zu tun hat, eingestellt sind. Bei der Beschreibung der Tugenden und Laster der Menschheit ist es in jedem Abschnitt der Rede angebracht, sich irgendeine hervorragende Persönlichkeit vorzunehmen, die sich als Beispiel und Muster verwenden läßt. Ich halte mich immer streng an diese Regel, und meine Einbildungskraft führt mir in diesem Augenblick einen gewissen großen Mann vor, der wegen seiner Begabung zur Lüge berühmt ist. Ihrer ständigen Anwendung verdankt er seinen zwanzig Jahre alten Ruf. Er gilt nämlich als der geschickteste Kopf in England, wenn heikle Geschäfte durchgeführt werden müssen. Die Überlegenheit seines Geistes besteht nur in seinem unerschöpflichen Vorrat politischer Lügen, aus dem er, sobald er spricht, freigebig und unaufhörlich spendet. Er vergißt seine Lügen in einer Großzügigkeit ohnegleichen und widerspricht sich folglich schon in der nächsten halben Stunde. Er hat noch niemals überlegt, ob ein Vorschlag oder eine Behauptung richtig oder falsch war, sondern nur, ob es im gegenwärtigen Augenblick oder bei der anwesenden Gesellschaft zweckdienlich wäre, zuzustimmen oder abzulehnen. Sucht man aber hinter seine Schliche zu kommen, indem man alle seine Worte ins Gegenteil umdeutet, wie man es mit Träumen macht, so muß man immer noch suchen und wird sich weiterhin getäuscht finden, ob man ihm nun glaubt oder nicht. Am einfachsten stellt man sich vor, nur einige unverständliche und sinnlose Laute gehört zu haben. Damit verliert sich auch der Abscheu vor den Beteuerungen, mit denen er jede Behauptung an beiden Enden verbrämt. Und doch könnte man ihn nicht rechtmäßig wegen Meineids in Strafe nehmen, wenn er Gott und Christus anruft. Er hat nämlich häufig deutlich und öffentlich der Welt zu verstehen gegeben, daß er weder an den einen noch an den anderen glaubt.

Nun könnte man annehmen, daß eine solche vollendete Fertigkeit weder ihrem Besitzer noch seiner Partei sehr zu nützen vermöge, nachdem sie durch häufige Anwendung bekanntgeworden ist. Diese Annahme ist ein Irrtum. Nur wenige Lügen tragen das Kennzeichen des Erfinders, und der schändlichste Feind der Wahrheit kann Tausende verbreiten, ohne daß man ihn als ihren Urheber erkennt. Der gemeinste Schriftsteller hat ebenso seine Leser wie der größte Lügner seine gläubigen Anhänger. Oft geschieht es, daß eine Lüge nur eine Stunde lang geglaubt zu werden braucht, um ihr Werk zu tun; sie hat dann keinen Sinn mehr. Die Falschheit fliegt, und die Wahrheit kommt hinterhergehinkt. Werden die Menschen dann die Täuschung gewahr, ist es bereits zu spät; der Stich hat längst gesessen, und die Lügengeschichte hat ihre Wirkung getan. Das ist wie bei einem Mann, der sich eine schlagfertige Antwort ausgedacht hat, wenn das Thema bereits gewechselt und die Gesellschaft getrennt worden ist; oder wie bei einem Arzt, der eine unfehlbare Medizin fand, nachdem der Patient gestorben war.

In vielen Menschen habe ich die natürliche Neigung zum Lügen erkannt und bedacht, daß Unzählige daran glauben. Dadurch geriet ich in Verlegenheit, was ich mit dem Grundsatz: ›Die Wahrheit siegt‹, den jeder so häufig im Munde führt, anfangen sollte. Unsere Insel hier hat beinahe zwanzig Jahre lang unter dem Einfluß von Ratschlägen und Personen gestanden, deren Sinn und Ziel es war, unsere Sitten zu verderben, unsere Einsicht zu blenden, unseren Reichtum auszusaugen und mit der Zeit unsere Kirchen- und Staatsverfassung zu zerstören. Schließlich wurden wir bis hart an den Rand des Untergangs gebracht. Wegen der ständigen Verdrehungen sind wir aber niemals in der Lage gewesen, zwischen unseren Freunden und Feinden zu unterscheiden. Wir haben gesehen, wie ein großer Teil des Volksvermögens in die Hände von Leuten geriet, die durch Geburt, Erziehung und Verdienste allenfalls ein Anrecht auf eine Dienerstelle hatten. Andere dagegen, die durch Beliebtheit, Rang und Reichtum das Ansehen und den Erfolg der Revolution gesteigert hätten, wurden nicht nur als gefährlich und nicht verwendungsfähig beiseite geschoben, sondern noch mit den schändlichsten Vorwürfen belastet. Sie sollten Jakobiten, Männer unsicherer Haltung und Empfänger französischer Bestechung gewesen sein. Ich erinnere mich gut, wie die Whigs sich immer wieder darüber beklagten, daß die Mehrzahl der Grundbesitzer nicht auf ihrer Seite stehe. Die Klügsten von ihnen betrachteten dies als ein schlechtes Vorzeichen, und wir erkannten, daß sie nur mühsam die Mehrheit bewahren konnten, solange der Hof und die Geistlichkeit auf ihrer Seite standen. Dann aber kamen sie auf den wundervollen Ausweg, bei Wahlentscheidungen nachzuhelfen und weit entlegene Wahlbezirke durch ›nachdrückliche Parolen‹ zu beeinflussen. Das alles war nichts anderes als Gewalt und Zwang, die durch äußerst geschickte Kunstgriffe und Maßnahmen aufrechterhalten wurden. Endlich aber begriff das Volk, daß sein Eigentum, seine Religion und das Königtum selbst in Gefahr waren, und es erfaßte eifrig die erste Gelegenheit zum Eingreifen. Auf diesen mächtigen Umschwung in der Volksstimmung werde ich demnächst ausführlich eingehen. Dabei will ich mich bemühen, den Betrogenen und den Betrügern selbst klaren Wein einzuschenken, damit sie sich keine falschen Hoffnungen machen oder behaupten, es handele sich nur um einen kurzen Rausch der Volksmenge, von dem sie sich wohl bald erholen würde. Ich glaube aber, daß der Umschwung in seinen Ursachen, seinen Anzeichen und seinen Folgen etwas völlig anderes ist. Er wird sich als ein gewaltiges Beispiel für den eben erwähnten Grundsatz erweisen, daß schließlich doch ›die Wahrheit siegt‹.

Eine Abhandlung über gutes Benehmen und gute Erziehung

Gutes Benehmen ist die Kunst, den Menschen unseren Umgang angenehm zu machen.

Derjenige, welcher die wenigsten Personen verlegen macht, ist der Wohlerzogenste der Gesellschaft.

Wie das beste Gesetz, so ist auch das beste Benehmen auf Vernunft gegründet. Und so wie einige Rechtsgelehrte in das allgemeine Recht allerlei unvernünftiges Zeug hineingebracht haben, so haben auch viele Lehrmeister in das allgemeine gute Benehmen absurde Dinge eingeführt.

Eine Hauptregel dieser Kunst besteht darin, unser Verhalten den drei verschiedenen Klassen von Menschen anzupassen, denen, die über uns stehen, denen, die uns gleich sind, und denen, die unter uns stehen.

Es ist zum Beispiel ein Verstoß gegen den Anstand, jemanden aus den beiden ersten Klassen zum Essen oder zum Trinken zu nötigen. Einen Bauern oder Händler muß man hingegen so behandeln, sonst würden sie kaum glauben, daß sie willkommen sind.

Stolz, Bosheit und Unverstand sind die drei Hauptursachen schlechten Benehmens. Ohne den einen oder den anderen dieser Fehler wird sich kein Mensch nur deswegen schlecht benehmen, weil es ihm an Erfahrung oder, wie es in der Sprache der Narren heißt, an Weltkenntnis fehlt.

Ich fordere jedermann auf, mir einen Fall zu nennen, in dem die Vernunft uns nicht lehrt, was wir in Gesellschaft sagen oder tun sollen, wenn wir nicht durch Stolz oder Bosheit irregeleitet werden.

Deshalb behaupte ich mit Bestimmtheit, daß Verstand die wesentliche Grundlage guten Benehmens ist. Da dieser aber eine Gabe ist, die nur sehr wenige Menschen besitzen, haben sich alle zivilisierten Nationen der Welt geeinigt, einige Regeln für das übliche Verhalten festzusetzen, die ihren allgemeinen Sitten oder Neigungen am besten entsprechen und die als eine Art künstlichen Verstandes dazu dienen sollen, mangelnde Vernunft zu ersetzen. Ohne solche Regeln würden sich die Edelleute unter den Dummköpfen ständig in die Haare geraten, was oft genug vorkommt, wenn sie betrunken sind, sich um Frauen zanken oder spielen. Und Gott sei Dank findet kaum ein Duell im Jahr statt, das nicht einem dieser drei Motive zugeschrieben werden kann. Deshalb täte es mir sehr leid, wenn der Gesetzgeber irgendwelche neuen Gesetze gegen das Duellieren erlassen würde; denn ein kluger Mann kann leicht Mittel und Wege finden, einem Streit in Ehren auszuweichen oder ihn mit reinem Gewissen zu bestehen. Und ich kann kein politisches Übel darin sehen, daß man Raufbolden, Gaunern und Wüstlingen erlaubt, auf ihre eigene Art wechselseitig die Welt von ihrer Anwesenheit zu befreien, zumal das Gesetz bisher kein anderes Mittel zu finden vermochte.

Da die allgemeinen Regeln guten Benehmens dazu bestimmt waren, das Verhalten derjenigen zu formen, die nur einen schwachen Verstand besitzen, so sind sie auch gerade durch die Personen, für deren Gebrauch sie aufgestellt wurden, verdorben worden. Denn diese Leute sind auf eine unnötige und endlose Aufbauschung der Zeremonien verfallen, die für die Ausübenden äußerst lästig und für alle anderen unerträglich geworden sind, und zwar so sehr, daß weise Männer sich bei der übertriebenen Höflichkeit dieser Gecken oft unbehaglicher fühlen als in einer beliebigen Unterhaltung mit Bauern oder Handwerkern.

Die Unangemessenheit dieses zeremoniellen Verhaltens ist nirgends besser zu beobachten als an den Tafeln, wo Damen den Vorsitz führen, die sich auf ihre gute Erziehung etwas einbilden. Dort muß der Gast damit rechnen, eine Stunde damit zu verbringen, nichts von alledem zu tun, was er gern tun möchte, es sei denn, er ist so kühn, das ganze festgefügte Familiendekorum zu durchbrechen. Die Dame bestimmt, was ihm am besten gefällt und wieviel er essen muß, und wenn der Hausherr genauso veranlagt ist, dann schreibt er ihm in der gleichen tyrannischen Art auch das Trinken vor. Gleichzeitig ist man verpflichtet, auf tausend Entschuldigungen wegen der Bewirtung zu antworten. Obgleich diese Unsitte bei vielen Leuten der besten Lebensart schon ziemlich aus der Mode gekommen ist, so bleibt doch noch allzuviel davon übrig, besonders auf dem Lande. Dort versicherte mir ein aufrichtiger Edelmann, er sei gegen seinen Willen vier Tage lang im Hause eines Freundes festgehalten worden, indem man ihm die Stiefel versteckte, den Stall verschloß und andere Mittel solcher Art anwandte; von dem Augenblick, da er das Haus betrat, bis zu dem Augenblick, da er es verließ, habe man in allem, woran er sich erinnern könne, stets gerade entgegen seinem Wunsch gehandelt, als ob die ganze Familie sich verschworen hätte, ihn zu quälen.

Doch ich fände kein Ende, wollte ich außerdem noch die vielen törichten und lächerlichen Zwischenfälle aufzählen, die ich bei diesen unglücklichen Zeremoniebeflissenen beobachtet habe. Ich habe gesehen, wie eine Herzogin von einem dienstfertigen Stutzer in seinem Übereifer fast umgerannt wurde, als er herbeilief, um ihr die Mühe des Türöffnens zu ersparen. Ich erinnere mich, daß während eines Geburtstages bei Hofe eine vornehme Dame völlig zur Verzweiflung gebracht wurde, weil ein Page eine Soßenschüssel gerade auf ihren Kopfputz und ihr Brokatkleid ausleerte, als sie mit dem Ellbogen eine plötzliche zeremonielle Wendung zu ihrem Nachbarn hin machte. Herr Buys, der holländische Gesandte, dessen Staatsklugheit und Benehmen sich annähernd die Waage hielten, brachte zu einem großen Diner bei Hofe seinen etwa dreizehnjährigen Sohn mit. Vater und Sohn boten alles, was sie auf ihre Teller legten, zunächst der Reihe nach jedem der Gesellschaft an, so daß wir während der ganzen Mahlzeit nicht eine Minute lang zur Ruhe kamen. Schließlich trafen ihre beiden Teller zufällig zusammen, was mit solcher Heftigkeit geschah, daß sie (da sie aus Porzellan waren) in tausend Stücke zerbrachen und die halbe Gesellschaft mit Süßspeisen und Sahne beklekkerten.

Wie in allen Künsten und Wissenschaften und manchmal den Gewerben gibt es auch im Benehmen eine Pedanterie. Pedanterie ist eigentlich die Überschätzung jeder Art von Wissen, das wir zu besitzen glauben. Und wenn diese Art von Wissen an sich schon belanglos ist, dann ist die Pedanterie um so größer. Aus diesem Grunde halte ich Musikanten, Tanzlehrer, Herolde, Zeremonienmeister usw. für größere Pedanten als Lipsius oder den älteren Scaliger. Mit dieser Art von Pedanten war der Hof, solange ich ihn kenne, stets reichlich versehen, nämlich (zumindest) vom königlichen Zeremonienmeister an bis hinunter zum Türhüter. Sie gehören im allgemeinen zur unbedeutendsten Menschengattung, die diese Insel aufzuweisen hat, und sie zeigen auch die geringsten Spuren von gutem Benehmen, obwohl sie nichts anderes gelernt haben. Denn da sie gänzlich ungebildet sind und hauptsächlich nur untereinander Umgang pflegen, kennen sie keinerlei Erziehung außerhalb der Formen und des Bereichs ihres jeweiligen Amtes; da sie zu tief stehen, um von Ministern beachtet zu werden, so leben und sterben sie am Hofe, unberührt von allen Regierungswechseln, äußerst unterwürfig denen gegenüber, die irgendwie in Gunst oder Ansehen stehen, und grob oder unverschämt zu allen anderen. Woraus ich längst den Schluß gezogen habe, daß gutes Benehmen keine Pflanze ist, die bei Hofe gedeiht, denn anderenfalls hätten jene Leute, deren Verstand solchen Fertigkeiten gerade angemessen ist und die eine so lange Lehrzeit auf nichts anderes verwendet haben, es sich bestimmt angeeignet. Denn was die hohen Beamten betrifft, die den Herrscher umgeben und beraten oder zu seinem Hofstaat gehören, so sind ihre Funktionen vorübergehender Natur, und sie erheben nicht mehr Anspruch auf gutes Benehmen als jeder andere auch, und sie werden wahrscheinlich auch nicht bei Zeremonienmeistern Unterricht nehmen. So ist meines Wissens bei Hofe wenig auf diesem Gebiet zu lernen, außer in dem wichtigen Punkt der Kleidung; in dieser Beziehung ist allerdings die Autorität der Hofdamen fast so groß wie die einer Primadonna.

Ich erinnere mich an eine Geschichte, die Lord Bolingbroke mir erzählte: Er habe den Prinzen Eugen von Savoyen bei seiner Landung empfangen, um ihn sogleich zur Königin zu führen, und da habe der Prinz gesagt, er sei untröstlich, daß er Ihre Majestät an diesem Abend nicht aufsuchen könne, denn Herr Hoffmann (der damals dabei war) hatte Seiner Hoheit versichert, er könne in einer Stutzperücke nicht vorgelassen werden; sein Gepäck aber sei noch nicht angekommen, und er habe bei all seinen Kammerdienern und Pagen vergeblich versucht, eine Allongeperücke auszuborgen. Der Lord zog die Sache ins Spaßige und führte den Prinzen zu Ihrer Majestät, wofür er denn auch von der ganzen Zunft der Zeremonienmeister sehr getadelt wurde, aus welcher Schar jener Herr Hoffmann, ein langweiliger alter Resident des Kaisers, diesen wesentlichen Punkt des Zeremoniells ausfindig gemacht hatte, und ich glaube, das war das Wichtigste, was er in den fünfundzwanzig Jahren seiner Residentenzeit gelernt hatte.

Ich mache einen Unterschied zwischen gutem Benehmen und guter Erziehung, obgleich ich manchmal gezwungen bin, eins für das andere zu setzen, um meine Ausdrucksweise zu variieren. Unter dem ersteren verstehe ich nur die Kunst, sich gewisse festgelegte Formen des allgemeinen Benehmens einzuprägen und sie einzuhalten. Gute Erziehung umfaßt aber viel mehr, denn neben einem außergewöhnlichen Grad an Belesenheit, die einen Herrn befähigt, ein Theaterstück oder ein politisches Pamphlet zu lesen, erfordert sie umfassende Kenntnisse auf vielen Gebieten, mindestens aber Tanzen, Fechten, Spielen, eine Reise durch Italien, die Kunst, die Hohe Schule zu reiten und Französisch zu sprechen, ganz zu schweigen von anderen, zweitrangigen und untergeordneten Fertigkeiten, die man sich leichter aneignen kann. Der Unterschied zwischen guter Erziehung und gutem Benehmen liegt also darin, daß die erstere auch von den klügsten Köpfen nicht ohne Fleiß und Mühe erlangt werden kann, während ein leidlicher Grad von Vernunft uns ohne andere Hilfe alle Bestandteile des guten Benehmens lehren wird.

Ich wüßte nichts Nützlicheres zu diesem Thema als den Hinweis auf ein paar Punkte, die den Kern allen guten Benehmens berühren und deren Vernachlässigung oder Verletzung die guten Beziehungen der Menschen untereinander sehr trübt, weil dadurch ein wechselseitiges Unbehagen in die meisten Gesellschaften hineingetragen wird.

Ein notwendiger Bestandteil guten Benehmens ist zunächst eine geflissentliche Beachtung der Pünktlichkeit, sowohl bei uns daheim wie bei anderen oder an dritten Orten, sei der Anlaß gesellschaftlicher oder geschäftlicher Natur, oder diene er der Unterhaltung. Obgleich diese Regel ein einfaches Gebot der allgemeinen Vernunft ist, so verstieß doch der größte Minister, den ich je kannte, am meisten dagegen, wodurch sich seine Amtsgeschäfte verdoppelten und ihn dauernd in Rückstand brachten. Deswegen habe ich ihn oft mit dem Vorwurf aufgezogen, daß es ihm an gutem Benehmen mangele. Ich habe viele Gesandte und

Staatssekretäre gekannt, die ohne übermäßige Intelligenz ihre Ämter lediglich durch ihre Pünktlichkeit und Ordentlichkeit mit gutem Erfolg und großer Anerkennung verwalteten. Wenn man im Dienste eines anderen Pünktlichkeit wahrt, so verdoppelt das seine Verpflichtung; vernachlässigte man sie in eigener Sache, so wäre das nicht nur offensichtliche Torheit, sondern auch Undankbarkeit. In Angelegenheiten von beiderseitigem Interesse einen Gleichgestellten oder Untergebenen zu seinem eigenen Schaden warten zu lassen verrät wiederum Stolz und Ungerechtigkeit.

Unkenntnis der Formen kann man nicht gut als schlechtes Benehmen bezeichnen, denn die Formen sind häufigen Änderungen unterworfen; folglich sind sie, da nicht auf Vernunft gegründet, nicht der Beachtung weiser Männer wert. Außerdem sind sie in jedem Land verschieden und wechseln häufig auch sehr schnell im gleichen Lande, so daß ein Reisender sie anfangs unmöglich an jedem Hof kennen kann, den er auf seiner Reise berührt, und vielleicht werden sie ihm bei seiner Rückkehr im eigenen Lande genauso fremd sein. Schließlich kann man sie leichter behalten oder wieder vergessen als Gesichter oder Namen.

Tatsächlich ist unter den vielen Geschmacklosigkeiten, die oberflächliche junge Herren aus dem Ausland mitbringen, diese Anbetung der Formen eine der wesentlichsten und auffälligsten: Sie sehen darin nicht einfach Geschmacksfragen, in denen man es so oder so halten kann, sondern legen ihnen große Wichtigkeit bei, und deshalb sind sie eifrig bestrebt, bei jeder Gelegenheit die neuen Formen und Moden, die sie mitgebracht haben, einzuführen und zu verbreiten. Daher kann man allgemein sagen, daß die am schlechtesten erzogene Person in einer Gesellschaft ein junger Reisender ist, der eben aus dem Ausland heimkehrte.

Anregungen zu einem Essay über Unterhaltung

Ich kenne nur wenige einleuchtende Fragen, die so selten oder wenigstens so oberflächlich beantwortet worden sind wie diese. Wenige Themen sind, wenn sie gründlich behandelt werden, so schwierig, und über wenige andere Gegenstände ist so viel zu sagen.

Die meisten Lebensgüter, die die Menschen für das Wohl des Ganzen oder für das eigene Glück erstreben, sind durch unsere geistigen Ansprüche oder unsere Torheit so verfeinert worden, daß sie fast nur noch in der Idee bestehen. Eine treue Freundschaft, eine gute Ehe und eine vollendete Regierungsform verlangen so viele und so verschiedenartig gute Vorbedingungen und so viel Feingefühl beim Zusammenfügen, daß die Menschen seit vielen tausend Jahren an der Verwirklichung ihrer Wunschbilder verzweifeln. Bei der Unterhaltung ist es, oder könnte es anders sein. Wir müssen nur eine Anzahl von Irrtümern ausschalten. Das ist nicht ganz leicht, liegt aber beim guten Willen jedes einzelnen, ohne den auch jede andere Idee unverwirklicht bleibt. Der geradeste Weg, um die Kunst der Unterhaltung zu beherrschen, ist die Erkenntnis der Fehler und Irrtümer, denen sie unterworfen ist. Aus dieser Einsicht kann jeder selbst seine Regeln und Grundsätze bilden. Die Unterhaltung verlangt nur wenige Fähigkeiten, die den Menschen nicht angeboren sind oder die sie nicht wenigstens ohne große geistige Begabung oder ohne Studien erwerben könnten. Die Natur hat jedem Menschen die Eigenschaft verliehen, in Gesellschaft, wenn nicht glänzend so doch angenehm zu wirken. Hunderte von Menschen haben beide Befähigungen, sind aber durch einige kleine Fehler, die sie in einer halben Stunde ausmerzen könnten, noch nicht einmal erträglich.

Ein gewisser Unwille veranlaßte mich, meine Gedanken über diese Frage niederzuschreiben. Ich hatte darüber nachgedacht, warum ein so nützliches und unschuldiges Vergnügen, das in jede Altersstufe und Umgebung paßt und ganz in der Macht jedes Menschen liegt, weiter vernachlässigt und mißbraucht werden sollte.

In dieser Abhandlung sind daher nicht nur die augenfälligen, sondern auch die selteneren Irrtümer aufgeführt, denn nur wenige sind so offensichtlich und so genau erkannt, daß nicht die meisten Menschen dann und wann auf sie verfielen.

So ist zum Beispiel nichts verwerflicher als die Torheit der Geschwätzigkeit. Ich erinnere mich kaum, einmal fünf Menschen beisammen gesehen zu haben, unter denen nicht einer von dieser Sorte hervorstach, zum großen Verdruß und Ärger der übrigen. Aber selbst von denen, die es mit der Unzahl der Wörter halten, ist keiner dem behutsam-vorsichtig Gesprächigen vergleichbar. Er beginnt mit viel Überlegung und Vorsicht, hält seine Vorrede, verliert sich in verschiedene Abschweifungen und findet einen Anlaß, der ihm eine andere Geschichte in den Sinn bringt. Diese verspricht er zu erzählen, wenn die eine zu Ende ist. Dann kommt er gewöhnlich auf seinen Ausgangspunkt zurück, kann sich nicht gleich an den Namen einer Person erinnern, faßt sich an den Kopf und beklagt sich über sein Gedächtnis, während die ganze Gesellschaft solange auf der Stelle treten muß; schließlich sagt er dann: »Es ist unwichtig« und fährt fort. Um den Handel auf die Spitze zu treiben, stellt sich dann zum Schluß heraus, daß die Gesellschaft die Geschichte bereits fünfzigmal gehört hat. Oder es handelt sich um irgendein abgestandenes Abenteuer des Erzählenden.

Einen anderen weitverbreiteten Fehler in der Unterhaltung begehen alle, die nur danach streben, von sich selbst zu sprechen. Ohne weitere Umstände lassen sie ihre ganze

Lebensgeschichte abrollen. Sie berichten über ihre sämtlichen Krankheiten mit allem Drum und Dran, sie zählen die Drangsale und Ungerechtigkeiten auf, die sie bei Hof, bei der Regierung, in der Liebe und vor Gericht erlitten haben. Andere fangen es geschickter an und liegen sorgsam auf der Lauer, ihr eigenes Lob anzubringen. Sie rufen irgend jemand zum Zeugen an; er soll sich erinnern, daß sie schon immer vorausgesagt hätten, was in einem solchen Fall geschehen würde, nur habe es ihnen niemand geglaubt. Sie hätten jemand von Anfang an richtig beraten und ihm die Folgen vor Augen geführt, genau wie sie eingetroffen wären, aber er hätte ja seinen eigenen Weg gehen wollen. Andere treibt die Eitelkeit, ihre eigenen Fehler zu erzählen; sie sind die merkwürdigsten Menschen der Welt; sie können es nicht verbergen, sie geben zu, daß es eine Torheit ist, sie haben unzählige Vorteile dadurch verloren; aber wenn man ihnen die Welt schenkte, sie könnten nicht anders; in ihrer Natur sei etwas, das Unaufrichtigkeit und Verschlossenheit verabscheue. Sie fügen dann noch weitere unmögliche Gemeinplätze von gleicher Erhabenheit hinzu.

So ungeheuer wichtig kommt sich jeder Mensch vor und denkt, er ist es auch für andere. Er führt nicht einmal die leichte und einleuchtende Überlegung durch, daß seine Angelegenheiten bei anderen nicht mehr Gewicht haben können als ihre bei ihm. Wie wenig das ist, empfindet wohl jeder selbst.

Ich habe in Gesellschaft oft bemerkt, daß zwei Personen zufällig entdecken, daß sie an derselben Schule oder Universität ausgebildet worden sind. Von da an ist die übrige Gesellschaft zum Stillschweigen verurteilt. Sie hat zuzuhören, während die beiden sich gegenseitig das Gedächtnis auffrischen und ihre eigenen Hauptstreiche und Schulerlebnisse oder die ihrer Kameraden erzählen.

Ich kenne einen hohen Offizier des Heeres, der eine Weile

in hochmütigem und ungeduldigem Schweigen dasitzt und sich über die anderen, die sich unterhalten, ärgert und entrüstet. Schließlich und plötzlich will er dann gehört werden, entscheidet die besprochene Frage kurz und ohne Rücksicht auf Widerspruch und zieht sich wieder in sich selbst zurück. Er geruht dann, nicht weiter zu sprechen, bis seine Lebensgeister in ihrem Kreislauf wieder denselben Punkt erreicht haben.

Es gibt in der Unterhaltung einige Fehler, in die keiner so leicht verfällt wie die geistreichen Männer, wenn sie unter sich sind. Haben sie einmal den Mund aufgemacht, ohne eine gewisse Mühe auf eine geistreiche Bemerkung zu verwenden, so glauben sie schon, vergeblich gesprochen zu haben. Es ist für die Zuhörer, wie für sich selbst, eine Folter zu sehen, wie sie sich auf der Suche nach Einfällen mühsam abquälen, dazu noch mit so geringem Erfolg. Sie müssen dauernd etwas Außerordentliches äußern, um vor sich selbst bestehen zu können und nach ihrer Veranlagung zu handeln. Sonst könnten ja die Anwesenden enttäuscht und versucht sein, sie als gewöhnliche Sterbliche einzuschätzen. Ich habe zwei geistreiche Männer gekannt, die man zur Unterhaltung der Gesellschaft absichtlich zusammenbrachte. Sie machten jeder eine sehr lächerliche Figur und sorgten, sehr auf eigene Kosten, für das allgemeine Gelächter.

Ich kenne einen geistreichen Mann, der sich nur wohl fühlt, wenn man ihn bestimmen und den Ton angeben läßt. Er will weder etwas erfahren noch ein Gespräch führen, sondern nur seine eigenen Talente entfalten. Er will sich nicht unterhalten, sondern gesellschaftlich hervortun. Darum sucht er sich auch nur eine Umgebung aus, die sich damit zufriedengibt, ihm zuzuhören und ihn sichtlich zu bewundern. Die Unterhaltung in Will's Kaffeehaus, wo sich die Geistreichen (wie man sie genannt hat) zu treffen pflegten, war deshalb auch die schlechteste, die ich in meinem ganzen Leben gehört habe. Fünf oder sechs Männer, die Theaterstücke oder wenigstens Prologe geschrieben hatten oder an einem Sammelbande beteiligt waren, kamen dorthin. Sie unterhielten sich gegenseitig mit ihren lumpigen Machwerken. Dabei taten sie so wichtig, als ob das edelste Streben der Menschennatur oder das Schicksal ganzer Länder von ihnen abhinge. Um sie wimmelte eine ergebene Zuhörerschaft von Studenten aus den Gerichtshöfen oder von den Universitäten. Sie horchten in gemessenem Abstand auf die Worte ihrer Orakel und kehrten mit Verachtung für Recht und Philosophie nach Hause zurück. Ihre Köpfe waren aber mit Unfug gefüllt, den sie höfischen Schliff, Kritikvermögen und schöne Literatur nannten.

Die Dichter waren damals sämtlich auf Jahre hinaus durch Pedanterie verdorben. Ich gebrauche das Wort nicht im eigentlichen Sinne, denn ich verstehe darunter das allzu häufige und unbegründete Hervorkehren und Überbewerten der eigenen Tüchtigkeit im allgemeinen Gespräch. Nach dieser Erklärung können Höflinge oder Soldaten ebenso pedantisch sein wie Philosophen oder Geistliche. Dasselbe Laster zeigt sich auch bei Frauen, wenn sie sich allzusehr mit ihren Kleidern, ihren Fächern oder ihrem Porzellan abgeben. Wenn es auch als klug und zuvorkommend gilt, Männer auf das Thema zu bringen, das sie am besten beherrschen, so wird doch ein wirklich gebildeter Mensch kaum diese Freiheit ausnutzen. Man würde ihn für pedantisch halten, und er käme innerlich niemals weiter.

Jede große Stadt verfügt gewöhnlich über einen Schauspieler, Mimen oder Spaßmacher, der zu jeder guten Gesellschaft zugelassen ist. Er fühlt sich da zu Hause und steht mit den führenden Leuten der Gesellschaft auf vertrautem

Fuß. Es ist Sitte, daß man bei jeder Veranstaltung nach ihm schickt, damit er die Gesellschaft erheitert. Dagegen habe ich nichts einzuwenden. Man geht hin wie zu einer Posse oder zu einem Puppenspiel, man braucht nur zur rechten Zeit zu lachen, entweder aus Bedürfnis oder aus Höflichkeit, während dieser lustige Gesellschafter seine Rolle herunterspielt. Es ist nun einmal sein Geschäft, und wir können ruhig annehmen, daß er für seine Arbeit auch bezahlt wird. Ich ärgere mich nur, wenn in erlesener und intimer Gesellschaft, in der die eingeladenen Männer von Geist und Wissen einen Abend verbringen sollen, ein solcher Narr zugelassen wird, um sein Programm von Späßen vorzuführen und die ganze Gesellschaft zu jeder anderen Unterhaltung unfähig zu machen. Daneben empfinde ich es als unwürdig, wenn mit den Begabungen der Menschen so schamlos unachtsam umgegangen wird.

Geistvolle Neckerei ist der schönste Teil der Unterhaltung. Aber da wir die Gewohnheit haben, alles, was uns sehr wertvoll ist, zu verfälschen und zu verderben, so ist es auch damit geschehen. Aus der Neckerei haben wir die bissige Entgegnung gemacht. Wir nennen sie auch ›smart‹. Es ist wie mit einer teuren Mode. Wer sie nicht mitmachen kann, muß sich mit einer jämmerlichen Nachahmung begnügen. Man betrachtet es jetzt als Neckerei, einen Mann in der Unterhaltung zur Strecke zu bringen, so daß er die Fassung verliert und lächerlich wird. Man gibt die Mängel seiner Person oder seiner Einsicht preis. Bei dieser Gelegenheit darf er nicht einmal böse werden, sonst wirft man ihm noch vor, er könne keinen Spaß vertragen. Es ist wahrhaftig bewundernswert, einen Meister dieser Kunst zu beobachten. Er sucht sich einen schwachen Gegner aus, bringt die Lacher auf seine Seite und triumphiert dann über ihn. Die Franzosen, von denen wir das Wort *raillery* geborgt haben, fassen die Sache ganz anders auf. In der höflicheren

Zeit unserer Väter handelten wir ebenso. Neckerei bedeutet, daß man etwas sagte, was zuerst wie ein Tadel oder Vorwurf aussah, aber durch eine unerwartete und überraschende geistvolle Wendung immer zu einem freundlichen Lob und zu einem Vorteil für den Angeredeten wurde. Eine der besten Regeln der Unterhaltung ist, niemals etwas zu sagen, was in einem der Anwesenden den berechtigten Wunsch erwecken könnte, es wäre besser ungesagt geblieben. Es widerspricht geradezu dem Zweck, zu dem sich die Leute zusammenfinden, wenn sie sich unzufrieden voneinander trennen.

Zwei schlimme Verstöße in der Unterhaltung scheinen nur verschiedener Art zu sein. Sie kommen aus derselben Wurzel und verdienen den gleichen Tadel. Ich denke an die Ungeduld, die andere unterbrechen will, und an das Verärgertsein, wenn andere unterbrechen. Die beiden Hauptzwecke des Gesprächs sind, die Anwesenden zu unterhalten und in ihrer Erfahrung zu bereichern oder selbst diese Wohltat zu empfangen. Wer das berücksichtigt, kann nicht so leicht in einen der beiden Fehler verfallen. Denn sobald jemand in Gesellschaft spricht, erwartet man von ihm, daß er es den Zuhörern und nicht der eigenen Person zuliebe tut.

Einfache Rücksichtnahme lehrt uns schon, die Aufmerksamkeit der Gesellschaft nicht erzwingen zu wollen, wenn sie nicht freiwillig geschenkt wird. Unterbrechen wir aber den, der wirklich die Aufmerksamkeit der Gesellschaft erregt und gefunden hat, so geben wir damit auf die plumpeste Weise dem eigenen Verstand den Vorzug. Manchen Leuten gestattet es ihre gute Erziehung nicht, jemand zu unterbrechen. Sie entwickeln aber dann, was ebenso schlimm ist, eine überaus heftige Ungeduld und liegen auf der Lauer, bis sie zu Wort kommen. In ihren eigenen Gedanken fängt etwas an zu arbeiten, und sie verlangen sehnlichst danach, es loszuwerden. In der Zwischenzeit beachten sie nicht mehr, was vorgeht. Aus Angst, daß ihnen der Einfall entschlüpfen könnte, ist ihre ganze Vorstellungskraft auf das eingestellt, was sie in Reserve haben. So sperren sie ihre Phantasie ab, die sonst über hundert ebenso gute und besser anzubringende Eingebungen verfügen könnte.

Es gibt eine Art grober Vertraulichkeit, die von einigen Leuten in die allgemeine Unterhaltung hineingebracht worden ist, nachdem sie sich ihrer vorher schon im engeren Bekanntenkreis bedient hatten. Sie meinen, es wäre harmlose Ungezwungenheit und gute Laune. In unseren nördlichen Breiten ist das ein gefährliches Experiment. Das wenige, was wir an äußerer Form und Höflichkeit haben, ist alles künstlich und aufgezwungen und allzu bereit, in Barbarei zurückzufallen. Bei den Römern galten solche Vertraulichkeiten als Sklavenspäße. Plautus gibt uns viele Beispiele dafür. Cromwell scheint diese Scherze bei uns eingeführt zu haben. Da er den Abschaum des Volkes vorzog, machte er sie zu einer Hofunterhaltung. Mir sind viele Einzelheiten bekanntgeworden. Bedenkt man, daß alles auf den Kopf gestellt war, so handelte er vernünftig und einsichtsvoll. Dem ganzen Verhalten lag aber die politische Absicht zugrunde, den übertriebenen Ehrenstandpunkt auf der anderen Seite lächerlich zu machen, denn das geringste unangebrachte Wort endete damals unter Edelleuten in einem Zweikampf.

Es gibt Leute, die ausgezeichnet Geschichten erzählen können und mit einem reichhaltigen Vorrat versehen sind, den sie bei Gelegenheit in jeder Gesellschaft hervorholen können. Wenn man bedenkt, welch niedriges Niveau unsere Unterhaltung oft hat, so ist es, alles in allem, eine nicht zu verachtende Begabung. Aber sie hat zwei unvermeidliche Mängel, nämlich die Gefahr häufiger Wiederholung und baldiger Erschöpfung. So braucht jeder, der diese Gabe bei sich selbst schätzt, ein gutes Gedächtnis und häufige Veränderung des Umgangs, damit die Schwäche seines Vorrats nicht entdeckt wird; denn die so Begabten erwerben selten etwas hinzu, sondern leben vom Kapital.

Die großen öffentlichen Sprecher sind in privater Gesellschaft selten angenehm, gleich, ob bei ihnen diese Fähigkeit angeboren oder durch Übung und häufige Hervortreten entwickelt ist. Natürliche Beredsamkeit entspringt, obwohl dies ein Widerspruch zu sein scheint, gewöhnlich einer Armut an Phantasie und im Wortschatz. So schwimmen die Männer, die immer nur bestimmte einseitige Erkenntnisse über jeden Gegenstand und nur eine Garnitur entsprechender Ausdrücke zur Verfügung haben, an der Oberfläche und bieten sich bei jeder Gelegenheit an. Daher kommt es, daß hochgelehrte Männer, die den ganzen Bereich einer Sprache beherrschen, im allgemeinen bei einer unvorbereiteten Rede die schlechtesten Sprecher sind, bis viel Übung sie abgehärtet und ermutigt hat. Sie sind mit einer Menge Einzeltatsachen, mit vielen verschiedenen Auffassungen und Ausdrücken belastet. Sie können nicht im Augenblick ihre Wahl treffen, sind verwirrt und in Verlegenheit, weil sie eine zu große Auswahl haben. In privater Unterhaltung ist das kein Fehler. Dort ist aber andererseits die große Redebegabung unerträglich.

Nichts macht die Menschen mehr zur Unterhaltung unfähig als die Rolle des Geistreichen. Sie ermutigen, um sich selbst zu stützen, eine ganze Anzahl von Nachfolgern und Bewunderern, die sich in ihren Dienst stellen, wobei sie durch gefällige Rücksicht auf die gegenseitige Eitelkeit auf ihre Kosten kommen. Dies gibt den einen ein solches Gehabe von Überlegenheit und macht die andern so wichtigtuerisch, daß man beide nicht mehr ertragen kann. Ich sage hier nichts von der Sucht nach Streit und Widerspruch, von dem abscheulichen Lügen oder von denen, die die Krankheit ›der wandernden Gedanken‹ haben, so daß sie im Geiste niemals da sind, wo die Unterhaltung sich bewegt; denn wer unter einer dieser Besessenheiten leidet, ist ebenso unfähig zur Unterhaltung wie ein Verrückter.

Ich glaube, ich habe die meisten Verstöße in der Unterhaltung, die ich mir gemerkt habe oder an die ich mich erinnere, aufgezählt. Einige persönlicher Art fehlen noch. Andere sind so grob, daß ich sie nicht erst abzutun brauche, wie zum Beispiel schlüpfriges und gemeines Gerede. Ich wollte nur die Verstöße gegen die gute Unterhaltung im allgemeinen behandeln und nicht die verschiedenen Gesprächsthemen, die endlos sind. Wir sehen, wie die Menschennatur durch die Fähigkeit, die sie am stärksten von den Tieren unterscheidet, am meisten herabgewürdigt wird. Wir erkennen, wie wenig Nutzen wir aus dieser menschlichen Eigenschaft ziehen, die das größte, dauerhafteste, unschuldigste und auch ergebnisreichste Vergnügen unseres Lebens sein könnte. Weil es uns fehlt, müssen wir uns mit der geringeren Freude an Kleidern und Besuchen zufriedengeben oder uns an die verderblicheren Zerstreuungen wie Spielen, Trinken und Weibergeschichten halten. Männer und Frauen des Adels und des Bürgertums gehen dabei geistig und körperlich zugrunde. Sie verlieren alle ihre Ideale von Liebe, Ehre, Freundschaft und Edelmut, die vor einiger Zeit als Dummheit verhöhnt und ausgetrieben wurden.

Der Verfall der Unterhaltung mit seinen vernichtenden Folgen auf unser Verhältnis zueinander und unsere Gesinnung geht, unter anderem, auf die neue Sitte zurück, die Frauen von der Teilnahme an unserer Gesellschaft auszuschließen, falls nicht gespielt, getanzt oder eine Liebesangelegenheit abgemacht wird. Für die beste Zeit des gesellschaftlichen Lebens in England (in Frankreich ist der

Höhepunkt zur gleichen Zeit) halte ich den friedlichen Teil der Regierung Karls I. Ich habe Berichte aus diesen Tagen gelesen, und Leute, die an diesem Hof gelebt haben, erzählten mir, daß man damals die Unterhaltung auf völlig andere Art zu pflegen und zu heben verstand. Einige Damen, die von den Dichtern der Zeit gefeiert wurden, gaben in ihren Häusern Gesellschaften. Dort trafen sich die gebildetsten Männer und Frauen, um die Abende in anregenden und durch die Ereignisse bestimmten Gesprächen zu verbringen. Wenn uns auch ihre erhabenen platonischen Vorstellungen von Liebe und Freundschaft lächerlich vorkommen, so übersehe ich nicht, daß der Grund ihrer Verfeinerung die Vernunft war. Ein Körnchen erdichteter Unwirklichkeit ist kein schlechtes Mittel, um die Würde der Menschennatur zu bewahren und zu erhöhen; sie neigt nur zu sehr zu allem, was schmutzig, lasterhaft und gemein ist. Könnte die Unterhaltung mit unseren Frauen nur die abscheulichen Gespräche über Unanständiges und Unschickliches einschränken, in die unsere nördliche Veranlagung so leicht verfällt, so wäre sie schon sinnvoll genug. Deshalb lohnt es sich, einmal in der Stadt auf die munteren Herren achtzugeben, die sich im Park und im Theater so geschickt mit gewissen maskierten Damen zu unterhalten verstehen; in Gesellschaft ehrenwerter und anständiger Damen sind sie schweigsam oder unbeholfen und fühlen sich nicht in ihrem Element.

Manche Leute glauben, ihr Bestes zu tun, wenn sie die Gesellschaft mit Ereignissen ohne jede Wichtigkeit, wie sie täglich vorkommen, unterhalten. Bei den Schotten fand ich dies häufiger als bei irgendeinem anderen Volksstamm. Sie achten besonders sorgfältig darauf, auch nicht die kleinste Einzelheit zu übergehen. Diese Art des Gespräches wäre kaum erträglich, wenn nicht typisch schottische Sonderbarkeiten in Wortwahl und Satzbau, in Betonung und Gebärden etwas Ablenkung verschafften. Viel sprechen ist in

Gesellschaft kein Fehler, in einem fort zu reden ist aber ganz falsch. Ist die Mehrheit der Anwesenden von Natur aus schweigsam oder zurückhaltend, dann stockt die Unterhaltung. Einer muß sie dann durch neuen Gesprächsstoff, der Anlaß zu Antworten und Entgegnungen bietet, wieder in Fluß bringen. Er darf dabei jedoch nicht am Stoffe kleben.

Eine Abschweifung über Kritiker

Obgleich ich bisher bei allen Gelegenheiten so vorsichtig wie möglich genau den Regeln und Methoden des Stils gefolgt bin, wie sie durch das Beispiel unsrer erlauchten Modernen festgelegt sind, so hat man doch meine unglückliche Gedächtnisschwäche zu einer Unterlassungssünde verführt, von der ich mich reinwaschen muß, bevor ich mein Hauptthema anständigerweise weiter verfolgen darf. Ich gestehe mit Scham, es war unverzeihlich, so weit zu gehn, wie ich es bereits getan habe, ohne die nötigen beschwerdeführenden bittflehenden oder abwehrenden Erörterungen mit den guten Herren Kritikern gepflogen zu haben. Um dieses schwere Versäumnis wenigstens etwas zu sühnen, erkühne ich mich hier, ihnen einen kurzen Bericht über sie selber und ihre Kunst darzubringen, indem ich ihren Namen, wie man ihn gemeinhin unter uns versteht, nach Ursprung und Stammbaum untersuche und in aller Kürze ihre einstige und gegenwärtige Lage betrachte.

Unter dem Wort Kritiker, das heutigentags in allen Gesprächen so häufig vorkommt, hat man einstmals, wie ich es in alten Büchern und Broschüren gelesen habe, drei sehr verschiedene Arten Sterblicher verstanden. Denn erstens bezeichnete man mit diesem Worte Leute, die Regeln für sich und die Welt erfanden oder aufstellten, durch deren Beobachtung ein aufmerksamer Leser in den Stand gesetzt wurde, auf Grund seiner echten Empfindung für das Erhabene und Bewundernswerte ein Urteil über die Erzeugnisse der Gelehrten zu fällen und jede Schönheit des Inhalts oder des Stils von der Korruption zu unterscheiden, die sie nachäfft. Bei ihrer Lektüre der Bücher heben sie dann die Irrtümer und Fehler heraus, das Ekelhafte, Langweilige, Unverschämte, und zwar mit der Vorsicht dessen, der morgens durch die Straßen von Edinburgh geht und dabei so sorgfältig wie möglich achtgibt, den Schmutz auf seinem Wege rechtzeitig zu bemerken; nicht als ob er aus Wißbegier Farbe und Zusammensetzung des Kots beobachten oder etwa sein Ausmaß messen wollte; und noch viel weniger, um darin herumzuwaten oder davon zu kosten; sondern einzig in der Absicht, so sauber wie nur möglich durchzukommen. Diese Männer haben, so scheint es, obwohl ganz irrtümlicherweise, den Namen eines Kritikers im wörtlichen Sinne aufgefaßt; dahingehend nämlich, daß es wesentlich zu seinen Aufgaben gehöre, zu loben und loszusprechen, und daß ein Kritiker, der nur liest, um Gelegenheit zum Tadeln und Schelten zu finden, ein ebenso barbarisches Wesen wäre wie ein Richter, der beschlossen hätte, alle Leute, die zur Verhandlung vor ihn träten, zu hängen.

Zweitens hat man mit dem Wort Kritiker diejenigen gemeint, die die alte Gelehrsamkeit den Würmern und Gräbern und dem Staub der Manuskripte entreißen wollen.

Die Geschlechter dieser beiden Arten sind nun schon seit mehreren Jahrhunderten völlig ausgestorben; und außerdem würde es sehr wenig meinen Zwecken entsprechen, wenn ich des ferneren von ihnen redete.

Die dritte und edelste Art ist die der *wahren Kritiker*, deren Ursprung auch von allen am weitesten zurückliegt. Jeder wahre Kritiker ist ein geborener Held, der in direkter Linie von einem himmlischen Geschlecht abstammt, und zwar durch Momus und Hybris, die Zoilus zeugten; der aber zeugte Tigellius, der Etcetera den Ältern; der Bentley und Rhymer und Wotton und Perrault und Dennis; und der erzeugte Etcetera den Jüngern.

Und dies sind die Kritiker, von denen die Republik der Gelehrten zu allen Zeiten so unendliche Wohltaten empfangen hat, daß die Dankbarkeit ihrer Bewunderer ihren Ursprung gleich dem Herkules, des Theseus, des Perseus und andrer großer Wohltäter der Menschheit in den Himmel verlegte. Aber selbst die heroische Tugend ist nicht von der Nachrede böser Zungen verschont geblieben, denn man hat eingewandt, jene alten Helden, die berühmt sind, weil sie so viele Riesen und Drachen und Räuber bekämpften, seien an sich für die Menschheit ein größerer Schade gewesen als alle Ungeheuer, die sie bezwangen; und deshalb hätten sie, um sich ungeschmälerten Dank zu erwerben, als alles andre Gewürm vernichtet war, rechtens das gleiche Gericht an sich selber vollstrecken sollen. Herkules hat das in edlem Mut getan, und deshalb hat er für sich mehr Tempel und Anbeter errungen als alle seine Genossen zusammengenommen. Das ist auch der Grund, vermute ich, weshalb manche der Ansicht sind, es sei dem öffentlichen Nutzen der Bildung sehr zuträglich, wenn jeder wahre Kritiker, sowie er seine Aufgabe erfüllt habe, Rattengift nehme oder zum Strick greife; und niemandes Ansprüche auf einen so erlauchten Namen sollten anerkannt werden, bevor er nicht diese Tat vollbracht hat.

Nun läßt sich auf Grund dieser himmlischen Herkunft der Kritik und auf Grund der engen Beziehung zur heroischen Tugend gar leicht die rechte Beschäftigung für einen wahren echten alten Kritiker nachweisen; sie besteht darin, daß er durch die ungeheure Welt der Schriften wandert, daß er die ungeheuerlichen Fehler, die in ihr gedeihen, verfolgt und aufspürt; daß er die im Hinterhalt lauernden Irrtümer hervorzerrt, wie Kakus aus seiner Höhle hervorgezerrt wurde; daß er sie vervielfältigt wie die Köpfe der Hydra und sie zusammenharkt wie den Mist des Augias; oder daß er eine bestimmte Art gefährlicher Vögel vertreibt, die den verderbten Hang besitzen, die besten Zweige am Baum des Wissens zu plündern, jenen stymphalischen Vögeln gleich, die die Früchte fraßen.

Diese Gedankengänge werden uns die angemessene Definition eines echten Kritikers liefern: Er ist der Entdecker und Sammler der Fehler aller Schriftsteller; und das läßt sich ferner noch durch den folgenden Beweis über jeden Zweifel erheben. Wer die vielerlei Schriften untersucht, mit denen diese alte Sekte die Welt beehrt hat, der wird an ihrem ganzen Ton und ihrer Richtung auf der Stelle erkennen, daß die Gedanken der Verfasser in den Fehlern und Makeln und Versehen und Irrtümern andrer Schriftsteller aufgehn und nur mit ihnen vertraut sind; und möge das jeweils behandelte Thema sein, welches es wolle, ihre Imagination ist so besessen und gesättigt von den Mängeln andrer Federn, daß sich so recht die Quintessenz alles dessen, was schlecht ist, notwendig in ihre Schriften hinein verflüchtigt; dadurch scheint das Ganze nichts andres zu sein als ein Abriß der Kritiken, die sie selbst gemacht hatten.

Nachdem wir so in aller Kürze Ursprung und Aufgabe eines Kritikers erwogen haben, wie das Wort in seinem edelsten und allgemeinsten Sinne verstanden wird, gehe ich dazu über, die Einwände derer zu widerlegen, die aus dem Schweigen und Umgehen von seiten der Autoren Schlüsse ziehen; denn sie wollen dadurch beweisen, daß die ganze Kunst der Kritik, wie sie jetzt geübt wird und wie ich sie erklärt habe, völlig modern sei, und daß also die Kritiker von Großbritannien und Frankreich keinen Anspruch auf einen so alten und erlauchten Ursprung erheben können, wie ich ihn abgeleitet habe. Wenn ich nun klar dartun kann, daß im Gegenteil die ältesten Schriftsteller sowohl Person wie Amt des wahren Kritikers gemäß der von mir aufgestellten Definition geschildert haben, so wird dieser große Einwand, der sich auf das Schweigen der Autoren stützt, zu Boden fallen.

Ich gestehe, daß ich diesen allgemeinen Irrtum lange geteilt habe; und ich hätte mich nie von ihm befreit, wäre es nicht mit Hilfe unsrer edlen Modernen geschehen! Denn ich wälze ihre erbaulichsten Bände unermüdlich bei Tag und bei Nacht, zur Förderung meines Geistes und zum Wohl meines Landes. Sie haben mit unermüdlichem Eifer viele nützliche Untersuchungen über die schwachen Seiten der Alten angestellt und uns eine umfassende Liste davon gegeben. Außerdem haben sie unwiderleglich bewiesen, daß die schönsten Dinge, die im Altertum geschaffen wurden, seither längst wieder neu erfunden und von weit späteren Federn ans Licht gezogen worden sind; ja, daß die edelsten Entdeckungen, die jene Alten jemals in der Kunst oder der Natur gemacht haben, sämtlich durch den alles übersteigenden Genius der gegenwärtigen Zeit gemacht worden sind. Was klar beweist, auf wie wenig Verdienst jene Alten mit Recht Anspruch erheben können; und es nimmt ihnen jene blinde Bewunderung, wie sie abseits im Winkel stehende Leute ihnen zollen, die das Unglück haben, mit den Dingen der Gegenwart zu wenig vertraut zu sein. Indem ich nun all dies reiflich erwog und den ganzen Kreis der menschlichen Natur einbezog, kam ich leicht zu dem Schluß, daß jene Alten, die sich ihrer vielen Unvollkommenheiten im höchsten Grade bewußt waren, an einigen Stellen ihrer Werke notwendigerweise den Versuch gemacht haben müßten, den tadelnden Leser durch Lob oder Satire auf die Kritiker abzuschrecken, milder zu stimmen oder zu zerstreuen, indem sie dabei ihre Meister, die Modernen, nachahmten. Nun war ich in den Gemeinplätzen sowohl des Lobes wie der Satire durch lange und nützliche Studien in Vorreden und Einleitungen sehr bewandert; und daher beschloß ich auf der Stelle zu versuchen, was ich von beiden durch die sorgfältigste Lektüre der ältesten Schriftsteller und besonders derer, die von den frühesten Zeiten handeln, zu entdecken vermöchte. Da fand ich denn zu meiner großen Überraschung, daß, obwohl sie gelegentlich genaue Schilderungen des wahren Kritikers begannen, es doch, sooft sie etwas dergleichen berührten, mit der allergrößten Vorsicht geschah, je nachdem sie von der Furcht oder der Hoffnung geleitet wurden; denn sie wagten nicht über mythologische und hieroglyphische Andeutungen hinauszugehn. Das, so vermute ich, gab oberflächlichen Lesern Anlaß, aus dem Schweigen der Autoren Schlüsse gegen das hohe Alter der wahren Kritik zu ziehen, obwohl die Typisierung so treffend und das, was mit ihr gemeint ist, so selbstverständlich und natürlich ist, daß man sich nicht leicht vorstellen kann, wie ein modernes Auge und ein moderner Geschmack sie zu übersehen vermochten. Ich werde mir erlauben, aus einer großen Anzahl einige wenige anzuführen, die, davon bin ich überzeugt, diese Frage über jede Möglichkeit eines Zweifels erheben werden.

Es ist wohl der Beachtung wert, daß jene alten Schriftsteller, die dieses Thema so rätselhaft behandeln, ganz allgemein auf dasselbe Symbol verfallen sind und nur dessen Bedeutung je nach ihrer Neigung oder ihrem Witz variieren. Zunächst ist Pausanias der Meinung, daß die Vervollkommnung korrekten Stils einzig der Einrichtung der Kritiker zu verdanken sei; und daß er unmöglich einen andern als den wahren Kritiker meinen kann, erhellt, denke ich, klar genug aus folgender Schilderung. Er sagt, sie seien ein Geschlecht von Menschen, die gern an Überflüssigkeiten und Auswüchsen der Bücher herumnagten; und da die Gelehrten das schließlich bemerkten, ließen sie es sich eine Warnung sein und schnitten aus eigenem Antrieb alles zu Üppige, Faule, Tote, Saftlose und Wuchernde aus ihren Werken heraus. Nun versteckt er all das sehr kunstvoll unter der folgenden Allegorie. Die Nauplier in Argos, sagt er, hätten die Kunst, ihre Reben zu beschneiden, dadurch gelernt, daß sie beobachteten, wieviel besser eine Pflanze gedieh und wieviel schönere Frucht sie trieb, wenn ein *Esel* an ihr genagt hatte. Herodotus aber, der das gleiche Bild benutzt, spricht weit klarer und fast ›in terminis‹. Er ist verwegen genug, den wahren Kritikern Unwissenheit und Bosheit vorzuwerfen, und erzählt uns offen, denn nichts, denke ich, kann deutlicher sein, daß es im westlichen Teil von Libyen *Esel* mit *Hörnern* gebe; welchen Bericht Ktesias noch überbietet, als er das gleiche Tier in Indien erwähnt; denn er fügt hinzu, während allen andern *Eseln* die Galle fehle, wären diese gehörnten mit diesem Körperteil so reichlich versehen, daß ihr Fleisch wegen seiner außerordentlichen Bitterkeit nicht zu genießen sei.

Der Grund, weshalb jene alten Schriftsteller diesen Gegenstand nur in Bildern und figürlichen Wendungen behandeln, ist aber der, daß sie gegen eine so mächtige und furchtbare Partei, wie es die Kritiker in jenen Zeiten waren, einen offenen Angriff nicht zu führen wagten; denn schon ihre Stimme war so beängstigend, daß eine Legion Autoren erbebte und alsbald die Feder aus der Hand fallen ließ, wenn sie erklang. Das berichtet Herodot an einer anderen Stelle ganz ausdrücklich: Ein ungeheures Heer von Skythen sei durch das Iahen eines *Esels* in panischem Schrecken in die Flucht geschlagen worden. Daraus haben gewisse hochgelehrte Philologen gefolgert, die große Ehrfurcht und Achtung, die die britannischen Schriftsteller einem wahren Kritiker bezeugen, sei uns von unsern skythischen Vorfahren überkommen. Kurz, das Grauen war ein so allgemeines, daß im Laufe der Zeit jene Schriftsteller, die ihre Gesinnungen freier veröffentlichen wollten, bei der Schilderung der wahren Kritiker in den verschiedenen Zeitaltern gezwungen waren, die bisherigen Umschreibungen fallenzulassen, weil sie dem Prototyp allzu nahekamen, und an ihrer Stelle andre Wendungen zu finden, die vorsichtiger und mystischer waren. So wagt Diodor, wo er von denselben Dingen spricht, nichts andres zu sagen, als daß auf dem Helikon ein Kraut wachse, das eine Blüte von so abscheulichem Geruch trage, daß jeder, der daran rieche, des Todes sei. Lucretius gibt genau denselben Bericht:

> Est etiam in magnis Heliconis montibus arbos,
> Floris odore hominem taetro consueta necare. Lib. 6*

Ktesias aber, den wir noch eben anführten, ist bei weitem kühner gewesen; er war von den wahren Kritikern seiner Zeit mit großer Strenge behandelt worden und konnte sich deshalb nicht enthalten, wenigstens ein tiefes Zeichen seiner Rache an dem ganzen Stamm zu hinterlassen. Was er meint, liegt so an der Oberfläche, daß es mich wundernimmt, wie es hat von denen übersehen werden können, die das hohe Alter der wahren Kritiker leugnen. Denn unter dem Vorwand, viele merkwürdige Tiere Indiens zu schildern, schreibt er diese bemerkenswerten Worte: »Unter andern gibt es eine Schlange, die keine Zähne hat und also nicht beißen kann; aber wenn ihr Geifer (mit dem sie reichlich versehen ist) auf irgend etwas fällt, so folgt daraus ein bestimmtes Verderben oder Faulen. Diese Schlangen sind im allgemeinen in den Bergen zu finden, wo Juwelen wachsen, und sie geben oft einen giftigen Saft von sich; wer davon trinkt, dem fliegt das Gehirn zu den Nasenlöchern hinaus.«

Es gab unter den Alten auch noch eine Art von Kritikern, die sich der Gattung nach von den andern nicht unterschieden, sondern nur dem Grade oder ihrem Wachstum nach; sie scheinen nur die Neulinge oder die Jüngeren unter den Gelehrten gewesen zu sein; und doch werden sie wegen

* »Auch gibt es in dem hohen Gebirge Helikon einen Baum, / dessen Blüte mit ekligem Geruch Menschen zu töten pflegt«. Lukrez, *De rerum natura [Über die Natur der Dinge]*, VI,786-787.

ihrer verschiedenen Beschäftigung oft als eine Sekte für sich erwähnt. Sie pflegten nämlich beständig in die Theater zu gehn und lernten, die schlechtesten Teile der Stücke ausfindig zu machen; darüber mußten sie sich sorgfältige Notizen machen, um ihren Meistern einen vernünftigen Bericht zu erstatten. Wenn sie bei diesen kleineren Jagden gleich jungen Wölfen scharfgemacht worden waren, wurden sie mit der Zeit behend und stark genug, um auch größeres Wild aufzuspüren. Denn es ist sowohl unter den Alten wie unter den Modernen beobachtet worden, daß ein wahrer Kritiker eins mit einer Hure und einem Ratsherrn gemein hat: niemals nämlich wechselt er Titel oder Wesen; ein grauer Kritiker ist sicherlich einmal ein grüner gewesen, denn die Vervollkommnung und der Kraftzuwachs seines Alters zeigen nur die gesteigerten Talente seiner Jugend; wie der Hanf, der nach manchen Naturforschern bei Atemnot schädlich ist, und werde er auch in Samenform genommen. Ich denke mir, die Erfindung oder wenigstens der Ausbau der Prologe ist diesen Aufstrebenden zu verdanken, deren Terenz oft und ehrenvoll unter dem Namen ›malevoli‹ Erwähnung tut.

Nun steht es fest, daß die Einrichtung der wahren Kritiker für die Republik der Gelehrten eine unbedingte Notwendigkeit war. Denn alle menschlichen Handlungen scheinen wie Themistokles und seine Gefährten verteilt zu sein; der eine kann fiedeln, der andre eine kleine Stadt zu einer großen machen, und wer weder eins noch das andre kann, der verdient, aus der Schöpfung hinausgeworfen zu werden. Die Furcht vor dieser Strafe hat zweifellos die Nation der Kritiker zuerst ins Leben gerufen und zugleich ihren geheimen Verleumdern Gelegenheit gegeben, zu berichten, daß ein wahrer Kritiker eine Art Handwerker ist, der für sein Gewerbe nur einen Warenvorrat und seine Werkzeuge braucht, die ebensowenig kosten wie die eines

Schneiders; ja, daß sogar zwischen den Werkzeugen und den Fähigkeiten beider eine große Ähnlichkeit besteht, denn des Schneiders Abfallkorb ist das Urbild für das Notizbuch der Gemeinplätze des Kritikers, und sein Witz und seine Gelehrsamkeit werden vertreten durch des Schneiders Bügeleisen; um einen Gelehrten zu machen, muß man von den einen ebenso viele nehmen wie von den andern, um einen Mann einzukleiden, und beider Mut ist gleich, und ihre Waffen sind von annähernd gleicher Größe. Auf so heimtückische Anmerkungen läßt sich vieles erwidern; und ich kann wenigstens versichern, daß das erste eine Unwahrheit ist; denn nichts ist im Gegenteil gewisser, als daß es größerer Aufgaben bedarf, Mitglied der Kritikergilde zu werden als irgendeiner andern. Genau wie es den reichsten Kandidaten jeden Heller kostet, den er wert ist, wenn er ein wahrer Bettler werden will, so wird es einen Menschen alle guten Eigenschaften seines Geistes kosten, ehe er beginnen kann, ein wahrer Kritiker zu werden; allerdings würde man das vielleicht auch bei einem geringeren Preis für einen nicht lohnenden Kauf halten.

Nachdem ich nun ausführlich den alten Ursprung der Kritik nachgewiesen und ihren ersten Zustand geschildert habe, will ich untersuchen, wie es gegenwärtig um ihr Reich steht, und zeigen, wie trefflich es mit seinem einstigen Selbst in Einklang steht. Ein gewisser Autor, dessen Werke seit vielen Jahrhunderten vollkommen verschollen sind, sagt im achten Kapitel seines fünften Buches von den Kritikern, ihre Werke seien die Spiegel der Gelehrsamkeit. Das verstehe ich im wörtlichen Sinn und vermute, unser Autor müsse meinen, wer ein vollkommener Schriftsteller werden wolle, möge die Bücher der Kritiker durchsehn und sein Talent nach ihnen, wie in einem Spiegel, korrigieren. Wer nun bedenkt, daß die Spiegel der Alten aus Erz waren, und sine mercurio, der wird alsbald die beiden wichtigsten Eigenschaften eines wahren, modernen Kritikers erkennen und daraus den unvermeidlichen Schluß ziehn, daß diese stets die gleichen gewesen sind und es ewig bleiben müssen. Denn das Erz ist ein Symbol der Dauer, und wenn es geschickt poliert wird, wird es vermöge seiner eignen Oberfläche Spiegelbilder werfen und der Hilfe des unterlegten Quecksilbers nicht bedürfen. Alle übrigen Talente eines Kritikers werden einer besonderen Erwähnung nicht bedürfen, da sie in diesen enthalten sind oder sich leicht auf sie zurückführen lassen. Ich will jedoch mit drei Maximen schließen, die einerseits als Kennzeichen dienen können, mit deren Hilfe man einen wahren modernen Kritiker von einem bloßen Prätendenten unterscheiden kann, und die andrerseits jenen würdigen Geistern, die sich einer so nützlichen und ehrenwerten Kunst widmen, von wunderbarem Nutzen sein werden.

Die erste ist, daß eine Kritik, im Gegensatz zu den Erzeugnissen aller anderen Bereiche des Geistes, stets dann als die wahrste und die beste gilt, wenn sie den ersten Eindruck im Geist des Kritikers festhält; genau wie Vogelschützen den ersten Schuß für den sichersten halten und selten versäumen, das Ziel zu verfehlen, wenn sie noch einen zweiten abwarten.

Zweitens lassen die wahren Kritiker sich daran erkennen, mit welchem Talent sie stets die edelsten Schriftsteller umschwärmen, von denen sie lediglich durch ihren Instinkt angezogen werden, genau wie die Ratte vom besten Käse oder die Wespe von der besten Frucht. Wenn der König zu Pferde sitzt, ist er sicherlich der Schmutzigste in der Gesellschaft, und die, die ihm am glänzendsten huldigen, bespritzen ihn am meisten mit Kot.

Schließlich gleicht ein wahrer Kritiker bei der Lektüre eines Buches einem Hund bei einem Festmahl: Gedanken und Magen achten einzig auf das, was die Gäste fortwerfen;

und also wird er am meisten knurren, wenn die wenigsten Knochen abfallen.

Das, denke ich, wird als Huldigung für meine Gönner, die wahren modernen Kritiker, genügen, und es wird mein vormaliges Schweigen sühnen, wie auch dasjenige, welches ich in Zukunft vermutlich wahren werde. Ich hoffe, ich habe mich um ihre ganze Körperschaft so verdient gemacht, daß ich von ihnen eine großmütige und milde Behandlung erwarten darf.

Über die Erziehung von Damen

Es gibt ein Thema für Kontroversen, das mir häufig in gemischten und erlesenen Gesellschaften beiderlei Geschlechts oder manchmal nur von Männern begegnet ist: »Ob es klug sei, eine Frau zu wählen, die einen gesunden angeborenen Verstand besitzt und etwas Sinn für Geist und Humor hat, in ihrer Muttersprache hinreichend bewandert ist, Geschichte, Reisebücher, moralische oder unterhaltende Abhandlungen lesen und genießen kann und in der Lage ist, ein leidliches Urteil über die Schönheiten der Dichtung abzugeben?«

Diese Frage wird von den Frauen selbst zumeist, von den Männern aber fast immer negativ entschieden.

Wir müssen bemerken, daß wir bei dieser Debatte nur jene meinen, die wir als Männer und Frauen von Welt bezeichnen, nicht Kaufleute, Händler oder andere aus solchen Berufen, von denen man nicht erwartet, daß ihnen eine umfassende Bildung zuteil geworden ist. Desgleichen nehme ich auch alle Staatsminister während ihrer Amtszeit aus, Rechtsanwälte und Ärzte mit großer Praxis, Personen in solchen Stellungen, die den größten Teil des Tages in Anspruch nehmen und vielleicht einige andere Lebensverhältnisse, die mir jetzt nicht einfallen. Ich darf auch nicht vergessen, alle Herren der Armee, vom General bis zum Fähnrich, davon auszunehmen, denn die oben erwähnten Vorzüge einer Frau liegen außerhalb ihres Elements und ihres Begriffsvermögens, ebenso alle Mathematiker, Dilettanten in der Musik, Metaphysiker, Naturwissenschaftsamateure und großen Redner, die alle selbst genügend Unterhaltung haben. All diese zusammengenommen werden eine große Zahl von Gegnern ergeben, denen ich nicht entgegenzutreten brauche, da ich bereits ihrer Meinung bin. Jene Personen, die ich hier einschließen möchte, sind die Mehrzahl der Lords, Ritter und Junker aus ganz England, ob sie nun in der Stadt oder auf dem Lande oder wie üblich abwechselnd in beiden wohnen. Ich schließe auch diejenigen Geistlichen ein, die leidlich hohe Stellungen in London oder anderen Teilen des Königreichs innehaben.

Die wichtigsten Argumente, denen ich auf der negativen Seite dieser großen Frage begegnet bin, werde ich nun unvoreingenommen und mit so viel Gewicht wiedergeben, wie man ihnen meiner Meinung nach irgend beilegen kann.

Man argumentiert, »daß der Sinn und Zweck der Ehe in der Fortpflanzung besteht, daß es folglich die Hauptaufgabe einer Ehefrau ist, Kinder zu gebären und sie aufzuziehen, daß die Ehefrau die Familie versorgen, die Dienstboten beaufsichtigen und ihre Arbeit überwachen soll, daß sie so selten wie möglich das Haus verläßt; daß sie für alles verantwortlich ist, was in ihrer Familie nicht in Ordnung ist, daß sie allen rechtmäßigen Befehlen ihres Gatten gehorchen und keine Person besuchen oder zu Besuch empfangen soll, die ihm nicht genehm ist; daß diese ganze Arbeit, wenn sie gut ausgeführt wird, den größten Teil ihres Tages in Anspruch nimmt; daß sie in höherer Position und mit mehr Dienstpersonal dementsprechend mehr zu beaufsichtigen hat. Denn wie die Familie ein Königreich darstellt, so muß die Ehefrau, als erster Minister ihres Gatten, unter ihm alle Staatsbeamten, bis zum niedrigsten herab, lenken und über ihr Verhalten ihrem Gatten berichten, wie das der erste Minister seinem Herrscher gegenüber tut. Daß ein solches Amt viel Zeit und Überlegung und Organisation erfordert und, richtig ausgeübt, nur wenig Zeit für Besuche oder Zerstreuungen läßt.

Daß eine Vorliebe für das Lesen von Büchern, außer jenen zur Erbauung oder über Haushaltsführung, leicht einer Frau den Kopf verdreht. Daß Theaterstücke, Romanzen, Romane und Liebesgedichte nur dazu geeignet sind, sie darin zu unterrichten, wie man einen Liebeshandel führt; daß jeder Erwerb von Wissen, über den Rahmen des rein Häuslichen hinaus, sie eitel, eingebildet und anmaßend macht; daß die natürliche Leichtfertigkeit der Frau Ballast braucht, und, wenn sie erst einmal anfängt zu glauben, sie wisse mehr als andere ihres Geschlechts, sie auch beginnen wird, ihren Ehegatten zu verachten und jedem Stutzer ihre Zuneigung zu schenken, der sich einbildet, etwas von Büchern zu verstehen. Daß sie gelehrte Wörter lernen und sich dann selbst lächerlich machen wird, indem sie sie falsch ausspricht und sie in allen Gesellschaften sinnwidrig anwendet. Daß inzwischen ihre Haushaltsangelegenheiten und die Sorge um ihre Kinder völlig vernachlässigt werden. Ihr Frisierzimmer wird voll von all den Halbgebildeten sein, wobei die Unterhaltung darin besteht, daß man das zuletzt erschienene Theaterstück oder Gedicht kritisiert; sie aber wird sich bemühen, alle darüber gemachten Bemerkungen zu behalten, um sie beim nächsten Besuch weiterzugeben, besonders in einer Gesellschaft, die von der Sache nichts versteht. Sie wird die ganze Überheblichkeit eines Pedanten ohne sein Wissen haben, und je mehr sie lernt, desto schlimmer wird es mit ihr.«

Um ganz offen zu sein, bei der schändlichen und fast ausnahmslosen Vernachlässigung der guten Erziehung durch den Hochadel, den Landadel und auch alle anderen begüterten Familien wird dieser Essay der gegenwärtigen Generation wenig Nutzen bringen; denn wenn man bedenkt, wie heutzutage beide Geschlechter in Unwissenheit, Müßiggang und Laster aufgezogen werden, so hat die Wahl der Ehepartner nur geringe Bedeutung. Und daher können meine Gedanken über dieses Thema nur einigen wenigen von Nutzen sein, denn bei der gegenwärtigen Situation kann es nur weisen und guten Männern geschehen, daß sie an einen ungleichartigen Partner geraten, wenn sie einmal heiraten wollen, und folglich ist auf keiner der beiden Seiten ein Grund zur Klage vorhanden. Die Formen des Zusammenlebens von Eheleuten untereinander und vor der Welt sind hinreichend bekannt und festgelegt, in direktem Gegensatz zu jeder Vorschrift der Moral, der Religion oder des Staatsdenkens; es wäre deshalb ein müßiges Unterfangen, wollte man eine so feste Einrichtung angreifen.

Es geschieht aber manchmal, daß ein älterer Bruder noch stirbt, während der jüngere schon die Universität besucht und in seinem Studium bereits einige Fortschritte gemacht hat. Nehmen wir an, daß er leidliche Begabung besitzt und bestrebt ist, sie auszubilden; dann kann er vielleicht lernen, Weisheit und Wissen überall zu schätzen, wo er sie findet, auch nach dem Tode seines Vaters, wenn Titel und Gut in seinen Besitz gelangen. Von dieser Art ließen sich, denke ich, bei günstiger Berechnung und eingehender Suche unter dem Hochadel und dem Landadel in ganz England vielleicht etwa fünfhundert finden. Aus allen anderen Berufen und Gewerben, in denen man einem Sohn das Universitätsstudium ermöglichen kann, kommt etwa die dreifache Anzahl. Die Zahl der Söhne von Geistlichen, die mit einigem Erfolg zur Gelehrsamkeit erzogen werden, muß infolge der Armut ihrer Eltern zwangsläufig unerheblich bleiben, und viele von ihnen werden nur als Stipendiaten an den Universitäten zugelassen, weshalb dann nichts Brauchbares aus ihnen wird. Ich werde deshalb für sie nicht mehr als achtzig ansetzen. Um nun auf eine runde Zahl zu kommen, werde ich annehmen, daß es etwa zweitausend männliche Wesen in England (einschließlich Wales) geben mag, die über ein leidliches Maß an Bildung und Vernunft verfügen. In diese Liste beziehe ich alle Personen mit überragenden Fähigkeiten oder großem Geist oder echtem Urteilsvermögen und Geschmack oder profunder Belesenheit ein, deren Zahl wir, davon bin ich überzeugt, mit mindestens fünfundzwanzig ansetzen können.

Ich freue mich über diese Gelegenheit, Ehre für mein Land einzulegen mit einer Berechnung, von der ich allerdings fürchte, daß sie Ausländer als parteiisch ansehen könnten, wenn ich annehme, daß aus nur fünfzehntausend Familien von Lords und Gutsbesitzern – was etwa ihre Zahl sein mag – einer unter dreißig leidlich gebildet und mit hinreichend gutem Verstande ausgestattet ist. Vielleicht besteht die Kritik zu Recht. Und deshalb werde ich nach nüchterner Überlegung, um allen Kritteleien zu entgehen, die Zahl auf eintausend verringern, womit sie wenigstens noch ausreicht, um beide Häuser des Parlaments zu füllen.

Die Töchter großer und reicher Familien belaufen sich nach der gleichen Berechnung kaum auf die Hälfte der Zahl der Männer, da die Sorge um ihre Erziehung entweder vollständig ihren Müttern überlassen bleibt oder man sie in Pensionate schickt oder in die Hände englischer oder französischer Gouvernanten gibt, und zwar meist der schlechtesten, die für Geld zu haben sind. So daß nach der Reduzierung der zweitausend auf eintausend, zu der ich mich gezwungen sah, die Hälfte der gut erzogenen Adligen entweder ledig bleiben muß oder sich gezwungen sieht, Frauen zu heiraten, für die sie unmöglich Hochachtung aufbringen können, ich meine solche, die töricht, zimperlich oder kokett sind, spielen, herumflanieren oder unaufhörlich Unsinn schwatzen, mürrische Nichtstuer sind oder Intrigantinnen, die sich nur an Klatsch und Bekrittelung ergötzen . . .

Die Geschichte einer Dame, der Unrecht geschah

Ein wahres Bild schottischer Treulosigkeit, irischer Armut und englischer Ungerechtigkeit, aufgezeichnet von ihr selbst. In einem Brief an einen Freund zusammen mit seiner Antwort

Geehrter Herr! Da mich die Untreue und Herzlosigkeit eines Liebhabers ins Verderben gestürzt haben, hoffe ich, daß ein wahrer und schlichter Bericht über mein Unglück leichtgläubigen Mädchen zum Nutzen gereichen und ihnen zur Warnung dienen wird, nie zuviel Vertrauen auf betrügerische Männer zu setzen.

Ein vornehmer Herr aus der Nachbarschaft hatte zwei Geliebte, eine andere und mich, und er gab vor, uns beide ehrlich zu lieben. Unsere drei Häuser standen einander ziemlich nahe; seins war von meinem durch einen Fluß getrennt und von dem meiner Nebenbuhlerin durch eine alte, verfallene Mauer. Bevor ich aber im einzelnen berichte, wie schlecht dieser Herr an mir handelte, will ich meine Rivalin und mich ganz unparteiisch und gerecht beschreiben.

Was ihr Äußeres angeht, so ist sie groß und hager und hat eine sehr schlechte Figur; sie hat häßliche Züge und einen noch häßlicheren Teint; sie hat einen stinkenden Atem und auch sonst noch viele üble Gerüche an sich, die um so unerträglicher sind, als sie schlampig von Natur ist, denn sie hat immer Läuse und ist nie frei von der Krätze. Was sonstige Eigenschaften angeht, so kann ihr niemand Tugend, Ehrlichkeit, Aufrichtigkeit oder gute Manieren nachsagen; und das nimmt auch nicht wunder, wenn man bedenkt, wie sie erzogen worden ist. Ihre übliche Unterhaltung besteht aus Schimpfen und Fluchen. Alles zusammengefaßt ist sie eine arme Bettlerin und verdient sich ihren kärglichen Lebensunterhalt, indem sie maust, wohin sie kommt. Gegen diesen feinen Herrn, der jetzt so vernarrt in sie ist, hegt sie immer noch einen unüberwindlichen Haß; sie schmäht ihn ins Gesicht und verhöhnt ihn in jeder Gesellschaft. In ihrem Haus verkehrt eine Bande von Schurken, Räubern und Taschendieben, die sie ermuntert, seine Hühnerställe zu berauben, sein Korn und Vieh zu stehlen und ihm jede Unbill zuzufügen. Man hat es erlebt, daß sie an der Spitze dieser Schurken kam und ihren Liebhaber von Kopf bis Fuß braun und blau schlug und ihn schließlich zwang, ihr die dafür aufgewendete Mühe zu bezahlen. Einmal brach sie, begleitet von einer Schar zerlumpter Kerle, in sein Haus ein, stellte alles auf den Kopf und steckte schließlich das Haus in Brand. Gleichzeitig verbreitete sie unter seinen Dienern so viele Lügen, daß sie sich alle in die Haare gerieten und sein armer Hausverwalter erschlagen wurde. Dafür, denke ich und denkt das ganze Land, sollte sie haftbar gemacht werden. Zum Abschluß ihrer Beschreibung sei gesagt, daß sie einer anderen Religion angehört. Sie ist eine Presbyterianerin krassester und bösartigster Sorte und hegt daher einen eingefleischten Haß gegen die Kirche. Und dabei sollten doch in der Ehe, wie ich immer wieder gehört habe, leibliche Vereinigung und seelische Übereinstimmung einander ergänzen.

Ich will nun in wenigen Worten eine bescheidentliche und wahrhaftige Beschreibung meiner selbst geben.

Ich galt als so hübsch wie nur irgendeine in unserer Nachbarschaft, bis ich vor Gram und durch schlechte Behandlung blaß und dünn wurde. Ich bin immer noch ganz ansehnlich und habe auch, wie ich glaube, keinen sehr häßlichen Zug. Wer mich jetzt sieht, wird sich kaum vorstellen können, daß ich jemals sehr schön gewesen bin; denn abgesehen davon, daß ich mich so stark verändert habe, gehe ich stets unordentlich und in Hauskleidung, und zwar sowohl aus Nachlässigkeit als tatsächlich auch aus Mangel an Kleidern, in denen ich mich sehen lassen kann. Zu all dem könnte ich hinzufügen, daß ich ertragreiche Besitzungen ererbt hatte, wenn sie auch unter den Bedrängnissen, denen ich ausgesetzt bin, jetzt wenig abwerfen; und mein Besitz war die eigentliche Ursache meines ganzen Unglücks.

Vor einigen Jahren verliebte sich nun dieser Herr entweder in mein Äußeres oder in mein Vermögen und machte mir den Hof. Jung und töricht, wie ich damals war, ließ ich es nur zu gern geschehen. Er legte so viel Zärtlichkeit an den Tag, und seine Unterhaltung war so außerordentlich fesselnd, daß all meine Standhaftigkeit und Tugend nur zu bald unterlagen; und, um nicht länger bei einem Thema zu verweilen, das so bittere Gedanken weckt, ich muß voller Scham gestehen, daß ich durch die gewöhnlichen Kniffe, wie sie allen leichtgläubigen Jungfrauen gegenüber angewendet werden, halb mit Gewalt und halb mit meiner Einwilligung nach feierlichen Schwüren und Eheversprechen verführt wurde. Sobald er sich jedoch in meinen Besitz gebracht hatte, begann er die gewöhnliche Rolle eines allzu erfolgreichen Liebhabers zu spielen, indem er bei allen Gelegenheiten gern den Herrn hervorkehrte und sich wie ein Eroberer benahm. Zunächst hatte er etwas an der Art auszusetzen, wie ich mit meinem Gesinde umging, das – gebe ich zu – nicht zu den besten gehörte, denn es bestand aus unwissenden, ungebildeten Leuten; zu jener Zeit wußte ich nämlich nur wenig von der Welt. Seinen Wünschen gemäß willigte ich also ein, seine Lebensweise anzunehmen; ich stimmte zu, daß sein Hausverwalter bei mir das Regiment führen und das Recht haben sollte, einen Unterverwalter anzustellen, der seiner Weisung unterstand. Mein Liebhaber ging noch weiter, indem er mehrere alte Diener und Pächter hinauswarf und mir andere aus seinem eigenen Haus schickte. Diese wurden so anmaßend und unverschämt, daß es keine Ruhe mehr gab und ich nur noch von ständigen Auseinandersetzungen hörte. Obwohl ich unmöglich etwas dafür konnte, schob mein Liebhaber die ganze Schuld mir zu und erlegte mir alle Strafen auf. Bei jedem Streit entließ er noch mehr von meinen Leuten und schickte mir statt dessen eine Anzahl seiner eigenen Kumpane und Anhänger, die er sonst nirgends unterbringen konnte. Von Liebe überwältigt und in dem Bestreben, Lärm und Zank zu vermeiden, ließ ich alle seine Übergriffe geschehen; und da mir jeder Widerstand zwecklos erschien, hielt ich es für den besten Weg, meine neuen Diener zu hofieren und sie für meine Interessen zu gewinnen. Ich speiste sie von meiner eigenen Tafel mit dem Besten, was ich hatte, gab meinen neuen Pächtern die fruchtbarsten Teile meines Landes und behandelte sie alle so freundlich, daß sie begannen, mich ebenso zu lieben wie ihren Herrn. Im Laufe der Zeit waren alle meine alten Diener verschwunden, und ich hatte keinen einzigen Menschen mehr um mich, außer höchstens ein oder zwei Pächtern, den er nicht ausgewählt hatte; und doch hatte ich das große Glück, den größten Teil von ihnen durch gute Behandlung auf meine Seite zu bringen. Als mein Liebhaber das bemerkte, begann er, einen anderen Ton anzuschlagen; denen, die nach mir fragten, erwiderte er dann gewöhnlich, daß ich eine langjährige Dienerin der Familie sei, der er einige seiner Geschäfte übertragen habe. Er begann, mich entsprechend zu behandeln, und ließ allmählich selbst die einfachste Höflichkeit in seinem Benehmen vermissen. Ich werde nie die Rede vergessen, die er mir eines Morgens mit dem größten Ernst der Welt vortrug. Er erinnerte mich an die ungeheuren Verpflichtungen, die ich ihm gegenüber hätte, da er mir so viele seiner Leute zu meinem Wohl geschickt habe und um mir zu zeigen, wie man sich benimmt. Mein Unterhalt habe ihn zehnmal mehr gekostet, als ich wert sei. Es wäre viel besser für ihn gewesen, wenn mich der Teufel geholt hätte oder wenn ich verbrannt oder ins Meer geworfen worden wäre, wo es am tiefsten ist. Es sei nur recht und billig, daß ich mich nach Kräften anstrengte, um ihm etwas von seinen Kosten zurückzuerstatten. Von nun an erwarte er, daß sein Wort in allen Angelegenheiten für mich Gesetz sei. Ich müsse eine Gemeindewache gegen Diebe und Räuber unterhalten und die Gehälter für einen Aufseher, einen Polizisten und einige andere Leute zahlen, die er selbst auswählen und von Zeit zu Zeit schicken würde, um mir nachzuspionieren. Um mich besser in die Lage zu versetzen, diese Ausgaben zu bestreiten, sollten meine Pächter verpflichtet sein, alle ihre Waren über den Fluß auf seinen Stadtmarkt zu bringen, auf beiden Ufern Zoll zu zahlen und sie dann zum halben Wert zu verkaufen. Da wir aber eine schmutzige Sorte Menschen seien und es ihm unerträglich sei, etwas zu berühren, was wir schon angefaßt hätten, und weil er auch Arbeit brauche, um seine eigenen Leute zu beschäftigen, so müßten wir all unsere Waren unbearbeitet auf seinen Markt bringen: die Milch unmittelbar von der Kuh, ohne sie zu Käse oder Butter zu verarbeiten; das Korn in der Ähre; das Gras, wie es gemäht ist; die Wolle, wie sie vom Rücken der Schafe kommt; und die Frucht am Ast, damit er nicht gezwungen sei, sie nach der Berührung durch unsere schmutzigen Hände zu essen. Wenn ein Pächter nur ein einziges Stück Brot oder Käse mitnähme, um es unterwegs zu essen, oder einen Zoll Garn, um seine Strümpfe zu stopfen, so sollte seine ganze Ladung verwirkt sein. Und da sich gewöhnlich eine Bande von Halunken auf dem Fluß zwischen uns herumtrieb, die meinen Pächtern oft die Waren und Boote raubten, befahl er einem seiner Schiffer, sie zu bewachen. Der aber ließ sich gewöhnlich nicht blicken, bis die armen Kerle ausgeplündert waren; dann setzte er den Dieben nach und beschlagnahmte alles als rechtmäßige Beute für seinen Herrn und für sich selbst. Man fände kein Ende, wollte man die hundert anderen Dinge aufzählen, mit denen er mich gequält hat. Als allgemeine Regel gilt jedoch, daß er nie auch nur einen Moment schwankt, wenn er meint, durch irgendeine neue Härte gegen mich und mein ganzes Gesinde und meinen Besitz könnte einem seiner Lakaien auch nur der geringste Vorteil erwachsen. All das hat mich daheim so außerordentlich unbedeutend und verächtlich gemacht, daß einige Diener, denen ich die höchsten Löhne zahle, und viele Pächter, die die vorteilhaftesten Pachtverträge haben, hinübergezogen sind, um bei ihm zu leben; trotzdem muß ich ihnen die Löhne weiterzahlen und ihre Pacht entrichten. Auf diese Weise wird ein Drittel meines gesamten Einkommens auf seinem Grund und Boden ausgegeben, und mehr als ein weiteres Drittel verschlingen seine Zölle und Marktpreise. Meine armen Pächter sind indessen so heruntergekommen und verarmt, daß sie, statt mich standesgemäß zu erhalten, mir kaum Kleider beschaffen können, um mich warm zu halten, und sie selbst können sich auch kaum die lebensnotwendigsten Dinge leisten.

Als die Dinge zwischen mir und meinem Liebhaber so standen, erhielt ich die Nachricht, daß er meiner Rivalin seit einiger Zeit sehr dringende Heiratsanträge gemacht hatte, bis einige Mißverständnisse zwischen ihnen entstanden waren: sie gab ihm böse Worte und drohte, jeden Verkehr mit ihm abzubrechen. Er andererseits hatte entweder durch seinen Triumph über mich Mut bekommen oder hielt sie für eine ebenso nachgiebige Närrin wie mich und wollte die Sache zunächst selbstherrlich durchsetzen; doch da er zugleich hörte, daß sie sich mit dem Gedanken trug, mir heimlich Vorschläge zu einem Bund gegen ihn zu machen, und da er mit gutem Grund fürchtete, daß ich sie bereitwillig annehmen würde, schien er äußerst beunruhigt. Das hielt ich für eine gute Gelegenheit, ein großes Beispiel des Edelmuts und der Liebe zu geben; ohne langes Besinnen ließ ich ihn wissen, ich hätte gehört, zwischen ihm und meiner Rivalin würde wahrscheinlich ein Streit ausbrechen, und ungeachtet all dessen, was vorgefallen sei, und ohne ihn an irgendwelche Bedingungen zu meinen Gunsten zu binden, wolle ich ihm gegen sie und die ganze Welt beistehen, solange ich noch einen Pfennig in der Tasche oder einen Unterrock zu verpfänden hätte. Diese Botschaft war von allen meinen wichtigsten Pächtern unterschrieben und erwies sich als so wirkungsvoll, daß meine Rivalin daraufhin sofort umgänglicher wurde. Das Ergebnis davon war, daß nun ein Ehevertrag zwischen ihnen abgeschlossen ist, die Hochzeitskleider sind gekauft, und es bleibt nur noch die Zeremonie selbst zu vollziehen, die man um einige Tage verschoben hat, weil es eine öffentliche Hochzeitsfeier werden soll. Und zum Lohn für meine Liebe, Treue und meinen Großmut hat er mir das Amt übertragen, Näherin für seine Diener und Lakaien zu sein, und wenn ich nicht verhungern will, muß ich das annehmen. Trotz dieser meiner Lage kann ich jedoch nicht umhin, etwas Mitleid mit diesem betrogenen Mann zu haben, der sich an eine ehrlose Person wegwirft. Was sie auch immer vorgeben mag, ich kann beweisen, daß sie selbst jetzt noch lieber für einen gewissen großen Mann, der ungenannt bleiben soll, zur Hure würde, wenn es nach ihr ginge. Ich meinerseits bin der Meinung und mit mir das ganze Land, daß der Mann besessen ist; zumindest vermag niemand bei uns sich vorzustellen, was er nur an ihr finden kann, es sei denn, sie hat ihn behext oder ihm irgendein Pulver gegeben.

Ich bin wahrhaftig niemals auf eine Verbindung mit ihm ausgegangen, und Sie können mir bestätigen, daß ich andere Partien hätte machen können; ja, wenn ich leichtfertig veranlagt wäre, so könnte ich vielleicht noch jetzt Anträge bekommen, wie sie manche, die den Kopf höher tragen, gern annehmen würden. Aber ach! Ich habe mich nie mit derartig sündhaften Gedanken getragen. Mein einziger Wunsch ist jetzt nur, ein wenig Ruhe zu haben, von den Verfolgungen dieses unvernünftigen Menschen frei zu sein und daß er mich mein kleines Vermögen zu bestem Vorteil selbst verwalten läßt. Dafür will ich mich verpflichten, ihm jedes Jahr eine beträchtliche Rente zu zahlen, und zwar weit mehr, als er jetzt durch seine Zwangsmaßnahmen erhält; denn letzten Endes muß er der Verlierer sein, wenn er mich und meine Pächter so ausgesogen hat, daß wir keinen Pfennig mehr für ihn oder für uns selbst haben. Eine seiner Zumutungen hätte ich fast vergessen. Ich halte sie für unerträglich und möchte Ihr Urteil oder das jedes beliebigen vernünftigen Menschen anrufen, ob es so ist oder nicht. Ich berichtete Ihnen schon, daß wir uns vor langer Zeit in einem Vertrag geeinigt hatten, den gleichen Hausverwalter zu haben; damals willigte ich auch ein, für mein Gesinde und meinen Besitz die gleichen Anordnungen zu treffen wie er; das gab er mir dann in aller Form schriftlich, und ich stimmte dem zu. Die Auslegung, die er nun diesem unserem Vertrag zu geben für richtig hält, ist jedoch höchst eigenartig. Er behauptet nämlich, daß er, wenn er will, mein Gesinde zwingen kann, alle beliebigen Anordnungen zu befolgen, die er in Zukunft für sein eigenes Gesinde erläßt, ohne zuvor meinen Rat einzuholen oder meine Gründe anzuhören. So dürfte ich ohne seine Einwilligung keinen Pachtvertrag abschließen und keinerlei Verfügungen für die ordentliche Tätigkeit meines Gesindes treffen, sonst könnte er sie nach Belieben widerrufen. Das macht meine Situation derart verworren und unsicher, daß meine Diener nicht mehr wissen, wann sie mir gehorchen sollen, und meine Pächter, obwohl zumeist mir zugetan, kaum noch wissen, woran sie sind.

Aber ich falle Ihnen mit diesem melancholischen Thema allzu lästig; dennoch hoffe ich, Sie werden mir vergeben, da ja das Glück meines ganzen Lebens davon abhängt. Ich bitte Sie, eine Weile darüber nachzudenken und mir dann zu raten, wie ich mich am besten verhalte, um mit Klugheit, Gerechtigkeit, Mut und Ehre meine Freiheit und mein Vermögen vor dem Ungemach und den Härten zu schützen, die ich von jenem grausamen und treulosen Mann erleide.

Die Antwort an die Dame, der Unrecht geschah

Gnädige Frau! Ich habe den Brief Euer Gnaden erhalten, ihn in allen seinen Teilen sorgfältig erwogen und werde Ihnen nun mitteilen, wie Sie nach meiner Meinung zu Ihrer eigenen Sicherheit verfahren sollten. Zunächst aber muß ich Euer Gnaden mit Verlaub sagen, daß Sie sich einer unverzeihlichen Schwäche schuldig gemacht haben, als Sie unlängst Ihrem Liebhaber anboten, in jedem Streit, den er mit Ihrer Rivalin haben könnte, zu ihm zu stehen. Sie wissen sehr wohl, daß sie zu fürchten begann, er wolle sie ebenso behandeln, wie er das mit Ihnen getan hatte; und die einfachste Klugheit hätte Sie veranlassen sollen, lieber einige Absprachen mit ihr zu gemeinsamem Beistand gegen ihn zu treffen, bis er sich gezwungen gesehen hätte, zumindest einige vernünftige Bedingungen anzunehmen. Ihr unüberwindlicher Haß gegen jene Dame hat jedoch Ihren Groll so gesteigert, daß er zur Ursache Ihres Verderbens wurde. Diese Ihre Abneigung begann jedoch, wenn Sie bitte einmal zurückdenken, eine ganze Zeit bevor sie Ihre Nebenbuhlerin wurde; Sie und Ihr Gesinde nährten dieses Gefühl als eine Art Kompliment gegenüber Ihrem Liebhaber, der früher einen großen Abscheu gegen sie hegte. Gewiß haben

Sie seitdem sehr viel unter ihren Übergriffen auf Ihren Besitz zu leiden gehabt, aber nie hat sie sich angemaßt, Sie zu beherrschen oder Ihnen Befehle zu erteilen. Jetzt haben Sie sich eine neue Feindin geschaffen, denn ich glaube, Sie können mit Sicherheit jede Schikane von ihr erwarten, die sie Ihnen durch den Einfluß, den sie auf ihren Gatten hat, nur irgendwie bereiten kann. Hätten Sie sich dagegen, statt ohne jede Veranlassung offen gegen sie Partei zu ergreifen, nur eine Weile ruhig verhalten und nichts gesagt, so hätte jener Herr schon aus bloßer Angst seine Strenge gegen Sie gemildert. Sie bezeichnen diese Ihre Schwäche als Großmut; aber ich fürchte, es war doch noch etwas anderes. Kurz, gnädige Frau, ich habe guten Grund zu der Annahme, daß Sie durch die verderblichen Ratschläge einiger Leute aus Ihrer Umgebung dazu verleitet wurden; denn ich weiß ganz sicher, daß mehrere Ihrer Pächter und Diener, zu denen Sie sehr gut gewesen sind, zu den schändlichsten Halunken im ganzen Land gehören. Ich kann nicht umhin zu bemerken, welch gewaltiger Unterschied in einer Hinsicht zwischen Euer Gnaden und Ihrer Rivalin besteht. Nachdem Sie sich selbst hingegeben hatten, hielten Sie nichts anderes mehr der Verteidigung wert, und daher wollen Sie jetzt nicht einmal mehr auf eben jenen Bedingungen bestehen, zu denen Sie zuerst nachgegeben haben. Es kann Euer Gnaden jedoch nicht unbekannt sein, daß Ihre Rivalin vor einigen Jahren das gleiche tat, und zwar ohne alle Bedingungen; ja, dieser Herr hielt sie als seine Mätresse und ließ sie trotzdem für ihre Verpflegung und Unterkunft zahlen. Da er jedoch zu jener Zeit keinen Verwalter hatte und es in seinem Haushalt drunter und drüber ging, stahl sie sich fort, und jetzt hat sie den bei gewissen Damen der Stadt sehr gut bekannten Kniff gelernt, einem Mann in der Nacht ihre Gunst zu gewähren und am nächsten Tag die Unverfrorenheit zu besitzen, es ihm ins Gesicht zu leugnen.

Aber es ist zu spät, Ihnen frühere Fehler vorzuhalten, die sich nachträglich nicht mehr ändern lassen. Ich weiß, daß die Tatsachen, wie Sie sie berichten, wahr und unparteiisch dargestellt sind. Mein Rat ist daher folgender: Versammeln Sie sobald wie möglich Ihre Pächter und gewinnen Sie Ihre Zustimmung zu den folgenden Beschlüssen:

Erstens, daß Ihr Gesinde und Ihre Pächter in keiner Abhängigkeit von dem besagten Herrn stehen, die über den alten Vertrag hinausgeht, wonach Sie verpflichtet sind, den gleichen Hausverwalter zu haben und Ihren Haushalt nach solchen Regeln zu führen, über die beiderseitiges Einverständnis besteht.

Zweitens, daß Sie Ihre Waren nicht mehr auf den Markt seiner Stadt bringen, es sei denn, Sie tun es aus freien Stücken, und daß Sie sich nicht daran hindern lassen, sie anderswo anzubieten.

Drittens, daß die Diener, denen Sie Lohn zahlen, daheim leben sollen oder ihre Stellungen verlieren.

Viertens, daß kein Pachtvertrag, den Sie mit einem Pächter abschließen, von ihm aufgehoben werden kann.

Wenn er diesen Punkten zustimmt, rate ich Ihnen, so reichlich Sie können zu allen Gemeinde- und Grafschaftsabgaben beizutragen.

Ich kann Ihnen versichern, daß mehrere der tüchtigsten Pächter und Diener jenes Herrn gegen seine strenge Behandlung Ihrer Person sind und sich über eine Gelegenheit freuen würden, auch die übrigen von ihrem Irrtum zu überzeugen, wenn Sie nur nicht an sich selbst verzagen.

Sollte der Herr diese gerechten und vernünftigen Angebote ablehnen, so lassen Sie es mich bitte wissen; vielleicht fällt mir etwas anderes ein, das sich als wirksamer erweist.

Ich bin,

Gnädige Frau,

Euer Gnaden usw.

Von Gemeindelöwen und Jungfrauen
Ein Traum

Von aller Unbill, dir mir einige Kritiker zugefügt haben, ist die grausamste für einen alten Mann, daß sie mir nicht einmal in meinem Bett Ruhe lassen, sondern mich sogar bis in meine Träume verfolgen. Ich darf nur träumen, wenn es ihnen gefällt, und auch dann nicht über größere Themen, wie visionär sie ihrer Natur nach auch sein mögen, da sich durch sie eine greifbare Moral hindurchziehe, die für ein Traumgebilde unwahrscheinlich und unnatürlich sei. Der Kummer, den mir dieser Einwand bereiten könnte, wird durch die Erwägung aufgehoben, daß sie einen anderen versäumt haben, gegen den ich mich nicht hätte verteidigen können. Sie hätten mich fragen können, ob man die von mir veröffentlichten Träume eigentlich als Lukubrationen bezeichnen könne, denn so habe ich alle meine Arbeiten genannt, sowohl die Bücher als auch die Pamphlete. Das ist ein so offensichtlicher Widerspruch in terminis, daß ich mich wundere, weshalb keiner der Neunmalklugen bisher darauf gekommen ist, das andere ist aber eine Spitzfindigkeit. Ich erinnere mich, daß mir als Schuljunge oft ganze Tagesabschnitte im Traum erschienen: wie ich mich auf eine Reise zu Pferde begab, Rast machte, zu Abend aß, zu Bett ging und am nächsten Morgen wieder aufstand; und ich habe junge Damen gekannt, die in einer einzigen Nacht eine ganze Kette von Abenteuern träumen konnten, die für einen Roman ausgereicht hätten. In der Jugend ist die Einbildungskraft stark, noch nicht mit Sorgen durchsetzt oder von jenen Leidenschaften gefärbt, die sie am meisten stören und irreleiten, wie Habgier, Ehrgeiz und viele andere. Wie man sagt, daß alte Menschen wieder zu Kindern werden, so bin ich nun in puncto Träumen wieder in meine Kindheit zurückgekehrt. Meine Einbildungskraft ist völlig ungezwungen, unbeschwert durch Sorge, Habgier oder Ehrgeiz, wodurch ich neben vielen anderen Vorteilen auch den genieße, daß ich den geringen Rest meiner Jahre verdoppele und volle vierundzwanzig Stunden am Tag lebe. Indessen ist der Traum, den ich nun berichten will, so abenteuerlich, wie man ihn sich nur vorstellen kann, und müßte jenen Kritikern meiner Träume gefallen, denn ich habe keine Moral darin entdecken können:

»Es trug sich zu, daß mein Dienstmädchen auf dem Tisch meines Schlafzimmers eines ihrer Geschichtenbücher (wie sie sie nennt) liegenließ. Ich nahm es und fand es voller seltsamer Ungereimtheiten, die ihrem Geschmack und ihrer Stellung entsprachen – arme Dienerinnen, die zu Damen werden, und niedere Bedienstete, die Königstöchter heiraten. Unter anderem traf ich auf die weise Feststellung, ›daß ein Löwe nie einer echten Jungfrau etwas zuleide tun würde‹. Mit dieser Mischung von Unsinn im Kopf ging ich zu Bett und träumte, daß mich am Morgen ein Freund weckte und vorschlug, zum Zeitvertreib ein paar Stunden die Gemeindelöwen anzusehen. Er habe das nicht getan, seit er in die Stadt gekommen sei, und da sie nur einmal wöchentlich vorgeführt würden, wolle er die Gelegenheit nicht verpassen. Ich sagte, ich würde ihm den Gefallen tun, obgleich ich, offen gestanden, diese grausamen Schauspiele nicht liebe. Und wenn sie nicht eine so alte Sitte darstellten, die dem Vernehmen nach auf den weisesten Maximen begründet ist, wäre ich geneigt, die Unmenschlichkeit derer zu verurteilen, die sie einführten.«

All dies wird dem wachen Leser ein Rätsel sein, bis ich ihm die Vorstellung erkläre, die sich meine Einbildungskraft nach der Maxime, »daß ein Löwe nie einer echten Jungfrau etwas zuleide tun würde«, gebildet hatte.

»Ich träumte, daß nach einem Gesetz aus unvordenklichen Zeiten in jeder Gemeinde auf öffentliche Kosten ein Löwe gehalten wurde, und zwar an einem besonderen Platz neben dem Kirchhof. Ehe nun eine aus dem schönen Geschlecht verheiratet wurde, mußte sie, wenn sie behauptete, eine Jungfrau zu sein, an ihrem Hochzeitstage in ihrem Brautkleid in feierlicher Haltung allein in den Zwinger gehen und eine Stunde bei dem Löwen bleiben, der nicht angekettet war und den man eigens 24 Stunden hatte fasten lassen. In passender Höhe über dem Zwinger gab es bequeme Galerien für die Verwandten und Freunde des jungen Paares, die auch allen Zuschauern offenstanden. Keine Jungfrau wurde gezwungen, sich dem Löwen auszusetzen, aber wenn sie sich weigerte, war es eine Schande, sie zu heiraten, und jedem stand es dann frei, sie eine Hure zu nennen. Und mich dünkte, es war ein ebenso gewöhnlicher Zeitvertreib, sich die Gemeindelöwen anzusehen, wie man bei uns ins Theater oder in die Oper geht. Die Lage neben der Kirche wurde als günstig angesehen, um entweder die Jungfrau zu verheiraten, wenn sie die Prüfung überstand, oder die Knochen zu begraben, wenn der Löwe den Rest aufgefressen hatte, was er auch stets tat.«

Um nun mit dem Traum fortzufahren: »Zuerst wollten wir uns (wie ich mich erinnere) den Löwen von St. Dunstan ansehen, aber man sagte uns, heute sei keine Vorführung. Von da gingen wir zu dem von Covent Garden, der zu meiner großen Überraschung zum Skelett abgemagert war, wo ich doch gerade das Gegenteil erwartet hatte. Aber der Wärter sagte, das sei gar kein Wunder, denn das arme Tier hätte seit seiner Ankunft im Kirchspiel noch nicht eine Unze Frauenfleisch bekommen. Das erstaunte mich noch mehr, und ich begann schon, eine hohe Verehrung für die Damen in jenem Stadtteil zu hegen, als der Wärter weiter sagte, er wundere sich überhaupt, weshalb die Gemeinde die Kosten für den Unterhalt eines Löwen für nichts und wieder nichts tragen wolle. Lieber Freund (sagte ich), nennst du es nichts und wieder nichts, die Tugend so vieler Damen zu bestätigen, oder hat euer Löwe etwa seine Unterscheidungsgabe verloren? Kann es eine größere Ehre für euer Kirchspiel geben, als daß alle Damen, die in eurer Kirche getraut wurden, reine Jungfrauen waren? Das stimmt (sagte er), und der Herr Pfarrer weiß das zu seinem Leidwesen, denn seit Seine Hochwürden bei uns sind, ist noch nicht ein Paar in unserer Kirche getraut worden. Die Jungfrauen hier sind zu klug, um sich vor die Klauen des Löwen zu wagen, und da sie niemand heiraten will, haben sie alle ein Keuschheitsgelübde abgelegt, so daß wir dementsprechend das weitaus größte Nonnenkloster in der ganzen Stadt haben. Dieses Verhalten der Damen, ein Keuschheitsgelübde abzulegen, weil sie keine Jungfrauen mehr waren, begriff ich ohne weiteres, und mein Traum erzählte mir, daß das ganze Königreich voll von Nonnenklöstern sei, die aus dem gleichen Grunde reichlich gefüllt seien.

Wir besuchten dann einen weiteren Löwen, bei dem wir eine große Gesellschaft auf der Galerie vorfanden. Der Wärter sagte uns, wir würden genügend Kurzweil haben, wie er es nannte. Bald darauf sahen wir, wie eine schöne junge Dame in den Zwinger geführt wurde, die mit aller erdenklichen Sicherheit in ihrer Haltung auf den Löwen zuging und lächelnd zu ihrem Geliebten und den Freunden auf der Galerie hinaufsah. Ich hielt das für nichts Außergewöhnliches, denn man hat nie gehört, daß sich ein Löwe je geirrt hätte. Allein, wir wurden alle enttäuscht, denn der Löwe hob seine rechte Pranke, was das Todeszeichen bedeutete, sprang auf sie zu, ergriff ihren Arm und begann ihn zu zerreißen. Die arme Dame stieß einen furchtbaren Schrei aus und rief: ›Der Löwe hat recht, ich bin keine Jungfrau! Oh! Sappho, Sappho!‹ Mehr konnte sie nicht sagen, denn der Löwe gab ihr den coup de grâce, indem er ihr die Kehle zudrückte, und sie verschied zu seinen Füßen. Der Wärter zerrte ihren Körper weg, um das Tier damit zu füttern, wenn die Gesellschaft gegangen wäre, denn ein Gemeindelöwe fraß nie in der Öffentlichkeit. Nach einer kleinen Pause trat eine andere Dame in der gleichen Art wie die vorige auf den Löwen zu. Wir beobachteten, wie er sie mit großer Sorgfalt beschnupperte. Er zerkratzte ihr beide Hände, als er diese an seine Nase führte, und brachte ihr mit einer Tatze auf der Brust eine Wunde bei, aus der etwas Blut floß. Er ließ sie jedoch fahren und wandte sich dabei mit einer gewissen Verachtung von ihr ab, worüber sie höchst gekränkt war und sich in einiger Verwirrung zu ihren Freunden auf der Galerie zurückzog. Ich glaube, die ganze Gesellschaft verstand sofort die Bedeutung dieses Vorganges, daß nämlich die Dame in großer Gefälligkeit gewisse unvorsichtige und gefährliche Vertraulichkeiten gestattet hatte, die allzusehr ans Verwerfliche grenzten. Es war auch nicht ganz sicher, ob sich der anwesende Geliebte nicht noch mit einigen anderen in jene Freiheiten teilte, mit denen eine Dame nie sparsam genug umgehen kann.

Dies erwies sich als ein ganz besonderer Tag, denn eine dritte Dame kam in den Zwinger, wobei sie laut lachte, mit ihrem Fächer spielte, den Kopf zurückwarf und der Runde der jungen Burschen auf der Galerie zulächelte. Der Löwe sprang sie aber mit großer Heftigkeit an, und wir gaben sie verloren. Plötzlich aber ließ er sie los, wandte sich wie angeekelt ab und gab ihr einen Hieb mit dem Schwanz. Daraufhin kehrte sie zur Galerie zurück, ohne im geringsten aus der Fassung gebracht zu sein; das aber war anscheinend die übliche Behandlung von Koketten.

Ich dachte, wir hätten nun genug gesehen, aber mein Freund wollte unbedingt noch einen oder zwei Löwen in der Stadt besuchen. Wir gingen zu zwei oder drei Zwingern, wo gerade keine Vorstellungen stattfanden. Meist aber sahen wir dort ein Dutzend junger Mädchen, zwischen acht und elf Jahren alt, die mit dem Löwen spielten, auf seinem Rücken saßen und ihm die Hände in den Rachen legten. Einige von ihnen bekamen dann und wann einen Kratzer ab, aber bei näherer Untersuchung stellten wir dann stets fest, daß sie mit den jungen Lehrlingen herumgetollt hatten. Eines von ihnen rief einem hübschen Mädchen von etwa zwölf Jahren neben uns auf der Galerie zu, sie solle doch zum Löwen herunterkommen, und als das Mädchen sich weigerte, sagte sie: ›Ach! Fräulein Betty, du kommst gar nicht mehr mit uns zum Löwen, seit du mit meinem Bruder in der Bodenkammer Verstecken gespielt hast.‹

Wir folgten einem Brautpaar, das mit den Hochzeitsgästen zur Kirche von St. Mary-Axe ging. Obwohl die Dame schon hochbetagt und äußerst krumm und mißgestaltet war, hatte sie sich jugendlicher herausstaffiert als eine Fünfzehnjährige, wozu sie nach meiner Schätzung den ganzen hinterlassenen Flitterkram einiger Generationen von Tanten, Patentanten und Großmüttern zusammengestückelt hatte. Einer der Nachbarn flüsterte mir zu, daß sie eine alte Jungfer sei und den besten Ruf im ganzen Kirchspiel besäße. Das ist in diesem Falle kein Wunder, dachte ich, war aber sehr überrascht, als ich dann bemerkte, daß sie mit Mißtrauen und Furcht auf den Löwen zuging. Das Raubtier lag am Boden, bei ihrem Anblick aber erhob es sich, schnupperte zwei- oder dreimal mit der Nase, gab dann das Zeichen des Todes und machte sich unverzüglich an die Exekution. In ihrem Todeskampf hörte man sie die Wörter ›Italien‹ und ›Kunstgriffe‹ mit großem Entsetzen und wiederholten Verwünschungen ausstoßen. Endlich schloß sie: ›Oh, wie dumm war ich, daß ich so sehr auf die Zähigkeit meiner Haut vertraut habe!‹

Der Wärter brachte sogleich wieder alles in Ordnung für die nächste Kundin, die sich als eine berühmte Zierpuppe herausstellte, welche ihre Eltern nach langem Drohen und mit viel Überredung unter größten Schwierigkeiten dazu gebracht hatten, einen ansehnlichen jungen Goldschmied zu erhören, der Aussicht auf eine fünfmal höhere Mitgift gehabt hätte. Die Väter und Mütter der Umgebung pflegten sie ihren Töchtern als Vorbild hinzustellen. Ihre Ellbogen hielt sie an den Körper gedrückt wie angeschmiedet, und ihre ganze Haltung sagte jedem, sie habe Angst, er könnte sie berühren. Sie fürchtete die Annäherung an den Löwen nur, weil er ein männliches Wesen war, und sie entsetzte sich bei dem Gedanken, daß ein Tier jenes Geschlechts sich erdreisten könnte, sie anzuhauchen. Beim Anblick eines Mannes wandte sie schon in zwanzig Meter Entfernung den Kopf ab. Sie saß immer auf der äußersten Kante des Stuhles, selbst wenn zwischen ihr und ihrem Liebhaber noch sechs Stühle standen, die Tür weit geöffnet war und sich ihre kleine Schwester im Zimmer befand. Sie wurde stets nur auf den Ohrzipfel geküßt, und ihr Vater hatte große Mühe, sie dazu zu bringen, ohne Handschuhe zu essen, wenn ein Mann mit zu Tische saß. Sie betrat den Zwinger mit einiger Furcht, was wir für den Ausdruck ihrer hohen Sittsamkeit hielten, die durch den Anblick so vieler Männer auf der Galerie beleidigt war. Als sie der Löwe aus einiger Entfernung erblickte, gab er sofort das Zeichen des Todes, worauf das arme Geschöpf (mich dünkt, ich sehe sie noch vor mir) aus Angst vor unser aller Augen eine Fehlgeburt bekam. Der Löwe schien ebenso überrascht zu sein wie wir und gab ihr Zeit, das Geständnis abzulegen, ›daß sie im fünften Monat sei, und zwar durch den Vorarbeiter aus der Werkstatt ihres Vaters, und daß dies ihre dritte Schwangerschaft sei‹. Als ihre Freunde sie fragten, wieso sie es dann gewagt habe, sich der Prüfung zu unterziehen, sagte sie, daß ›ihre Amme ihr versichert habe, daß der Löwe nie einer schwangeren Frau etwas tun würde‹.« Unmittelbar darauf erwachte ich und konnte den Wunsch nicht unterdrücken, daß die kürzlich von mir berufenen Hilfssittenrichter mit dem gleichen Instinkt ausgerüstet wären wie diese Gemeindelöwen.

Brief an eine sehr junge Dame zu ihrer Heirat

Geschrieben im Jahre 1723

Gnädige Frau! Nachdem nun die Unruhe und Belastung durch die Besuche, die Sie infolge Ihrer Heirat empfangen und abstatten mußten, vorbei sind, treten Sie in einen Lebensabschnitt ein, in dem Sie manchen guten Rat brauchen, um das Abgleiten in viele Irrtümer, Ziereiereien und Torheiten zu vermeiden, denen Ihr Geschlecht ausgesetzt ist. Mit Ihrem Vater und Ihrer Mutter verband mich immer eine vollkommene Freundschaft, und der Mann, der von Ihnen zu Ihrem Gatten auserkoren wurde, steht mir seit einigen Jahren besonders nahe. Schon lange war es mein Wunsch, daß Sie zusammenkommen möchten, denn ich hoffte, daß Sie sich dank Ihrer guten Anlagen und dadurch, daß Sie den Ratschlägen kluger Freunde folgen, im Laufe der Zeit seiner wert erweisen würden. Ihre Eltern handelten insofern richtig, als sie Sie nicht sehr häufig in Gesellschaft brachten, wodurch Sie viele falsche Schritte, die andere gingen, vermieden haben und weniger schlechte Eindrücke zu überwinden brauchen. Doch wie es meist der Fall ist, handelten sie insofern nicht richtig, als sie zu sehr die Pflege Ihres Geistes vernachlässigten, ohne den es unmöglich ist, die Freundschaft und Achtung eines klugen Mannes zu erwerben oder zu erhalten, der es bald müde wird, den Liebhaber zu spielen und seine Gattin wie eine Geliebte zu behandeln, sondern vielmehr eine vernünftige Gefährtin und treue Freundin in jedem Abschnitt seines Lebens haben möchte. Deshalb müssen Sie es sich angelegen sein lassen, sich für diese Aufgaben auszubilden, worin ich stets Ihr Ratgeber sein will, solange Sie es mir zu verdienen scheinen, indem ich Sie wissen lasse, wie Sie handeln und was Sie vermeiden sollten.

Und hüten Sie sich davor, meine Anweisungen zu verachten oder zu vernachlässigen, denn von ihnen hängt nicht nur Ihr Ansehen in der Gesellschaft ab, sondern auch Ihr eigenes wirkliches Glück wie auch das Glück der Person, die Ihnen am teuersten sein sollte.

Ich muß Sie deshalb als erstes darum bitten, daß Sie nur sehr langsam die jungfräuliche Züchtigkeit in Ihrem Verhalten ablegen. Junge Frauen machen sich gewöhnlich schon wenige Wochen nach der Heirat eine dreiste und herausfordernde Art des Blickes und der Redeweise zu eigen, als ob sie in jeder Gesellschaft kundtun wollten, daß sie keine Mädchen mehr sind und daß folglich ihr ganzes Betragen bis zu der Zeit, wo sie einen Mann bekamen, geradezu nichts als äußerer Schein und ein Zwang für ihre wahre Natur gewesen sei. Wohingegen ich vermute, daß bei einer Abstimmung kluger Männer eine sehr große Mehrheit sich für jene Damen entscheiden würde, die nach ihrem Eintritt in diesen Stand sich eher befleißigen würden, ihre Sittsamkeit und Zurückhaltung zu verdoppeln.

Desgleichen muß ich Sie strikt davor warnen, Ihrem Gatten gegenüber auch nur die geringste Zärtlichkeit zu zeigen, sobald irgendwelche Zeugen dabei sind, selbst wenn es sich um Ihre nächsten Verwandten oder sogar um Ihre Kammerzofen handelt. Ein solches Verhalten ist allen Menschen, die entweder eine gute Erziehung oder einen guten Geschmack haben, so überaus verhaßt und widerlich, daß sie es zwei wenig schmeichelhaften Gründen zuschreiben; der eine ist grobe Heuchelei, und der andere hat einen zu schlimmen Namen, als daß man ihn nennen könnte. Wenn man schon Unterschiede machen muß, so ist Ihr Gatte die geringste Person in der Gesellschaft, ob zu Hause oder anderswo, und jeder der anwesenden Herren hat ein größeres Anrecht auf alle Ihre Äußerungen der Höflichkeit und der Auszeichnung. Verbergen Sie Ihre Bewunderung und Liebe in Ihrem Herzen und bewahren Sie Ihre liebevollen Blicke und Worte für stille Stunden, deren es von den vierundzwanzig so viele gibt, daß genügend Zeit bleibt, um einer Leidenschaft zu frönen, die so glühend sein mag wie nur irgendeine, die je in einem französischen Roman geschildert wurde.

Zu diesem Punkt möchte ich Ihnen weiter raten, anders zu handeln als jene Damen, die bei Abwesenheit ihres Gatten ein Unmaß an Besorgnis zur Schau tragen, bei jedem Klopfen an der Haustür auffahren und beständig nach den Dienstboten klingeln, damit sie den Herrn hereinlassen; die beim Mittag- oder Abendessen nicht einen Bissen zu sich nehmen wollen, wenn der Herr des Hauses einmal ausbleibt, und die ihn bei seiner Rückkehr mit einer solchen Mischung von Vorwürfen und Zärtlichkeiten empfangen und ihn derart ausfragen, wo er gewesen sei, daß ein Fischweib von Billingsgate eine bequemere und wünschenswertere Gefährtin wäre.

Vom gleichen Schlage sind jene Frauen, die von ihrem Mann, wenn er auf Reisen ist, mit jeder Post einen Brief haben müssen, sonst bekommen sie Anfälle oder werden hysterisch; und sie bestehen auf einem bestimmten Tag der Heimkehr, ohne den geringsten Spielraum für Geschäfte, Krankheit, Unfälle oder schlechtes Wetter zuzulassen. Ich kann hierzu nur sagen, daß nach meinen Beobachtungen jene Damen, die bei solchen Gelegenheiten das größte Getöse machen, sehr freigebig einen Boten belohnt hätten, der mit der Nachricht eingetroffen wäre, daß sich ihr Gatte auf der Straße den Hals gebrochen habe.

Vielleicht fühlen Sie sich gekränkt, wenn ich Ihnen rate, die heftige Leidenschaft für schöne Kleidung, die bei Ihrem Geschlecht so sehr vorherrscht, ein wenig zu dämpfen. Es ist etwas hart, daß wir, für die sie doch getragen wird, nicht als Ihre Ratgeber zugelassen werden. Vielleicht darf ich die Versicherung wagen, daß wir jederzeit mit einem Brokatstoff zufrieden sind, der vier Pfund das Meter weniger kostet, wenn die Damen nur bei ihren Bemühungen um die Sauberkeit und Frische ihrer Person einen entsprechenden Aufschlag bewilligen würden. Denn der satirische Teil der Menschheit glaubt nur zu gern, daß es nicht unmöglich ist, sehr elegant und sehr schmutzig zu sein, und daß die Fähigkeiten einer Dame manchmal nicht ganz ausreichen, Reinlichkeit und Aufmachung gleichzeitig zu pflegen. Ich möchte zu diesem delikaten Thema nur noch hinzufügen, was ein spaßhafter Herr von einer albernen Dame von Rang sagte: nichts könne sie erträglich machen, als daß man ihr den Kopf abschlüge, denn seine Ohren würden durch ihre Zunge beleidigt und seine Nase durch ihre Haare und Zähne.

Ich weiß wirklich nicht, wie ich Sie bei der Auswahl Ihres Umgangs beraten soll, und doch ist dies einer der wichtigsten Punkte in Ihrem Leben. Wenn Ihr allgemeiner Bekanntenkreis aus Ihnen ebenbürtigen oder höhergestellten Damen besteht, die nichts an sich haben, was man gewöhnlich einen schlechten Ruf nennt, so meinen Sie, darin sicherzugehen; und in den Augen der Welt gilt das auch für gute Gesellschaft. Wogegen ich fürchte, daß es Ihnen schwerfallen wird, eine einzige weibliche Bekannte in dieser Stadt zu finden, durch die Sie nicht unmittelbar in Gefahr geraten, mit irgendeiner Afferei, Affektiertheit, Eitelkeit, Torheit oder Lasterhaftigkeit angesteckt zu werden. Der einzig sichere Weg für Sie im Umgang mit ihnen ist, fest entschlossen in Ihrer Lebensführung und in Ihrem Verhalten immer genau das Gegenteil dessen zu tun, was sie sagen oder tun. Das halte ich für eine gute, allgemeingültige Regel, von der es nur sehr wenige Ausnahmen gibt. So zum Beispiel mit den Lehren, die sie gewöhnlich den jung verheirateten

Frauen zur Behandlung ihrer Gatten vortragen; mit den zahlreichen Berichten über ihr eigenes Verhalten in dieser Beziehung, um es Ihnen zur Nachahmung zu empfehlen; mit den abfälligen Bemerkungen, die sie über andere ihres Geschlechts machen, weil sie anders gehandelt haben; mit ihren Anleitungen, wie Sie aus jedem Streit oder jeder Auseinandersetzung, die Sie vielleicht mit Ihrem Gatten haben, siegreich hervorgehen können; mit den Künsten, vermittels deren Sie seine schwachen Seiten entdecken und ausnützen können; wann man mit Schmeicheleien und Einflüsterungen vorgehen soll, wann er mit Tränen zu erweichen ist und wann man ihm hochmütig begegnet. In diesen und tausend anderen Fällen ist es klug, sich von ihren Lehren soviel wie nur möglich zu merken und dann den Entschluß zu fassen, gerade entgegengesetzt zu handeln.

Ich hoffe, Ihr Gatte wird seine Autorität dazu verwenden, die Zahl Ihrer Besucher einzuschränken. Ein halbes Dutzend Narren sind wahrhaftig das Äußerste, was Sie brauchten, und es wird für Sie genügen, sie zweimal im Jahr zu empfangen. Denn die feine Lebensart verlangt ja wohl nicht, daß man Freunden Besuche macht.

Ich rate Ihnen, daß Ihre Gesellschaft zu Haus eher aus Männern als aus Frauen bestehen sollte. Um die Wahrheit zu sagen, habe ich noch keine erträgliche Frau gefunden, die ihre eigenen Geschlechtsgenossinnen gut leiden konnte. Ich gebe zu, wenn beide Geschlechter zusammen sind und eine gute Auswahl getroffen wurde und alle kehren ihre besten Eigenschaften hervor, dann kann es zu einem höflichen und freundschaftlichen Austausch kommen, der mit der Beigabe von einigem Verstand die Unterhaltung oder irgendeinen Zeitvertreib angenehm machen kann. Aber eine Schar von Damen, die für sich allein zusammen sind, ist geradezu eine Schule der Ungehörigkeit und Verleumdung, und es ist noch gut, wenn dies das schlimmste ist.

Lassen Sie sich Ihre männlichen Bekannten von Ihrem Gatten auswählen und nicht durch irgendwelche Freundinnen empfehlen, denn diese werden Ihnen sicher einen Stutzer anhängen, und es wird Sie einige Zeit und Mühe kosten, ehe Sie gelernt haben, einen solchen von einem Mann mit Verstand zu unterscheiden.

Machen Sie niemals eine Lieblingszofe zu Ihrer Vertrauten, und lassen Sie sich nicht von ihr mit Geschichten über ihre früheren Dienstherrinnen, deren Zeitvertreib und Kleider, unterhalten und sich von ihr einreden, wie groß das Vermögen sei, das sie in die Ehe brachten, und wie wenig Sie davon verschwenden dürften. Beklagen Sie sich nicht bei ihr über Ihren Gatten, und lassen Sie sich nicht von ihrem Urteil bestimmen, weil Sie sicher sein können, daß es immer zu Ihren Gunsten ausfallen wird. Richten Sie sich nicht bei der Einstellung oder Entlassung von Dienstboten nach ihrer Zustimmung oder Mißbilligung, lassen Sie sich nicht durch ihre Einflüsterungen in Mißverständnisse mit Ihren besten Freunden verwickeln, sich alle Dinge in falschem Licht darstellen und benutzen Sie sie nicht als allgemeinen Zuträger von Klatsch und Skandalgeschichten.

Das große Ziel Ihres Lebens aber wird es sein, die Freundschaft und Achtung Ihres Gatten zu gewinnen und zu erhalten. Sie sind mit einem wohlerzogenen und gebildeten Mann verheiratet, der über einen ausgezeichneten Verstand und einen sicheren Geschmack verfügt. Es stimmt zwar und ist ein Glück für Sie, daß bei ihm diese guten Eigenschaften noch durch große Bescheidenheit, eine äußerst liebenswürdige Natur und eine ungewöhnliche Veranlagung zu Besonnenheit und Tugend geziert werden. Aber weder aus Gutherzigkeit noch aus Anständigkeit wird er Sie gegen seine Überzeugung achten können, und wenn er auch nicht fähig ist, Sie schlecht zu behandeln, so werden Sie doch mit der Zeit zu einem uninteressanten und vielleicht sogar verächtlichen Ding werden, wenn Sie nicht den Verlust von Jugend und Schönheit durch dauerhaftere Eigenschaften ersetzen können. Sie haben nur sehr wenige Jahre, um in den Augen der Welt als jung und hübsch zu gelten, und ebenso wenige Monate in den Augen eines Gatten, wenn er kein Narr ist; denn ich hoffe, Sie träumen nicht immer noch von Liebreiz und Verzückung, denen die Heirat seit jeher ein plötzliches Ende machte und immer machen wird. Außerdem war Ihre Heirat ja eine Vereinigung aus Klugheit und ganz normaler Neigung, ohne jeden Einschlag jener lächerlichen Leidenschaft, die nur in Theatertexten und Romanen vorkommt.

Sie müssen deshalb alle Ihre Bemühungen darauf richten, ein gewisses Maß jener Fähigkeiten zu erlangen, die Ihr Gatte bei anderen Menschen am meisten schätzt und für die er selbst hoch angesehen ist. Sie müssen Ihren Geist bilden, indem Sie sich eng an die Studienmethode halten, die ich für Sie anordne oder die ich gutheiße. Sie müssen sich eine Sammlung historischer Bücher und Reisebeschreibungen beschaffen, die ich Ihnen empfehlen werde, täglich einige Stunden darin lesen und Auszüge daraus machen, wenn Ihr Gedächtnis schwach sein sollte. Sie müssen Menschen mit Wissen und Verstand einladen und zu Ihren Bekannten machen, durch deren Unterhaltung Sie lernen können, Ihren Geschmack und Ihr Urteilsvermögen zu verbessern. Wenn Sie so weit kommen, daß Sie den rechten Sinn anderer erfassen und genießen können, dann werden Sie schließlich auch dorthin gelangen, daß Sie selbst richtig denken und eine einsichtsvolle und angenehme Gefährtin werden. Das muß in Ihrem Gatten eine wahre, rationale Liebe und Achtung für Sie hervorrufen, die auch das Alter nicht mindern wird. Er wird auf Ihr Urteil und Ihre Meinung bei Angelegenheiten von größtem Gewicht Wert legen. Sie werden imstande sein, sich miteinander zu unterhalten, ohne daß Ihnen eine dritte Person mit neuem Gesprächsstoff aushelfen muß. Ihre Geistesgaben werden ihm sogar Ihre Person angenehmer machen, und wenn Sie allein sind, wird die Zeit nicht lang werden, nur weil Ihnen irgendein nichtiges Vergnügen fehlt.

So wenig Respekt ich vor den meisten Ihres Geschlechts habe, hat es mich doch manchmal mit Mitleid erfüllt, wenn ich ansehen mußte, daß sich die Dame des Hauses unmittelbar nach dem Essen zurückzuziehen hatte, und zwar in Familien, wo gar nicht so viel getrunken wurde, als ob es eine feste Maxime wäre, daß Frauen zu keiner Unterhaltung taugten. Wenn beide Geschlechter in einem Raum zusammenkommen und die Männer sich über irgendein allgemeines Thema unterhalten, so betrachten es die Damen nie als ihre Aufgabe, an dem, was vor sich geht, teilzunehmen; sie vergnügen sich statt dessen in einem abgesonderten Kreis gegenseitig mit dem Preis und der Auswahl von Spitzen und Seide und den Kleidern, die in der Kirche oder im Theater ihr Entzücken oder Mißfallen erregt haben. Und wenn ihr unter euch seid, wie selbstverständlich befühlt ihr da, schon nach der ersten Begrüßung, gegenseitig eure Aufschläge und Halskrausen und Umhänge, als ob der ganze Sinn eures Lebens und das Wohl und Wehe der Welt von dem Schnitt und der Farbe eurer Kleidung abhinge. Wie die Geistlichen sagen, daß sich manche Leute mehr Mühe geben, um verdammt zu werden, als es sie kosten würde, ihr Seelenheil zu erlangen, so verwendet euer Geschlecht mehr Gedanken, Gedächtniskraft und Fleiß darauf, Narren zu sein, als nötig wäre, um klug und tüchtig zu werden. Wenn ich darüber nachdenke, kann ich euch nicht als menschliche Wesen betrachten, sondern nur als eine besondere Spezies, die nur wenig über dem Affen steht, der über mehr unterhaltsame Kunststücke verfügt als irgendeine von euch, ein weniger boshaftes und teures Tier ist, mit der Zeit auch ein leidlicher Kenner von Samt und Brokat sein könnte, und sie wahrscheinlich ebensogut tragen würde.

Ich möchte, daß Sie den Putz als eine notwendige Torheit betrachten, wie das alle vornehmen Damen taten, die ich je gekannt habe. Ich verlange nicht, daß Sie nicht mit der Mode gehen, doch sollen Sie die Letzte und Geringste darin sein. Ich erwarte, daß Ihre Kleidung um einen Grad einfacher ist, als Ihr Vermögen es gestatten würde; und ich wünschte, daß Sie in Ihrem Herzen jeden Vorzug aufs äußerste verachten mögen, den Ihnen ein feinerer Rock verschaffen kann, denn er macht Sie weder reicher, hübscher, jünger, besser, tugendhafter noch klüger, als wenn er an einem Kleiderhaken hinge.

Wenn Sie in der Gesellschaft gebildeter Männer sind, die sich vielleicht über Künste und Wissenschaften unterhalten, die außerhalb Ihres Gesichtskreises liegen, wird es trotzdem nützlicher für Sie sein, ihnen zuzuhören als der unsinnigen und nichtigen Unterhaltung Ihres eigenen Geschlechts. Handelt es sich aber um Männer, die nicht nur gelehrt, sondern auch wohlerzogen sind, so werden sie selten ein Gespräch führen, bei dem Sie nicht zuhören und allmählich teilnehmen könnten. Wenn sie von den Sitten und Gebräuchen der verschiedenen europäischen Königreiche, von Reisen in weiter entfernte Länder, von dem Zustand ihres eigenen Heimatlandes oder von den großen Männern Griechenlands und Roms und deren Taten erzählen; wenn sie ihr Urteil über englische und französische Vers- und Prosadichter abgeben oder über die Natur und die Grenzen von Tugend und Laster sprechen, dann ist es eine Schande für eine englische Dame, wenn sie an solchen Gesprächen keinen Gefallen findet, nichts daraus lernt und sich nicht durch Lesen und Lernen bemüht, an solchen Unterhaltungen teilzunehmen, sondern sich vielmehr, wie es der übliche

Brauch ist, abwendet und mit der Frau, die neben ihr sitzt, eine neu eingetroffene Ladung von Fächern bespricht.

Es ist kaum zu verstehen, daß nicht eine Adelstochter unter tausend so erzogen wird, daß sie ihre eigene Muttersprache lesen und verstehen oder die leichtesten darin geschriebenen Bücher beurteilen kann. Das kann jeder feststellen, der die Geduld aufbringt, ihnen zuzuhören, wenn sie Lust bekommen, ein Theaterstück oder einen Roman zu lesen und dann daraus Wortsalat machen, weil jedes Wort, das über den allereinfachsten Wortschatz hinausgeht, sie mit Sicherheit aus der Fassung bringt. Das ist aber nicht verwunderlich, wenn sie in ihrer Kindheit nicht einmal das Buchstabieren gelehrt wurden und auch in ihrem ganzen späteren Leben keine Gelegenheit erhalten, es zu lernen. Deshalb gebe ich Ihnen den Rat, Ihrem Gatten, wenn er es erlaubt, oder einem anderen Freund, der Sie berichtigen kann (aber keinem weiblichen), jeden Tag einen kleineren oder größeren Abschnitt laut vorzulesen; und was das richtige Schreiben angeht, so werden Sie es allmählich beherrschen, wenn Sie sich aus den Büchern, die Sie lesen, Auszüge machen.

Ich weiß sehr wohl, daß die Frauen, die man gewöhnlich gelehrt nennt, durch ihre aufdringliche Schwatzhaftigkeit und Selbstgefälligkeit jegliches Ansehen verloren haben; aber diese Schwierigkeit ist leicht behoben, wenn Sie nur bedenken, daß Sie bei aller Mühe, die Sie sich vielleicht geben, in puncto Lernen niemals die Fertigkeiten eines Schuljungen erreichen können. Die Lektüre aber, zu der ich Ihnen rate, dient nur zur Verbesserung Ihres eigenen gesunden Verstandes, der stets durch Takt unterstützt werden wird. Es liegt nur an der falschen Methode und der schlechten Auswahl der Bücher, daß jene gelehrten Damen um so unleidlicher werden, je mehr sie lesen. Deshalb soll es meine Sorge sein, Ihnen einen besseren Weg zu zeigen, eine

Aufgabe, zu der ich mich für nicht schlecht befähigt halte; denn ich habe mehr Zeit damit zugebracht und mehr Gelegenheit als andere gehabt, zu beobachten und zu entdecken, woher die verschiedenen Torheiten der Frauen stammen.

Sehen Sie sich doch einmal an, was für unbedeutende Geschöpfe die Damen der gewöhnlichen Art sind, wenn Jugend und Schönheit hinter ihnen liegen: Wie verächtlich sie den Männern erscheinen und noch verächtlicher ihren eigenen jüngeren Geschlechtsgenossinnen; wie sie keine Abwechslung haben, als ihre Nachmittage mit Besuchen zu verbringen, bei denen sie doch nie willkommen sind, und ihre Abende beim Kartenspiel miteinander; der Vormittag vergeht ihnen in Verdruß und Neid oder im vergeblichen Bemühen, durch Kunst und Kleider die Verwüstungen der Zeit zu heilen. Dagegen habe ich Damen im Alter von sechzig Jahren gekannt, denen die ganze gebildete Gesellschaft am Hofe und in der Stadt ihre Aufwartung machte, nur um das Vergnügen ihrer Unterhaltung zu genießen.

Ich kenne keine schätzenswerte Eigenschaft beim Manne, die nicht auch bei einer Frau im gleichen Maße liebenswert wäre. Ich nehme davon nicht einmal Bescheidenheit und Milde aus. Mir ist auch kein Laster und keine Torheit bekannt, die nicht bei beiden gleichermaßen verabscheuungswürdig ist. Doch gibt es tatsächlich eine Schwäche, die man euch allgemein zuzugestehen scheint, nämlich die Feigheit. Es müßte aber doch sehr widersprüchlich wirken, daß Frauen behaupten, einen Obersten oder Hauptmann wegen seiner Tapferkeit zu bewundern, es gleichzeitig aber für eine sehr anmutige und ansprechende Eigenschaft halten, daß sie sich vor ihrem eigenen Schatten fürchten, in einem Ruderboot kreischen, wenn schönstes Wetter ist, oder in einer haltenden Kutsche; daß sie vor einer Kuh auf hundert Meter Entfernung davonlaufen oder beim Anblick einer Spinne, eines Ohrwurms oder eines Frosches in Ohnmacht fallen. Wenn Feigheit ein Zeichen von Grausamkeit ist (wie man allgemein zugibt), so kann ich sie wenigstens kaum für eine so wünschenswerte Eigenschaft halten, daß man sich noch bemühen sollte, sie durch Affektiertheit zu verstärken.

Da also die gleichen Tugenden beiden Geschlechtern gleich gut anstehen, gibt es keine Eigenschaft, durch die sich die Frauen von den Männern zu unterscheiden bemühen, die sich für sie nicht gerade zum Nachteil auswirkt, ausgenommen allein die Zurückhaltung, die jedoch, wie ihr sie gewöhnlich handhabt, nichts anderes als Ziererei oder Heuchelei ist. Denn so wie ihr nie genug jene Vertreter unseres Geschlechts zurechtweisen könnt, die sich euch gegenüber unpassende Freiheiten herauszunehmen wagen, so solltet ihr in Gesellschaft würdiger Männer gänzlich ungezwungen sein, sobald ihr ihres taktvollen Verhaltens hinreichend sicher seid.

Es fehlt in dieser Stadt nie an einer Horde dreister, schwadronierender und geschwätziger Damen, deren Talente unter den Gecken für Geist und Humor gelten. Sie zeichnen sich besonders durch grobe, anstößige Ausdrücke aus und in dem, was sie »einen Mann heruntermachen« nennen. Wenn ein Herr in ihrer Gesellschaft zufällig einen Makel in seiner Herkunft oder an seiner Person hat, wenn seiner Familie oder ihm irgendein Mißgeschick zugestoßen ist, dessen er sich schämt, so werden sie es ihn bestimmt und ohne jeden Anlaß deutlich spüren lassen. Ich würde Ihnen eher die Bekanntschaft mit einer gemeinen Straßendirne als mit solchen Drachen empfehlen. Oft habe ich schon gedacht, daß kein Mann verpflichtet ist, solche Kreaturen als Frauen zu betrachten, sondern eher als unverschämte Halunken in Frauenkleidern, die man nackt ausziehen und die Treppe hinunterwerfen sollte.

Ich möchte noch etwas anfügen, obschon es hier nicht ganz am Platze ist, nämlich meinen Wunsch, daß Sie Ihren Gatten wegen der guten Eigenschaften ehren und achten lernen, die er wirklich besitzt, und daß Sie ihm nicht andere andichten, die er bestimmt nicht hat. Denn wenn letzteres auch allgemein als Zeichen der Liebe angesehen wird, so ist es doch in Wirklichkeit nichts als Affektiertheit oder ein schlechtes Urteilsvermögen. Zwar fehlt ihm so sehr wenig an Vollkommenheit, daß Sie in keiner großen Gefahr sind, in dieser Hinsicht fehlzugehen; doch wird meine Warnung durch eine Dame aus Ihrem Bekanntenkreis veranlaßt, die mit einem sehr schätzbaren Herrn verheiratet ist, ihn aber unglücklicherweise immer wegen der Vorzüge preist, auf die er den geringsten Anspruch erheben kann.

In der Frage des Geldausgebens kann ich Ihnen keinen Rat geben. Ich meine nur, Sie sollten genau darüber Bescheid wissen, wie hoch die Einkünfte Ihres Gatten sind, und eine so gute Rechnerin sein, daß Sie in dem Ihnen zufallenden Teil der Haushaltsführung in diesen Grenzen bleiben. Auch sollten Sie nicht zu jenen schlauen Damen gehören, die es als einen großen Erfolg ansehen, wenn sie ihrem Gatten so lange zugesetzt haben, bis er ihnen eine neue Equipage, eine Spitzenhaube oder einen feinen Rock kauft, ohne auch nur einmal daran zu denken, welche langen Metzgerrechnungen unbezahlt bleiben.

Ich bitte Sie, diesen Brief sorgfältig aufzubewahren und oft Ihr ganzes Verhalten unparteiisch an ihm zu überprüfen. Und so segne Sie Gott und mache Sie zu einem schönen Vorbild für Ihr ganzes Geschlecht und zu einer beständigen Quelle der Freude für Ihren Gatten und Ihre Eltern!

Ich bin, gnädige Frau, aufrichtig und herzlich, Ihr treuester Freund und ergebenster Diener.

Sentenzen

Gedanken über verschiedene Gegenstände erbaulicher und ergötzlicher Art

Wir haben gerade genug Religion in uns, einander zu hassen, aber nicht genug, einander zu lieben.

Denke nach über Vergangenes, wie Kriege, Unterhandlungen, Parteikämpfe und dergleichen – wir werden so wenig von jenen Interessen berührt, daß wir uns wundern, wie derart vergängliche Dinge die Menschen nur so sehr beschäftigen und bekümmern konnten. Betrachte die Gegenwart – wir finden das gleiche Verhalten, nur wundern wir uns überhaupt nicht darüber.

Ein kluger Mensch ist bestrebt, unter Berücksichtigung aller Umstände Mutmaßungen anzustellen und Schlüsse zu ziehen; aber der kleinste Zwischenfall (und im Gang der Ereignisse kann man unmöglich alles voraussehen) verursacht häufig solche Wendungen und Veränderungen, daß er zu guter Letzt genauso über den Ausgang im Ungewissen ist wie der Dümmste und Unerfahrenste.

Selbstsicherheit ist eine gute Eigenschaft für Prediger und Redner, weil jemand, der seine Gedanken und Beweisgründe einer Menge aufzwingen will, andere um so eher überzeugt, je überzeugter er selber wirkt.

Wie kann man erwarten, daß die Menschheit guten Rat annimmt, wenn sie nicht einmal auf Warnungen hört?

Ich weiß nicht mehr, ob guter Rat zu den verlorenen Dingen gehört, von denen Ariost sagt, sie seien auf dem Monde zu finden; guter Rat und die Zeit müßten wohl dort sein.

Auf keinen anderen Prediger hört man als auf die Zeit, die uns eben die Richtung und Art des Denkens lehrt, die ältere Menschen uns früher vergebens beizubringen versuchten.

Wenn wir eine Sache haben wollen oder begehren, ist unser ganzes Denken nur mit ihren guten Seiten oder Umständen beschäftigt; haben wir sie dann, ist unser ganzes Denken nur mit den schlechten beschäftigt.

In der Glashütte werfen die Arbeiter in Abständen kleine Mengen neuer Kohle auf das Feuer, wodurch es scheinbar gestört, in Wirklichkeit aber sehr stark entfacht wird. Das scheint einem leichten Aufrühren der Leidenschaften vergleichbar, das den Geist vor dem Erschlaffen bewahrt.

Die Religion scheint mit dem Alter wieder zum Kinde geworden zu sein und will mit Wundern gefüttert werden, wie in der Zeit ihrer Kindheit.

Jedes Vergnügen wird durch ein gleiches Maß an Schmerz oder Stumpfheit aufgewogen; es ist, als ob man in diesem Jahr schon einen Teil der Einkünfte des nächsten verbraucht.

Die zweite Hälfte seines Lebens verbringt der Weise damit, sich von den Torheiten, Vorurteilen und irrigen Ansichten zu befreien, die er sich in der ersten zu eigen gemacht hat.

Will ein Schriftsteller wissen, wie er sich im Hinblick auf die Nachwelt verhalten soll, dann möge er bedenken, was er in alten Büchern findet, was ihm wissenswert erscheint, und welche Auslassungen er am meisten beklagt.

Was die Dichter auch vorgeben mögen, so ist doch offenbar, daß sie niemandem Unsterblichkeit verleihen außer sich selbst; es sind Homer und Vergil, die wir verehren und bewundern, nicht Achilles oder Äneas. Bei den Geschichtsschreibern ist es genau umgekehrt; unsere Gedanken sind erfüllt von den Taten, Personen und Ereignissen, über die wir lesen, und den Autoren schenken wir wenig Beachtung.

Wenn ein wirklich großer Geist in der Welt erscheint, kann man ihn untrüglich daran erkennen, daß sich alle Dummköpfe gegen ihn verbünden.

Menschen, die alle Vorzüge des Lebens genießen, befinden sich in einer Lage, wo sie durch viele Ereignisse beunruhigt oder geärgert, aber nur durch wenige erfreut werden können.

Feiglinge durch Schande zu strafen, ist unklug; wenn diese ihnen etwas gelten würde, wären sie nicht zu Feiglingen geworden. Die richtige Strafe für sie ist der Tod, denn ihn fürchten sie am meisten.

Die größten Erfindungen wurden im Zeitalter der Unwissenheit gemacht, wie der Gebrauch des Kompasses, das Schießpulver und die Buchdruckerei, und zwar vom dümmsten Volke, nämlich den Deutschen.

Ein Argument zum Nachweis dessen, daß die üblichen Geschichten von Geistern und Gespenstern im allgemeinen unwahr sind, ergibt sich aus der herrschenden Meinung, Geister könnten niemals von mehreren Personen zugleich gesehen werden; das heißt, es kommt selten vor, daß in einer Gesellschaft mehr als einer in stärkerem Maße an Hypochondrie oder Melancholie leidet.

Ich kann mir vorstellen, daß beim Jüngsten Gericht die Klugen wegen Mangels an Moral und die Dummen wegen Mangels an Glauben nur wenig Nachsicht finden werden, denn für beides gibt es keine Entschuldigung. Dadurch werden die Vorteile des Wissens und der Unwissenheit einander gleich. Vielleicht aber werden den Klugen einige Zweifel und den Dummen einige Laster vergeben, denn darin sind sie der Versuchung ausgesetzt.

Gewisse Einzelheiten der Geschichte verlieren durch den zeitlichen Abstand stark an Wert, wiewohl manche kleinen Einzelheiten höchst wichtig sind; hier zu unterscheiden verlangt von einem Schriftsteller großes Urteilsvermögen.

Es ist für die Schriftsteller selbstverständlich geworden, »Dieses kritiksüchtige Zeitalter« zu sagen, so wie die Geistlichen »Dieses sündige Zeitalter« sagen.

Es ist vergnüglich zu sehen, wie freizügig unser Zeitalter das kommende mit Hypotheken belastet: »Künftige Generationen werden davon reden«, »Die ganze Nachwelt wird es rühmen«; während deren Zeit und Gedanken genauso von gegenwärtigen Dingen erfüllt sein werden, wie unsere heute.

Das Chamäleon, dem man nachsagt, daß es nur von Luft lebe, hat von allen Tieren die flinkste Zunge.

Wenn jemand ein hoher geistlicher Würdenträger wird, verliert er seinen Familiennamen, wird er ein weltlicher, seinen Taufnamen.

In Disputen geht es so zu wie bei den Armeen, wo die schwächere Seite falsche Leuchten aufstellt und großen Lärm veranstaltet, um den Gegner glauben zu machen, sie sei zahlreicher und stärker, als sie wirklich ist.

In der Meinung, Vorurteile auszujäten, reißen manche Leute Tugend, Ehrlichkeit und Religion mit aus.

In allen wohlgeordneten Gemeinwesen wird dafür Sorge getragen, den Besitz des einzelnen in Schranken zu halten; dies wird aus vielerlei Gründen getan, unter anderem auch aus einem, den man wohl selten bedenkt: sind nämlich den Wünschen der Menschen Grenzen gesetzt und haben sie so viel erworben, wie die Gesetze ihnen gestatten, dann erlischt ihr privates Interesse, und es bleibt ihnen nichts weiter übrig, als sich um das Allgemeinwohl zu kümmern

Der Mensch hat nur drei Möglichkeiten, dem Tadel der Welt zu begegnen: ihn zu verachten, ihn mit gleicher Münze heimzuzahlen oder bemüht zu sein, so zu leben, daß er ihn sich nicht zuzieht. Der erste Weg wird gewöhnlich vorgetäuscht, der dritte ist fast unmöglich, der zweite aber stellt die allgemeine Praxis dar.

Herodot berichtet uns, in kalten Ländern hätten Tiere selten Hörner, in heißen dagegen sehr große. Dazu ließe sich eine amüsante Parallele ziehen.

Ich habe nie eine treffendere Satire auf die Juristen gehört als die, welche von den Astrologen geboten wird, wenn sie behaupten, an Hand ihrer Kunstregeln sagen zu können, wann ein Prozeß enden werde und ob zugunsten des Klägers oder des Angeklagten. Damit machen sie die Angelegenheit allein vom Einfluß der Sterne abhängig, ohne im geringsten die Rechtslage selbst zu beachten.

Den in den Apokryphen vorkommenden Ausdruck von Tobias und seinem Hündlein habe ich oft verspotten hören. Dabei gebraucht Homer mehr als einmal die gleichen Worte für Telemachus, und auch Vergil äußert sich ähnlich über Evander. Ich selber halte das Buch Tobias teilweise für poetisch.

Ich kannte einige Menschen mit guten Eigenschaften, welche für andere sehr dienlich, für sie selber aber ohne Nutzen waren, gleich einer Sonnenuhr an der Hauswand, die den Nachbarn und Vorübergehenden, nicht aber dem Besitzer drinnen die Zeit weist.

Würde jemand all seine Ansichten über Liebe, Politik, Religion, Gelehrsamkeit usw. aufzeichnen, von der Jugend an bis ins hohe Alter hinein, was ergäbe das am Ende für eine lange Liste von Inkonsequenzen und Widersprüchen!

Was sie im Himmel tun, wissen wir nicht; was sie *nicht* tun, wird uns ausdrücklich gesagt: sie heiraten nicht und werden auch nicht verheiratet.

Wenn man beobachtet, an wen die Damen heutzutage ihre Gunst austeilen, kann man nicht umhin, mit einer gewissen Verehrung jener bei Xenophon* erwähnten Stuten zu gedenken, die, solange sie ihre Mähnen hatten, das heißt, solange sie schön waren, niemals die Liebkosungen eines Esels dulden wollten.

In Hangen und Bangen zu leben ist ein elender Zustand; es ist das Leben einer Spinne. Vive quidem, pende tamen, improba, dixit.**

* De re equestri.

** Ovid Metam. [»So lebe denn, aber hänge in der Luft, du Böse«, sagte sie (Pallas bei der Verwandlung der Arachne in eine Spinne)].

Die stoische Forderung, unsere Bedürfnisse dadurch zu befriedigen, daß wir unsere Wünsche beschneiden, ist das gleiche, als wenn wir uns die Füße abhackten, wenn uns Schuhe fehlen.

Ärzte sollten nicht über Religion urteilen, und zwar aus demselben Grunde, aus dem man keine Schlächter als Geschworene über Leben und Tod zuläßt.

Daß so wenige Ehen glücklich sind, liegt daran, daß die jungen Damen ihre Zeit damit verbringen, Netze zu knüpfen anstatt Käfige zu bauen.

Ich glaube, wenn jemand mit offenen Augen durch die Straßen geht, wird er die heitersten Gesichter in den Trauerkutschen sehen.

Nichts hindert einen Menschen mehr daran, umsichtig zu handeln, als ein Unglück, welches mit Schuld und Schande verbunden ist.

Die Macht des Schicksals wird nur von den Unglücklichen zugegeben, denn die Glücklichen schreiben all ihre Erfolge der Klugheit oder dem Verdienst zu.

Der Ehrgeiz treibt die Menschen oft, die niedrigsten Dienste zu tun; so geschieht das Klettern in derselben Haltung wie das Kriechen.

Schlechte Gesellschaft gleicht einem Hunde, der den am meisten beschmutzt, den er am meisten liebt.

Nachrede ist der Tribut, den man der Öffentlichkeit zahlt, wenn man sich hervortut.

(Die folgenden »Gedanken« entstanden in Zusammenarbeit mit Alexander Pope)

Man wirft den Menschen zwar vor, sie kennten ihre eigene Schwäche nicht, doch gibt es vielleicht genauso wenige, die ihre eigene Stärke kennen. Es ist mit den Menschen wie mit manchem Stück Land, wo es mitunter eine Goldader gibt, von der der Besitzer nichts weiß.

Die Satire gilt als die leichteste Art, geistreich zu sein; ich meine aber, daß es in sehr schlechten Zeiten anders damit bestellt ist, denn es ist ebenso schwer, einen Menschen mit hervorragenden Lastern gut zu verspotten, wie einen Menschen mit hervorragenden Tugenden gut zu loben. Bei Leuten von mittlerem Charakter ist beides leicht genug.

Phantasie ist die Gabe der Jugend und Urteilsvermögen die des Alters, so daß unser Verstand immer schwerer zu befriedigen ist, während wir ihm immer weniger zu bieten haben. Dies trifft auf alle Lebensbereiche zu. Sind wir alt, finden unsere Freunde schwer unseren Beifall, und es ist ihnen auch nicht mehr so wichtig, ob sie unseren Beifall finden oder nicht.

Kein kluger Mensch hat je gewünscht, jünger zu sein.

Ein schlechter Beweisgrund mindert das Gewicht aller guten, die man zuvor angeführt hat.

Auch die Motive der besten Handlungen halten keiner allzu genauen Untersuchung stand. Eingestandenermaßen kann man die Ursache der meisten Handlungen, der guten wie der bösen, auf die Eigenliebe zurückführen; nur werden einige Menschen durch ihre Eigenliebe dazu bewegt, andere zu erfreuen, während bei anderen die Eigenliebe nur zur eigenen Befriedigung dient. Darauf beruht der große Unterschied zwischen Tugend und Laster. Das beste Motiv zu allen Handlungen ist die Religion, und doch weiß man, daß sie das höchste Beispiel von Eigenliebe darstellt.

Hat die Welt erst einmal angefangen, uns schlecht zu behandeln, dann setzt sie fürderhin diese Behandlung mit immer weniger Skrupeln oder Formalitäten fort, so wie es Männer mit einer Hure tun.

Alte Menschen sehen am besten mit Abstand, sowohl mit den Augen ihrer Vernunft wie mit denen der Natur.

Manche Menschen geben sich mehr Mühe, ihre Klugheit zu verbergen als ihre Torheit.

Die Willkürherrschaft ist für einen Fürsten der ebenso natürliche Gegenstand der Versuchung wie Wein und Weiber für einen jungen Burschen oder Bestechungsgeld für einen Richter oder Habsucht für das Alter oder Eitelkeit für eine Frau.

Ehe Anthony Henleys Pächter an Asthma starb, sagte er: »Na, wenn ich diese Luft erst einmal hinausbekommen habe, soll sie mir nie wieder hereinkommen.«

Die Neigung, viele Dinge als unbedeutend, eitel oder nur eingebildet abzutun, zeugt mitnichten von Klugheit oder von Großmut und ist ein schweres Hemmnis für tugendhaftes Handeln. Zum Beispiel in bezug auf den Ruhm: Die meisten Menschen wollen nicht gern vergessen werden. Selbst bei den Ungebildeten können wir beobachten, wie sehr sie auf eine Grabinschrift aus sind. Man braucht kein großer Philosoph zu sein, um zu entdecken und zu bemerken, daß all dem kein Wert innewohnt; allein wenn es so fest in unserem Wesen wurzelt, daß es zu Tugend anregt, sollte man nicht darüber spotten.

Die Klage ist der größte Tribut, den der Himmel erhält, und der aufrichtigste Teil unserer Gebete.

Der bei vielen Männern und den meisten Frauen anzutreffende Redefluß erklärt sich aus einem Mangel an Stoff und einem Mangel an Worten; denn wer ein Meister der Sprache ist und den Kopf voller Gedanken hat, wird beim Sprechen dazu neigen, in der Wahl beider zu zögern, wohingegen die gemeinen Redner nur eine Garnitur Gedanken haben und eine Garnitur Worte, sie einzukleiden, und diese liegen ihnen fertig auf der Zunge. So kommen die Leute auch schneller aus der Kirche heraus, wenn sie fast leer ist, als wenn sich an der Tür die Menge drängt.

Es ist nur wenigen gegeben, in Gesellschaft zu glänzen, doch haben es die meisten Menschen in ihrer Macht, sich angenehm zu machen. Daß es mit der Unterhaltung jetzt so dürftig bestellt ist, liegt mithin nicht an mangelndem Verstand, sondern an Dünkel, Eitelkeit, Mißgunst, Ziererei, Eigensinn, Rechthaberei oder sonstigen Untugenden, den Wirkungen einer falschen Erziehung.

Eitel zu sein ist eher ein Zeichen von Demut denn von Stolz. Eitle Menschen erzählen allzugern, welche Ehren ihnen zuteil geworden, was für illustren Umgang sie hätten und dergleichen mehr, womit sie offen zugeben, daß die Ehren größer waren, als ihnen zustand, so groß, daß ihre Freunde es nicht glauben würden, wenn sie es ihnen nicht sagen würden. Ein wirklich stolzer Mensch dagegen meint, daß die größten Ehren an sein Verdienst nicht heranreichen, und verachtet es demzufolge, damit zu prahlen. Ich möchte es also als Maxime aufstellen, daß derjenige, der als stolz gelten möchte, seine Eitelkeit verbergen sollte.

Das Gesetz in einem freien Lande ist das, oder sollte es jedenfalls sein, was die Mehrheit derer beschließt, die Landbesitz haben.

Von den Beweisen, die gegen die Vorsehung vorgebracht werden, halte ich einen für ein sehr starkes Argument zu ihrer Verteidigung. Es wird der Einwand erhoben, daß Stürme, Gewitter, Zeiten der Unfruchtbarkeit, Schlangen, Spinnen, Fliegen und sonstige schädliche oder lästige Tiere sowie noch viele andere Beispiele ähnlicher Art eine Unvollkommenheit in der Natur offenbarten, weil ohne sie das Leben der Menschen weitaus leichter wäre. Doch gerade daran läßt sich die Absicht der Vorsehung klar erkennen. Die Bewegungen von Sonne und Mond, kurz, das gesamte System des Weltalls, soweit es die Philosophen bisher haben entdecken und beobachten können, befinden sich auf der höchsten Stufe der Regelmäßigkeit und Vollkommenheit; wo aber Gott dem Menschen die Macht überlassen hat, durch Überlegung oder Arbeit Verbesserungen zu schaffen, hat er die Dinge vorsätzlich in einem Zustand der Unvollkommenheit belassen, um den menschlichen Fleiß anzuregen, ohne den das Leben stagnieren würde oder vielmehr sich gar nicht erhalten könnte: Curis acuuntur mortalia corda.

Lob ist ein Kind gegenwärtiger Macht.

Wie wenig folgt der Mensch seinem eigenen Wesen!

Ich kenne verschiedene Leute, die für ihre Klugheit in Staatsangelegenheiten und als Ratgeber sehr berühmt sind und die sich doch von dummen Dienern beherrschen lassen.

Ich kenne hohe Minister, die sich durch Geist und Gelehrsamkeit auszeichnen und sich doch nur mit Dummköpfen abgeben.

Ich kenne Männer von großer Tapferkeit, die bei ihren Weibern Feiglinge sind.

Ich kenne äußerst gerissene Leute, die sich ständig übers Ohr hauen lassen.

Ich kannte drei große Minister, die den Haushalt des Königreichs genau berechnen und führen konnten, von ihrer eigenen Wirtschaft aber nicht das geringste verstanden.

Das Predigen der Geistlichen verhilft dazu, daß gutgesinnte Menschen auf dem Pfade der Tugend bleiben, bekehrt aber selten oder nie die Lasterhaften.

Fürsten treffen für gewöhnlich eine klügere Wahl als die Diener, denen sie die Besetzung von Ämtern anvertrauen. Ich kenne einen Fürsten, der sich mehr als einmal einen fähigen Minister ausgesucht hat, doch habe ich niemals erlebt, daß dieser Minister bei der Vergebung eines Amtes seinen Einfluß aufgewandt hätte, um es dem zukommen zu lassen, den er dafür am fähigsten hielt. Einer der Größten unseres Zeitalters gab mir dies zu und entschuldigte es mit der Heftigkeit des Parteienstreits und der Unvernunft von Freunden.

Kleine Ursachen genügen, um uns unruhig zu machen, wenn große Ursachen nicht vorhanden sind; liegt kein Klotz auf dem Wege, stolpert man über einen Strohhalm.

Würde, Position und Reichtum sind gewissermaßen für alte Leute nötig, um sich die jüngeren vom Leibe zu halten, von denen sie sonst nur zu leicht wegen ihres Alters verhöhnt werden.

Jeder möchte lange leben, aber keiner will alt werden.

Das Gefallen an Schmeicheleien kommt bei Männern meist von der geringen Meinung, die sie von sich selber haben, bei Frauen vom Gegenteil.

Fürsten lassen in ihrer Kindheit und Jugend wunderbare Begabung und Geisteskraft erkennen, so hört man, und sie geben überraschende und erstaunliche Dinge von sich. Merkwürdig: so viele hoffnungsvolle Prinzen und so viele schändliche Könige! Geschieht es, daß sie jung sterben, so wären sie danach wahre Wunder an Klugheit und Tugend geworden, bleiben sie leben, dann sind sie oft tatsächlich Wunder, aber anderer Art.

Wenn sich Bücher und Gesetze weiter so vermehren wie während der letzten fünfzig Jahre, mache ich mir Sorgen, wie in Zukunft jemand noch Gelehrter oder Jurist werden soll.

Man sagt, Könige hätten lange Arme; ich wünschte, sie hätten ebenso lange Ohren.

Politik ist in der üblichen Bedeutung des Wortes nichts weiter als Mißwirtschaft und folglich für einen guten König und ein gutes Ministerium überflüssig, aus welchem Grunde auch alle Höfe so von Politik erfüllt sind.

Silen, der Pflegevater des Bacchus, läßt sich immer von einem Esel tragen und hat Hörner am Kopf. Die Moral daraus ist, daß Trunkenbolde sich von Narren leiten lassen und alle Aussicht haben, zum Hahnrei gemacht zu werden.

Venus, eine schöne, gutherzige Dame, war die Göttin der Liebe, Juno, ein schrecklicher Hausdrachen, die Göttin der Ehe, und beide waren sich allezeit spinnefeind.

Wer gegen die Religion ist, muß ein Dummkopf sein. Darum lesen wir auch, daß Gott unter all den Tieren gerade die Erstgeburt eines Esels zurückwies.

Ein klein wenig Geist wird bei einer Frau ebenso gern gesehen, wie wir uns auch über die paar Worte freuen, die ein Papagei richtig herausbringt.

Prüde Leute haben eine schmutzige Phantasie.

Apollo galt als Gott der Heilkunde und als Krankheitsbringer, was ursprünglich ein und dasselbe Gewerbe war – und heute noch ist.

Alte Männer und Kometen bewundert man aus demselben Grund: wegen ihrer langen Bärte und ihrer vermeintlichen Fähigkeit zur Ankündigung von Ereignissen.

Ich wurde bei Hofe gefragt, was ich von einem Gesandten und seiner Suite hielte, die ganz und gar in Spitze und Stickerei gehüllt waren und unablässig Bücklinge, Verdrehungen und Verrenkungen machten. Ich sagte: »Das ist eine der Schiffsladungen des Salomo, Gold und Affen!«

Bei Pausanias wird erzählt, wie ein Plan zum Verrat einer Stadt durch das Iahen eines Esels aufgedeckt wurde; das Geschnatter der Gänse rettete das Kapitol, und die Verschwörung des Catilina kam durch eine Hure ans Licht. Soweit ich mich entsinne, sind dies die drei einzigen Tiere, die als Zeugen oder Denunzianten in die Geschichte eingegangen sind.

Die meisten Formen des Zeitvertreibs bei Männern, Kindern und sonstigen Tieren sind Nachahmungen des Kämpfens.

Als Augustus einem Esel mit glückverheißendem Namen begegnete, versprach er sich Gutes davon. Mir begegnen viele Esel, aber keiner hat einen glückverheißenden Namen.

Wenn mich jemand zwingt, Abstand zu wahren, habe ich den Trost, daß er ihn gleichfalls wahrt.

Wer vermag abzustreiten, daß alle Menschen glühende Verehrer der Wahrheit sind, wo wir doch sehen, wie sehr sie auf ihren Irrtümern beharren, die sie als Fanatiker der Wahrheit verfechten, wenngleich sie sich auch jeden Tag ihres Lebens widersprechen?

»Vortrefflich beobachtet«, sage ich, wenn ich bei einem Schriftsteller eine Stelle lese, wo ich mit ihm gleicher Ansicht bin. Gehen unsere Meinungen auseinander, so hat er sich geirrt.

Genaugenommen, *leben* nur wenige Menschen wirklich in der Gegenwart, die meisten haben nur vor, einmal richtig zu *leben*.

So allgemein das Lügen auch verbreitet ist und so leicht es zu sein scheint, ich erinnere mich nicht, in all meinen Unterhaltungen auch nur drei gute Lügen gehört zu haben, nicht einmal von den Leuten, die auf diesem Gebiet besonders berühmt waren.

Gesetzen, die mit äußerster Sorgfalt und Genauigkeit und in der Sprache des Volkes abgefaßt sind, wird oft eine falsche Bedeutung unterschoben. Warum wundern wir uns da, wenn dies auch mit der Bibel geschieht?

Ein Mann, der eine Wespe in eine Flasche kriechen sah, die, mit Honig gefüllt, an einem Obstbaum hing, sagte zu ihr: »Ei, du versoffenes Tier, bist du denn verrückt, daß du in die Flasche willst, in der du viele Hunderte deiner Art vor dir sterben siehst?« – »Der Vorwurf ist gerecht«, erwiderte die Wespe, »jedoch nicht von euch Menschen, die ihr so wenig daran denkt, aus anderer Leute Torheiten eine Lehre zu ziehen, daß ihr euch nicht einmal eure eigenen eine Warnung sein laßt. Wenn ich mehrmals in diese Flasche geraten und zufällig immer wieder entschlüpft wäre und jetzt noch einmal hineinfiele, dann wäre ich doch nur euch ähnlich.«

Ein alter Geizhals hielt sich eine zahme Dohle, welche die Gewohnheit hatte, Geldstücke zu stibitzen und sie in einem Loch zu verstecken. Als die Katze dies beobachtete, fragte sie, wozu sie diese runden, glänzenden Dinger, die sie doch nicht verwenden könne, horten wolle. »Nun«, antwortete die Dohle, »mein Herr hat eine ganze Truhe davon voll und macht nicht mehr Gebrauch davon als ich.«

Die Menschen lassen es gern zu, daß man über ihren Witz, nicht aber über ihre Torheit lacht.

Würden die Leute von Geist und Witz beschließen, in ihren Werken nie über ihre Kritiker und Verleumder zu klagen, wüßte die nächste Generation gar nicht mehr, daß sie welche hatten.

Nach all den Grundsätzen und Systemen der Handelstätigkeit könnte ein Zuschauer meinen, die Angelegenheiten der Welt seien höchst lächerlich eingerichtet.

Es gibt wenige Länder, die bei guter Bodenbebauung nicht die doppelte Zahl von Einwohnern ernähren könnten, aber noch weniger, in denen nicht ein Drittel der Bevölkerung sogar an den nötigsten Lebensmitteln äußersten Mangel hat. Ich führe zwanzig Tonnen Getreide aus, die eine Familie ein Jahr lang mit Brot versorgen könnten, und bringe dafür ein Faß Wein zurück, das ein halbes Dutzend fideler Brüder in weniger als einem Monat auf Kosten ihrer Gesundheit und ihres Verstandes austrinken.

Ein Motto für die Jesuiten: Quae regio in terris nostri non plena laboris?*

Es würden nur wenig Zuschauer kommen, wenn jemand sich erbieten würde, für einen Dreier zu zeigen, daß er ein rotglühendes Eisen in ein Pulverfaß werfen kann, ohne daß dieses Feuer fängt.

Es fragt sich, ob die Kirchen nicht für die Lebenden ebenso Schlafstätten sind wie für die Toten?

Harry Killegrew sagte zu Lord Wharton: »Ihr würdet bestimmt nicht so viel fluchen, wenn Ihr dächtet, Gott damit zu ehren.«

* »Welches Gebiet auf Erden ist nicht voll unserer Leiden?« Vergil, *Aeneis*, I,460.

Eine Abschrift von Versen, die im Kabinett verwahrt ist und nur wenigen Freunden gezeigt wird, ist wie eine vielumworbene und bewunderte Jungfrau; gedruckt und veröffentlicht aber gleicht sie einer gemeinen Hure, die jeder für eine halbe Krone haben kann.

Ludwig XIV. von Frankreich wandte sein Leben daran, einen guten Namen in einen großen umzuwandeln.

Da die Vereinigung von Göttlichkeit und Menschlichkeit der große Grundsatz unserer Religion ist, mutet es seltsam an, wie manche Geistliche in ihren Schriften über die Göttlichkeit völlig bar der Menschlichkeit sind.

Die Epikureer begannen sich in Rom unter der Regierung des Augustus zu verbreiten, so wie es die Sozinianer und sogar auch die Epikureer in England gegen Ende der Herrschaft König Karls II. taten, die man, wenn auch höchst unsinnig, als unser Augusteisches Zeitalter ansieht. Beide Richtungen scheinen Entartungen zu sein, die durch Luxus und Frieden und durch niedergehende Bildung verursacht wurden.

Manchmal lese ich ein Buch mit Vergnügen und verabscheue den Verfasser.

Vor kurzem sah ich in einem Buchladen einen Band mit dem Titel »Gedichte vom Verfasser des Poems ›Die Wahl‹«. Es war mir unmöglich, mehr als ein Dutzend Zeilen davon zu lesen, und so fragte ich meine Begleiter, ob sie das Buch je gesehen hätten und ob ihnen das Gedicht bekannt sei, auf welches der Verfasser sich beruft; sie wußten aber alle genausowenig darüber wie ich. Indessen scheint es mir bei diesen Kleinkrämern in Witz und Gelehrsamkeit allgemein üblich zu sein, sich nach ihrem ersten Abenteuer zu titulieren, so wie es Don Quijote gewöhnlich nach seinem letzten zu tun pflegte. Das kommt von der großen Bedeutung, die jeder der eigenen Person beimißt.

Ein gewisser Dennis, gemeinhin »der Kritiker« genannt, der ein Dreigroschenpamphlet gegen den französischen Staat geschrieben hatte, hörte, als er sich auf dem Lande aufhielt, ein französischer Freibeuter mache die Küste unsicher. Sofort floh er nach London, obwohl er zwanzig Meilen vom Meer ab war, und erzählte seinen Bekannten, sie sollten sich nicht über seine Eile wundern, denn der König von Frankreich habe seinen Aufenthalt erfahren und eigens ein Kaperschiff zu seiner Ergreifung ausgeschickt.

Dr. Gee, Domherr von Westminster, hatte ein Traktätchen wider den Papismus verfaßt. Als er aus Gesundheitsgründen ins Ausland gehen mußte, ließ er sich angelegen sein, durch Portugal, Spanien und Italien verkleidet und unter falschem Namen zu reisen, und allen Engländern, denen er begegnete, erzählte er, daß er Angst habe, ermordet oder der Inquisition unterworfen zu werden. Diese Possen führte er auch in Paris auf, bis dann Mr. Prior (der damals Gesandtschaftssekretär war) den Doktor völlig außer Fassung brachte, indem er voll Bosheit das Geheimnis preisgab und sich mit seinem Leben dafür zu verbürgen erbot, daß niemand auf der Welt ihm ein Haar krümmen werde oder je von ihm oder seinem Pamphlet gehört habe.

Die Kammerjungfer einer mir bekannten Dame, die dreißig Meilen von London entfernt wohnt, zeigte genau die gleiche Denkweise, als sie im Gespräch mit einer anderen Bedienten des Hauses sagte: »Ich habe gehört, ganz London weiß schon, daß ich von meiner Herrin weggehe.« Desgleichen ein Lakai, der gerade geheiratet hatte und seinen Kameraden bat, er möge ihm offen sagen, was die Stadt darüber rede.

Als jemand einem großen Minister erzählte, das Volk sei unzufrieden, sagte dieser: »Pah, ein halbes Dutzend Dummköpfe schwätzen in einem Kaffeehaus und bilden sich dann ein, der eigene Lärm, der ihnen in die Ohren dringt, sei die Stimme des Volkes.«

Der Tod eines gewöhnlichen Sterblichen ist gemeinhin für die Welt so unwichtig, daß er auch an sich nicht wichtig sein kann. Und doch erkenne ich aus dem Verhalten der Menschen, daß uns weder die Philosophie noch die Natur hinlänglich gegen die Angst vor dem Tode gewappnet haben. Ich kenne auch nichts, was uns mit ihm aussöhnen könnte, es sei denn äußerste Qual, Schande oder Verzweiflung, denn Armut, Gefangenschaft, Unglück, Kummer, Krankheit und hohes Alter vermögen dies im allgemeinen nicht.

Woher stammt die Sitte, einer Frau zu sagen, sie solle auf ihre Schürzenbänder sehen, wenn sie um eine Ausflucht verlegen ist? Kommt sie nicht von dem Schurz aus Feigenblättern, den Eva trug, als sie ihre Scham bedeckte und als erste ihres Geschlechts eine schlechte Ausrede für das Naschen von der verbotenen Frucht gebrauchte?

Ich wundere mich nie darüber, wenn ich sehe, daß Menschen schlecht sind, doch wundere ich mich oft darüber, daß sie sich nicht schämen.

Bemerken wir nicht, wie leicht wir uns unsere Handlungen und Leidenschaften und sogar die Gebrechen unseres Körpers verzeihen? Warum sollte es also verwunderlich sein, daß wir uns auch unsere Dummheit verzeihen?

Keine Untugend oder Torheit verlangt eine so sorgfältige und geschickte Handhabung wie die Eitelkeit; und keine wirkt so verächtlich, wenn man sie nicht richtig zu handhaben weiß.

Beobachtung ist das Gedächtnis der alten Menschen.

Beredsamkeit, die glatt und scharf ist, gleicht einem eingeölten Rasiermesser.

Eingebildete Übel werden, wenn wir uns zu sehr mit ihnen beschäftigen, gar bald zu wirklichen; ebenso wie jemand, der in niedergedrückter Stimmung so etwas wie ein Gesicht an der Wand oder auf der Täfelung sieht, dieses mit ein paar Bleistiftstrichen sichtbar machen und mit seinem Hirngespinst in Übereinstimmung bringen kann.

Hochbegabte Männer versagen oft in der Führung öffentlicher Angelegenheiten, weil sie infolge der Regsamkeit ihrer Phantasie leicht vom üblichen Wege abweichen. Ich sagte das einmal zu Lord Bolingbroke und wies ihn darauf hin, daß die Schreiber in seinem Amt zum Zerteilen eines Bogens Papier eine Art Elfenbeinmesser mit stumpfer Schneide benutzten, welches stets gerade schnitt und lediglich eine ruhige Hand erforderte; würden sie dagegen ein scharfes Federmesser benutzen, so würde es durch seine Schärfe oft dem Falz nicht folgen und das Blatt verderben.

»Wer das eigene Haus nicht versorgt«, sagt Sankt Paulus, »ist ärger denn ein Heide.« Und ich meine, wer nur das eigene Haus versorgt, ist genauso arg wie eine Heide.

Eifersucht kann gleich dem Feuer Hörner zusammenschrumpfen lassen, aber sie stinken auch dabei.

Ein Lakaienhut muß vor jedermann vom Kopfe fliegen; deshalb hatte auch Merkur, der Jupiters Lakai war, Flügel auf seiner Kappe.

Wenn ein Mann Liebe vortäuscht, aber um das Geld freit, gleicht er einem Gaukler, der deinen Shilling wegzaubert und dir dafür etwas sehr Unanständiges unter den Hut schmuggelt.

Alle Loblieder enthalten eine Beimischung Opium.

Ich kenne Menschen, die erfolgreich die Satire handhaben, aber in ernsteren Themen gänzlich unbeholfen sind. Ein großes Beispiel dafür war Dr. Eachard aus Cambridge, der »Die Mißachtung der Geistlichkeit« geschrieben hat.

Der eine Gipfel des Parnasses war Bacchus, der andere Apollo geweiht.

Der Ehestand hat viele Kinder: Reue, Zwietracht, Armut, Eifersucht, Krankheit, Trübsal, Ekel usw.

Vision ist die Kunst, Unsichtbares zu sehen.

Die beiden Grundregeln jedes großen Hofmannes sind stets seine Position, nie aber sein Wort zu halten.

Ich fragte einen Armen, wie es ihm gehe. Er sagte, er gleiche einem Klumpen Seife: ständig im Abnehmen.

Laut Hippokrates, Aph. 32,6, neigen Stotterer stets zu Durchfall. Ich wollte, es stände im Vermögen der Ärzte, den Wortreichtum so mancher Leute in die inneren Teile zu befördern.

Ein Mann träumte, er wäre zum Hahnrei gemacht worden. Ein Freund sagte ihm, das sei ein schlechtes Zeichen, weil nach Vergil ein Traum wahr ist, wenn er durch das hörnerne Tor geht.

Die Liebe ist eine Flamme, und also sagen wir, Schönheit sei anziehend, denn die Ärzte beobachten, daß Feuer ein großes Zugmittel ist.

Civis war bei den Römern die ehrenvollste Bezeichnung; Bürger ist bei uns ein verächtliches Wort.

Eine Dame, die Liebschaften unterhielt und mehrere Kinder hatte, sagte zu ihrem Gemahl, er gleiche jenem harten Manne, der erntete, wo er nicht gesät hatte.

Wir lesen, daß einst ein Eselskopf für achtzig Silberstücke verkauft wurde. Heute verkauft man sie zehntausendmal teurer, obwohl es ihrer noch nie so viel gegeben hat wie jetzt.

Ich muß mich so lange beklagen, daß die Karten schlecht gemischt sind, bis ich ein gutes Blatt habe.

Wenn ich ein Buch lese, ein gescheites ebenso wie ein törichtes, ist es mir, als lebte es und spräche mit mir.

Die Menschen, die am anderen Ende der Stadt wohnen, betrachte ich als Personen, die außerhalb der Welt leben, und nur mich und meine Umgebung sehe ich als dazugehörig an.

Als ich jung war, glaubte ich, alle Welt ginge gleich mir darin auf, über das neueste Theaterstück zu sprechen.

Mylord Cromarty zog, als er achtzig war, auf sein Landhaus in Schottland, mit dem Entschluß, dort sechs Jahre zu bleiben und sich einzuschränken, um Geld zu sparen, damit er dann in London großartig leben könne.

In der Offenbarung heißt es von den Rossen, »ihre Macht war in ihren Mündern und ihren Schwänzen«. Was dort von Rossen gesagt wird, mag in Wirklichkeit von den Frauen gelten.

Ein Elefant wird allezeit kleiner gezeichnet als in natura, eine Mücke stets größer.

Wenn uns alte Leute erzählen, was sie in ihrer Jugend mit ihren Gefährten alles angestellt hätten, denken wir unwillkürlich, daß jene Zeit doch soviel schöner war als die unsere.

Warum tanzt die ältere Schwester barfuß, wenn die jüngere vor ihr verheiratet wird? Will sie vielleicht kleiner erscheinen und also für jünger gehalten werden als die Braut?

Kein Mensch nimmt guten Rat an, aber jeder nimmt gern Geld; also ist Geld besser als guter Rat.

Ich habe noch keinen sogenannten Spaßvogel kennengelernt, der nicht ein Dummkopf gewesen wäre.

Als mir jemand ein langweiliges Gedicht vorgelesen hatte, das von ihm selber stammte, brachte ich ihn dazu, sechs Zeilen ganz zu streichen, und da beim Umblättern die Tinte noch feucht war, wurden so auf der anderen Seite ebenso viele Zeilen ausgestrichen. Als der Poet darob zu jammern anfing, sagte ich ihm, er möge sich beruhigen, »denn es wäre ohnehin besser, wenn sie auch wegfielen«.

In Windsor bemerkte ich zu Mylord Bolingbroke, daß um den Turm, wo die Ehrendamen wohnten (die damals nicht sehr hübsch waren), ja so viele Krähen kreisten. Mylord antwortete, das sei deshalb, weil sie Aas witterten.

Gedichte

Beschreibung des Morgens

Noch ist es still – die Straßen liegen todt,
Kaum ein Kutsche künd't vom Morgen = Roth,
Nur *Betty* flieht aus ihres Dienst = Herrn Bett,
Recht zu zerwühl'n die eig'ne Lager = Stätt'.
Der faule Lehrling, vor des Lehr = Herrn Zimmer
Vertheilt den Dreck, sprützt Wasser auff wie immer,
Moll schwingt den Scheuer = Lappen nach Gebühr,
Zu waschen Treppe, Vorhaus, Thor und Thür,
Und auff der Straßen kömmt der Bursch herbey,
Räumt die verstopffte Rinnstein = Ecke frey,
Der Kohlen = Mann rufft seine Waare aus,
Und auch der Schornstein = Feger schreyt vor'm Haus,
Viel Gläubiger harr'n vor dem Thor des Lord's
Und wollen Geld statt seines Ehren = Wortt's.
Der Schliesser ließ zur Nacht die Diebe frey,
Nun bringen sie das Trinck = Geld ihm herbey,
Es stellen sich die Wächter wieder auff,
Und so beginnt des neuen Tages Lauff.

Beschreibung eines Regenschauers in der Stadt

Wer sorgsam die Umgebung observirt,
Prognosticirt uns, wann es regnen wird:
Dieweyl, wann's dräuend uns zu Häupten hängt,
Die Katz' den eig'nen Schweiff nicht länger fängt
Kommt ihr deß Abends heim, so habet Acht,
Ob nicht der Ausguß doppelt stinckt zur Nacht!
Seyd weis' und unterlasst die Essens = Fahrt:
Der Kutscher frißt, was ihr am Wein erspart.
Es sticht das Hühner = Aug', wann's regnen will,
Dein hohler Zahn, er tobt und wird nicht still,
Auch steh'n die alten Schmertzen auff, oh Graus:
Dem Wetter fluchend, sitzest du zu Haus.

Itzt hat der nasse Süd = Wind uns erreicht:
Querüber eine schwartze Wolcke streicht,
Vom Regen schwer, den sie nicht halten kann,
Dem Säuffer gleich, erleichtert sie sich dann.
Die frische *Susan* kömmt im Augenblick,
Und reißt die Wäsche von dem Wäsche = Strick,
Der erste Schauer streicht herüber itzt,
Als wenn die Dienst = Magd mit dem Lappen sprützt.
Du fliehst und ruffst die Götter. Stehst verzagt:
Den Lappen weiterschwingend, singt die Magd.
Noch liegt der Regen mit dem Staub im Kampff:
Denn was da weht – ist's Staub? Ist's Wasser =
Dampff?
»Zu Hülf!« rufft der bedürfftige Poët,
Dem's Staub und Regen auff den Mantel weht:
Es ist der eintzige, den er besitzt,
Der Stoff wird rauh und gantz vom Koth besprützt!

Vom Himmel gießt's hernieder weit und breit,
Als wär' die Stadt dem Untergang geweiht!
Es retten sich die Weyber vor'm Ersauffen
Ins Kauff = Gewölb', doch ohne was zu kauffen.
Vom *Temple* der geschniegelte Jurist
Bleibt unter Dach, bis wieder Sonne ist
Und rufft auch dann noch eine Kutsch' herbey.
Der armen Nähterinn ist's einerley:
Sie schürtzt sich auff, ob's regnet oder stürmt,
Und schreittet aus, vom Parapluie beschirmt.
Seht dort das Vor = Dach! Schauet all die Leut'!
Was nie sich kennt, das lernt sich kennen heut':
Ob *Tory* oder *Whig*, das gilt nicht viel,
Wann einer die Perrucken schonen will!
Dort in der Sännften sitzt der Beau und zittert,
Wann's ihm zu Häupten über's Dach gewittert:
Ihm ist zu Muth wie jener *Griechen* Schaar,
Die im *trojanisch'* Pferd verstecket war.
Und, als *Laokoon* mit der Lantz' gepocht,
Vor Schrecken schier zu athmen nicht vermocht.

Von allen Seiten her die Rinn = Stein' schwell'n,
Die Fluthen von Trophäen überquell'n,
Man merckt's an Farbe, Form und am Gestanck,
Von wo der Unflath kömmt die Gass' entlang.
Als eine Sünd = Fluth treibt's den Dreck zuhauff,
Von *Smithfield*, von St. *Pulchre's* nimmt's den Lauff
Und fleußt zusammen an den *Snow-Hill Ridge*,
Und stürtzt vornüber ab zur *Holborn Bridge*.
Viel Fleischer = Abfall, Mist, Gedärm und Blut,
Viel todt Gethier, so Hunds = wie Katzen = Brut,
Mit Dreck und Schlamm vermischt treibt es vorbey
Als kunter = buntes Todes = Allerley!

Swift in eigener Sache

Autobiographisches Fragment

Aus der Geschichte der Familie Swift

Die Familie Swift ist seit langer Zeit in Yorkshire ansässig. Ihr entstammte eine bemerkenswerte Persönlichkeit, unter dem Namen Cavaliero Swift bekannt, ein Mann von Geist und Temperament. Er wurde am 26. März 1627 von König Karl I. in den Stand eines irischen Pairs mit dem Titel eines Viscount of Carlingford erhoben, war aber niemals in jenem Königreich. Von ihm werden Schnurren erzählt, welche die in Irland ansässige Familie von den Vorfahren übernommen hat. Dieser Lord starb, ohne einen männlichen Nachkommen zu hinterlassen, und seine Erbin, erster oder zweiter Linie, heiratete den Landedelmann Robert Fielding, den man gewöhnlich den schönen Fielding nannte. Sie brachte ihm einen beträchtlichen Besitz in Yorkshire ein, den er durchbrachte, doch hatten sie keine Kinder. Der Graf von Eglinton heiratete eine andere Miterbin der gleichen Familie.

Ein weiteres Mitglied derselben Familie war Sir Edward Swift, der zur Zeit der großen Rebellion und Usurpation weithin bekannt war. Ich weiß aber nicht, ob er Erben hinterlassen hat oder nicht.

Der andere Zweig der Familie, dessen größter Teil sich in Irland niederließ, wurde von William Swift begründet, einem Stiftsherrn von Canterbury in den letzten Jahren der Königin Elisabeth und während der Regierung von König Jakob I. Er war ein Theologe von einigem Rang. Eine seiner Predigten existiert noch heute, und den Titel kann man im Katalog der Bodleianischen Bibliothek finden. Es ist mir aber nie gelungen, ein Exemplar davon zu erhalten, und ich glaube, daß sie jetzt kaum einen Wert hätte.

Dieser William heiratete die Erbin eines gewissen Philpot, wohl ein Gentleman aus Yorkshire, durch die er zu einem ansehnlichen Gut gelangte, das sie aber selbst in Verfügungsgewalt behielt; durch welche Kunstgriffe, das ist mir nicht bekannt. Sie war eine eigenwillige, bösartige und jähzornige Frau, worüber mehrere Geschichten erzählt werden. Einer hartnäckigen Überlieferung in der Familie zufolge enterbte sie ihren einzigen Sohn Thomas völlig, und wegen keines größeren Verbrechens als der Plünderung eines Obstgartens in seiner Jugend. Und so viel ist sicher, daß Thomas nie mehr als einhundert Pfund pro Jahr erhielt. Das Gut lag in Goodrich, Herefordshire, und heute befindet sich nicht mehr als die Hälfte davon im Besitz eines Ururenkels, mit Ausnahme einer nicht erneuerten Kirch- oder Kapitelpacht.

Ein Porträt von ihm befand sich in den Händen seines Urenkels, des Wohlgeborenen Godwin Swift aus Dublin, zusammen mit dem Bild seiner Frau, deren Gesicht anscheinend viel von einem Zankteufel erkennen läßt. Ihr Wappen als Erbin war mit dem seinen verbunden. Nach dem Wappen scheint er ein etwas wunderlicher Herr gewesen zu sein, denn er änderte das Wappenschild und brachte darauf als eigene Devise einen Delphin (der in jener Zeit ein »Swift« genannt wurde) an, der um einen Anker gewunden war, sowie als Motto »Festina lente«.

Es existiert gleichfalls ein Siegel mit demselben Wappen (seinem eigenen, nicht mit dem seiner Gattin verbunden), welches besagter William gewöhnlich benutzte, und dieses befand sich ebenfalls im Besitz des obengenannten Godwin Swift.

Sein ältester Sohn scheint bereits vor dem Tode seines Vaters Geistlicher gewesen zu sein. Er war Vikar von Goodrich, in Herefordshire, ein oder zwei Meilen von Ross entfernt. Er besaß auch noch eine andere Kirchenpfründe mit etwa einhundert Pfund pro Jahr an Grundbesitz (wovon ein Teil aus Kirchenpachten bestand), wie ich bereits erwähnt habe. Auf seinem eigenen Grund und Boden im Dorf Goodrich baute er ein Haus, dessen Architektur den Erbauer als etwas absonderlich, eigenartig und sehr stark zum Projektemacher neigend ausweist. Das Haus ist über einhundert Jahre alt und noch in guter Verfassung. Es wird von einem Pächter aus der weiblichen Linie bewohnt; der Eigentümer hingegen, ein junger Edelmann, wohnt auf seinem Besitz in Irland.

Dieser Thomas zeichnete sich sehr aus durch seinen Mut und seine Treue zu König Karl I. und nahm mehr Leiden für diesen Fürsten auf sich als irgendein anderer seines Ranges in England. Einige Historiker jener Zeit berichten verschiedene Einzelheiten über seine Taten und Opfer für die Person und die Sache jenes als Märtyrer gestorbenen Fürsten. Er wurde von den Rundköpfen sechsunddreißigmal, nach einigen Berichten sogar über fünfzigmal, beraubt.

Der Verfasser des »Mercurius Rusticus« datiert den Beginn seiner Leiden bereits vom Oktober des Jahres 1642. Der Graf von Stamford, der die Armee des Parlaments in jenen Teilen des Landes befehligte, legte ihm zunächst sehr hohe Abgaben auf. Später raubte er ihm verschiedene Male all seine Bücher und Haushaltsgegenstände und nahm der Familie sogar ihre Kleidung. Dazu kamen noch andere Grausamkeiten, deren genaue Aufzählung an dieser Stelle zu langwierig wäre. Als der Graf, so berichtet der Verfasser, gefragt wurde, weshalb er diese unmenschlichen Handlungen beginge, »gab er zwei Gründe dafür an: erstens, weil er (Mr. Swift) Waffen gekauft und nach Monmouthshire geschafft hätte, welches, mit gütiger Erlaubnis Seiner Lordschaft, nicht zutraf; und zweitens hätte er kurz zuvor in Ross eine Predigt über den Text ›Gebet dem Kaiser, was des Kaisers ist‹ gehalten, in der er nach Aussage Seiner Lordschaft verräterische Äußerungen getan habe, indem er dem Kaiser mehr geben wollte, als ihm zukam. Diese beiden Verbrechen kosteten Mr. Swift nicht weniger als dreihundert Pfund.«

Um diese Zeit verpfändete er sein kleines Gut, nähte alles Geld, das er bekommen konnte, in seine Weste und ging danach in eine Stadt, die von Königstreuen gehalten wurde. Dort fragte ihn der Gouverneur, dem er gut bekannt war, was er für Seine Majestät tun könne, und Mr. Swift sagte, er wolle dem König seinen Rock geben, zog ihn aus und reichte ihn dem Gouverneur. Dieser bemerkte, daß der Rock nur geringen Wert habe, worauf Mr. Swift sagte: »Dann nehmen Sie meine Weste«, und den Gouverneur aufforderte, sie in der Hand zu wiegen. Dieser ließ sie auftrennen und fand sie mit dreihundert großen Goldstükken ausgepolstert. Diese Hilfe kam sehr gelegen, und man muß zugeben, daß es ein ganz außerordentlicher Beitrag eines privaten Geistlichen mit einem kleinen Besitz war, den man so oft geplündert hatte und der bald danach seiner Kirchenpfründe beraubt wurde.

Ein anderes Mal erhielt er Kenntnis davon, daß dreihundert Berittene von der Partei der Rebellen zu einem Angriff gegen die Kavaliere in einer Woche einen bestimmten Fluß überschreiten wollten. Da Mr. Swift eine technische Begabung besaß, machte er sich Eisenstücke mit je drei Dornen zurecht, von denen in jeder Lage eine immer mit der Spitze nach oben zeigte. Während der Nacht legte er sie in die Furt, durch die, wie ihm gemeldet worden war, die Rebellen früh am Morgen ihren Weg nehmen würden. Sie kamen tatsächlich und verloren zweihundert ihrer Leute, die entweder ertranken, von ihren stürzenden Pferden zerquetscht oder von den eisernen Dornen zerrissen wurden.

Seine Söhne, von denen sich vier (durch ihre Leiden und den Tod ihres Vaters dorthin getrieben) in Irland niederließen, berichteten viele andere Ereignisse, die sie entweder vom Vater selbst oder von den glaubwürdigsten Leuten aus Herefordshire und einigen benachbarten Grafschaften gehört hatten; und einige dieser Söhne erzählten sie oft ihren Kindern. Viele dieser Geschichten sind heute noch in guter Erinnerung, weit mehr aber sind vergessen.

Im Jahre 1646 wurden ihm wegen seiner überaus eifrigen Tätigkeit für die Sache Seiner Majestät früher als den meisten anderen loyalen Geistlichen seine beiden Kirchenpfründen entzogen und sein Besitz beschlagnahmt. Seine Ämter, zumindest das von Goodrich, wurden zuerst an einen gewissen Giles Rawlins gegeben, danach an William Tringham, einen fanatischen Heiligen, der jedoch skrupellos genug war, sich bei der Restauration anzupassen, und der noch lange Jahre lebte, ich glaube bis nach der Revolution.

Die Ausschüsse von Hereford hatten Thomas Swift lange Zeit in Ragland Castle in strenger Haft gehalten, ehe sie seine Vertreibung von Haus und Hof anordneten, und zwar wegen öffentlichen Ärgernisses, Kriminalität (wie sie es bezeichneten) und aktiver Handlungen gegen das Parlament. Am 5. Juli 1646 ordneten sie an, daß die Einnahmen von Gotheridge (Goodrich) bis um die Weihnachtszeit des nächsten Jahres in die Hände des Geistlichen Jonathan Dryden übergehen sollten; und am 24. März setzten sie Giles Rawlins in dieser Gemeinde ein, dem im Jahre 1654 Tringham folgte. Seine andere Pfründe in Bridstow erlitt dasselbe Schicksal, denn am 25. September 1646 wurde sie ihm entzogen und an den Unterpfarrer gegeben, einen gewissen Jonathan Smith, der ihnen besser gefiel und deshalb auf ihren Befehl die Stelle seines Pfarrherrn erhielt. Was später aus ihm geworden ist, weiß ich nicht, aber 1654 erhielt ein gewisser John Somers diese Pfründe.

Der Lord Schatzmeister Oxford erzählte dem Dekan von

St. Patrick, dem Enkelsohn jenes bedeutenden Dulders, daß er unter den Papieren seines Vaters (Sir Edward Harley) mehrere Briefe von Mr. Thomas Swift besäße, die in dieser Zeit geschrieben waren und die er dem Dekan zu übergeben versprach. Aber während seiner Amtszeit als Schatzmeister kam er nie auf sein Schloß in Herefordshire, drei Tage nach seiner Entlassung starb Königin Anna, und inzwischen reiste der Dekan nach Irland. Der Graf hatte dann einen Hochverratsprozeß zu bestehen und starb, während der Dekan in Irland weilte, und so konnte dieser nie in den Besitz der Briefe gelangen.

Mr. Thomas Swift starb am 2. Mai 1658 im dreiundsechzigsten Lebensjahr. Er ist unter dem Altar der Kirche zu Goodrich bestattet, wo sich auch eine kurze Inschrift befindet. Er starb vor der Rückkehr König Karls II., der auf Empfehlung einiger Bischöfe versprochen hatte, falls Gott ihn je wieder einsetzen würde, Mr. Swift in der Kirche zu befördern und auch auf andere Weise seine Familie für seine außerordentlichen Verdienste, seinen Eifer und die erlittenen Verfolgungen für die Sache des Königs zu belohnen. Aber Mr. Swifts Verdienste wurden mit ihm begraben.

Er hinterließ zehn Söhne und drei oder vier Töchter, von denen die meisten das Erwachsenenalter erreichten. Sein ältester Sohn, Mr. Godwin Swift aus Goodridge in der Grafschaft Hereford, war Mitglied der Gesellschaft von Gray's Inn (wie sie von Guillim in seiner »Heraldik« bezeichnet wird) und wurde vor der Restauration als Anwalt bei Gericht zugelassen. Er heiratete eine Verwandte der alten Marquise von Ormond, und aus diesem Grunde wie auch wegen der Ergebenheit seines Vaters machte ihn der alte Herzog von Ormond zu seinem Kronanwalt in der Pfalzgrafschaft Tipperary. Er hatte vier Frauen, von denen eine zum großen Ärger der Familie eine Miterbin von Admiral Deane war, einem der Königsmörder. Hierbei handelte es sich um die dritte Frau Godwins, namens Hannah, die Tochter von Major Richard Deane, die ihm seinen Sohn Deane Swift und mehrere andere Kinder gebar.

Dieser Godwin hinterließ mehrere Kinder, die alle mit Gütern ausgestattet sind. Er war ein schlechter Anwalt, vielleicht aber ein wenig zu gewandt in den juristischen Spitzfindigkeiten.

Der zweite Sohn des Mr. Thomas Swift hatte den gleichen Namen, erhielt seine Ausbildung in Oxford und trat dann in den geistlichen Stand. Er heiratete die Tochter von Sir William D'Avenant, starb aber jung und hinterließ nur einen Sohn, der auch Thomas heißt und jetzt Pfarrherr von Puttenham in Surrey ist. Seine Witwe lebte noch lange in äußerster Armut und wurde zum Teil von dem berühmten Dr. South versorgt, der ein enger Freund ihres Mannes gewesen war.

Seine übrigen Söhne waren, soweit ich mich erinnern kann, Mr. Dryden Swift (so genannt nach dem Namen seiner Mutter, einer nahen Verwandten des Dichters, Mr. Dryden), William, Jonathan und Adam, die alle in Irland lebten und starben. Keiner von ihnen hatte jedoch einen männlichen Nachkommen, mit Ausnahme von Jonathan, der außer einer Tochter auch einen Sohn hinterließ, der sieben Monate nach seines Vaters Tod geboren wurde. Über sein Leben möchte ich einige Erinnerungen niederschreiben.

Jonathan Swift, Doktor der Theologie und Dekan von St. Patrick, war der einzige Sohn von Jonathan Swift, der wiederum der siebente oder achte Sohn des obenerwähnten Mr. Thomas Swift war, der ob seiner Treue und seiner Leiden so berühmt war.

Sein Vater starb jung, etwa zwei Jahre nach der Hochzeit. Er hatte einige Stellen inne und führte verschiedene Tätigkeiten aus. Sein Tod wurde sehr bedauert, da ihm seine

Rechtschaffenheit und sein recht guter Verstand einen guten Ruf verschafft hatten. Er heiratete Mrs. Abigail Erick aus Leicestershire, die aus der uralten Familie der Ericks stammte, welche ihr Geschlecht auf Erick den Jäger zurückführt, einen großen Feldherrn, der eine Armee gegen die Invasion Wilhelms des Eroberers aufstellte. Er wurde von Wilhelm besiegt, später aber als Befehlshaber der Streitkräfte des Fürsten eingestellt. Auf seine alten Tage zog er sich in sein Haus in Leicestershire zurück, wo seine Familie seither lebt, aber von Generation zu Generation immer mehr abstieg, so daß sie sich heute in der Stellung von ganz unbedeutenden Edelleuten befinden.

Diese Heirat war von beiden Seiten sehr unbesonnen geschlossen worden, denn die Frau brachte ihrem Gatten wenig oder kein Vermögen mit, und sein Tod trat so plötzlich ein, ehe er noch genügend für seine Familie vorgesorgt hatte, daß man seinen Sohn (der zu der Zeit noch nicht geboren war) oft hat sagen hören, er habe die schlechten Folgen jener Heirat nicht nur im ganzen Verlauf seiner Erziehung, sondern überhaupt während des größten Teils seines Lebens gespürt.

Er wurde am Andreastag 1667 in Dublin geboren, und als er ein Jahr alt war, stieß ihm etwas zu, was sehr ungewöhnlich scheint: Sein Kindermädchen, eine Frau aus Whitehaven, mußte unbedingt eine ihrer Verwandten besuchen, die schwer krank daniederlag und von der sie sich eine Erbschaft erhoffte. Da sie nun gleichzeitig außerordentlich in das Kind vernarrt war, brachte sie es ohne Wissen seiner Mutter und seines Oheims auf das Schiff und nahm den Jungen nach Whitehaven mit, wo er fast drei Jahre lang blieb; denn nachdem die Sache entdeckt worden war, hatte seine Mutter angeordnet, eine nochmalige Seereise auf keinen Fall zu wagen, ehe er sie nicht besser ertragen könne. Das Kindermädchen betreute ihn so gut, daß er noch vor seiner Rückkehr das Buchstabieren erlernt hatte, und mit drei Jahren konnte er jedes beliebige Kapitel der Bibel lesen.

Nach seiner Rückkehr nach Irland wurde er im Alter von sechs Jahren in die Schule zu Kilkenny geschickt und von dort mit vierzehn Jahren als zahlender Student am 24. April 1682 in die Universität Dublin aufgenommen. Hier entmutigte und deprimierte ihn die schlechte Behandlung durch seine nächsten Verwandten derart, daß er seine akademischen Studien zu stark vernachlässigte. An diesen hatte er zum Teil von Natur aus kein großes Vergnügen, und er wandte sich der Geschichte und der Dichtkunst zu, so daß ihm, als die Zeit zur Ablegung seines Bakkalaureus-Examens herangekommen war, der akademische Grad wegen Dummheit und mangelnder Kenntnisse verweigert wurde, obwohl er ein ordentliches Leben geführt und die Vorschriften gebührend befolgt hatte. Schließlich erhielt er ihn am 15. Februar 1685 doch noch, aber ebenso wie vier andere Kandidaten auf eine Weise, die ihm wenig Ehre machte und die in jenem College speciali gratia genannt wird; und diese schändliche Note soll im College-Register eingetragen sein.

Als dann die Unruhen ausbrachen, ging er zu seiner Mutter, die in Leicester lebte, und blieb dort einige Monate. Danach wurde er von Sir William Temple aufgenommen, dessen Vater ein großer Freund der Familie gewesen war und der sich jetzt in sein Haus Moor Park in der Nähe von Farnham in Surrey zurückgezogen hatte. Hier verbrachte er etwa zwei Jahre. Noch ehe er zwanzig Jahre alt war, hatte er sich einmal an Obst übergessen und sich dadurch Schwindelanfälle und eine Magenerkältung zugezogen, die ihn an den Rand des Grabes brachten. Zudem verfolgte ihn diese Krankheit in Abständen von zwei oder drei Jahren bis an sein Lebensende. Auf Anraten der Ärzte, die eine schwache Hoffnung hegten, die heimatliche Luft könne zur Wiederherstellung seiner Gesundheit beitragen, kehrte er aus diesem Anlaß im Jahre 1690 nach Irland heim. Da sein Zustand sich aber verschlechterte, ging er bald wieder zu Sir William Temple zurück, dessen Vertrauen er immer mehr erwarb, so daß er oft mit Angelegenheiten von großer Wichtigkeit betraut wurde.

König Wilhelm hegte eine große Achtung für Sir William Temple, die aus einer langen Bekanntschaft herrührte, als jener Herr Gesandter und Vermittler eines allgemeinen Friedens in Nimwegen war. Bald nachdem er in England gelandet war, besuchte der König seinen alten Freund oft in Sheen und holte seinen Rat bei wichtigsten Angelegenheiten ein. Sir William Temple aber war es müde, so nahe bei London zu wohnen, und daher beschloß er, sich an einen abgelegeneren Ort zurückzuziehen. Er kaufte ein Landgut bei Farnham in Surrey, mit einem Ertrag von etwa einhunhert Pfund im Jahr, wo Mr. Swift seine Tätigkeit bei ihm aufnahm.

Etwa zu dieser Zeit wurde im Unterhaus ein Gesetzentwurf zur Begrenzung der Parlamentszeit auf drei Jahre eingebracht, dem sich der König, der unsere Verfassung nicht kannte, scharf entgegenstellte, denn er wurde von einigen kleinmütigen Leuten beraten, die dem Grafen von Portland eingeredet hatten, König Karl I. habe durch Zustimmung zu solch einem Gesetz seine Krone und sein Leben verloren. Der Graf, der selbst kleinmütig war, kam auf Befehl Seiner Majestät nach Moor Park hinaus, um den Rat Sir William Temples einzuholen, der sich sehr bemühte, ihm seinen Irrtum zu zeigen. Doch der Graf riet dem König weiterhin, die Annahme des Gesetzes zu verweigern. Daraufhin wurde Mr. Swift mit einer schriftlichen Darstellung der ganzen Angelegenheit nach Kensington geschickt, um den König und den Grafen davon zu überzeugen, wie schlecht sie informiert waren. Er sagte dem Grafen (und gab es ihm schriftlich), an den er von Seiner Majestät verwiesen worden war, daß der Untergang König Karls I. nicht auf die Annahme des Gesetzes über die dreijährige Amtszeit des Parlaments zurückzuführen sei, das ihn nicht daran hinderte, das Parlament aufzulösen, sondern auf die Annahme eines anderen Gesetzes, das ihm die Macht nahm, das damals bestehende Parlament ohne Zustimmung des Hauses aufzulösen. Mr. Swift, der sich in der englischen Geschichte gut auskannte, obwohl er noch nicht einundzwanzig Jahre alt war, gab dem König einen kurzen Bericht über diese Angelegenheit, den er gegenüber dem Grafen von Portland weiter ausdehnte. Aber es war alles vergebens, denn schlechte Ratgeber bestimmten den König, seine Zustimmung zu dem Gesetz zu verweigern. Das war das erste Mal, daß Mr. Swift etwas mit dem Hof zu tun hatte, und er erzählte seinen Freunden, daß es auch das erste Erlebnis war, das ihn von seiner Eitelkeit zu heilen half.

Die Folgen dieses falschen Schrittes Seiner Majestät erwiesen sich als sehr unglücklich, denn sie zwangen den Fürsten, jene Leute, die man als Whigs bezeichnet, an die Macht und in Stellungen zu bringen, um sie zu besänftigen. Obgleich es als das Recht des Königs angesehen wird, einem Gesetz seine Zustimmung zu verweigern, so denken doch die Rechtsgelehrten anders darüber, und sie berufen sich dabei auf den bei der Krönung verwendeten Ausdruck, wonach sich der Fürst verpflichtet, allen Gesetzen seine Zustimmung zu geben, quas vulgus elegerit.

Nachdem Mr. Swift einige Zeit bei Sir William Temple gelebt hatte, beschloß er, einen selbständigen Beruf aufzunehmen. Er wollte in den geistlichen Stand treten, erwarb aber zunächst am 5. Juli 1692 als Student von Hart Hall in Oxford die Würde eines Magisters. Doch obgleich sein

Vermögen sehr gering war, scheute er sich, nur zum Lebensunterhalt in den Kirchendienst zu treten. Sir William Temple, der zu jener Zeit Präsident des Reichsarchivs in Irland war, bot ihm eine Anstellung von etwa 120 Pfund pro Jahr in diesem Amt an. Daraufhin sagte ihm Mr. Swift, daß er nun, da er die Möglichkeit zum Leben habe, ohne zu seiner Versorgung in den Kirchendienst getrieben zu werden, nach Irland gehen und in den geistlichen Stand treten wolle. Im Jahr 1694 wurde er von Dr. William Moreton, dem Bischof von Kildare, in den Stand eines Diakonus und Priesters aufgenommen und von ihm am 13. Januar des nächsten Jahres in der Christuskirche zum Priester ordiniert. Er wurde Lord Capell, dem damaligen Vizekönig, empfohlen, der ihm eine Pfründe im Norden das Landes im Werte von etwa einhundert Pfund pro Jahr verschaffte, die sogenannte Präbende von Kilroot an der Kathedrale von Connor. Da er ihrer aber innerhalb weniger Monate überdrüssig wurde, kehrte er nach England zurück und verzichtete auf die Pfründe zugunsten eines Freundes, der als Mann von Verstand und Frömmigkeit galt und außerdem die Last einer großen Familie zu tragen hatte. Danach blieb er im Hause Sir William Temples bis zum Tode dieses bedeutenden Mannes, der ihm neben einem Legat die Sorge für die Veröffentlichung seiner nachgelassenen Schriften übertrug sowie deren Verwaltung und die daraus entstehenden Vorteile.

Nach diesem Ereignis zog Mr. Swift nach London um und wandte sich mit einer Petition an König Wilhelm, in der er um Einlösung eines Versprechens Seiner Majestät an Sir William Temple bat, Mr. Swift eine Pfründe in Canterbury oder Westminster zu geben. Oberst Henry Sidney war jüngst zum Grafen von Romney erhoben worden und genoß jetzt einiges Ansehen bei Hofe wegen seiner früheren Verdienste für den König in Holland vor der Revolution, die ihm die Beförderung zum Generalfeldzeugmeister, zum Kommandanten der Festung Dover, zum Gouverneur der Fünf Häfen und zum Kronrat einbrachten. Er bekundete eine große Freundschaft für Mr. Swift und versprach, seine Petition zu unterstützen, sagte aber kein Wort zum König. Mr. Swift hatte sich völlig auf die Ehrenhaftigkeit dieses Herrn verlassen und es versäumt, Seine Majestät durch irgendein anderes Mittel an das Sir William Temple gegebene Versprechen zu erinnern. Nachdem er nun lange Zeit vergebens gewartet hatte, hielt er es für besser, eine Einladung des Grafen von Berkeley anzunehmen, ihn als Kaplan und Privatsekretär nach Irland zu begleiten. Seine Lordschaft war am 29. Juni 1699 zusammen mit dem Herzog von Bolton und dem Grafen von Galway zu einem der obersten Richter des Landes ernannt worden. Er begleitete den Grafen, der in der Nähe von Waterford landete, und war während der ganzen Reise nach Dublin als Sekretär tätig. Aber inzwischen hatte sich eine andere Person in die Gunst des Grafen eingeschlichen und ihm eingeredet, daß die Stelle eines Sekretärs für einen Geistlichen nicht passe und auch keinerlei Vorteile für jemanden mit sich brächte, der nur auf kirchliche Beförderungen aus sei. So gab Seine Lordschaft die Stelle mit einer lahmen Entschuldigung an den Konkurrenten.

Nach einigen Monaten wurde das Dekanat von Derry vakant, über das der Graf von Berkeley zu verfügen hatte. Die Dinge lagen aber so, daß der Sekretär bestochen worden war, woraufhin das Dekanat an einen anderen gegeben wurde. Mr. Swift wurde mit einigen anderen Kirchenpfründen abgespeist, die damals nicht ein Drittel jenes reichen Dekanats wert waren und heute nicht einmal ein Sechstel davon wert sind, nämlich die Pfarre von Agher, das Vikariat von Laracor und Rathbeggan in der Diözese von Meath, für die er Einsetzungsschreiben mit Wirkung vom folgenden 24. Februar erhielt. Die Entschuldigung, die man vorschob, lautete, er wäre zu jung, obwohl er damals schon dreißig Jahre alt war.

In diesem Jahr, 1700, beliebte es Seiner Gnaden Narcissus, dem Erzbischof von Dublin, Mr. Swift die Pfründe von Dunlavan an der Kathedrale von St. Patrick kraft einer Verleihungsurkunde vom 28. September zu übertragen. Am 22. Oktober nahm er seinen Sitz im Kapitel ein.

Von da an blieb er in Irland und erwarb am 16. Februar 1701 an der Universität Dublin den Grad eines Doktors der Theologie. Danach ging er etwa Anfang April nach England und verbrachte dort fast ein Jahr.

Er war anwesend bei der Kirchenvisitation des Dekans am 11. Januar 1702, bei einer am 15. April abgehaltenen Versammlung des Kapitels und bei der Kirchenvisitation am 10. Januar 1703. Er besuchte eine Kapitelversammlung am 9. August und war bei der Kirchenvisitation am 8. Januar 1704 zugegen. Er besuchte zwei Kapitelversammlungen am darauffolgenden 2. Februar und 2. März und erschien zu der Kirchenvisitation am 7. Januar 1705. Desgleichen im April und August 1705 und Januar 1706 sowie im April, Juni, Juli und August 1707. Er schiffte sich am 28. November 1707 nach England ein, landete in Darpool, begab sich am nächsten Tag nach Parkgate und ging somit zunächst nach Leicester.

Bei den Kirchenvisitationen 1707 und 1708 war er entschuldigt. Am 9. Januar 1709 wurde er bei der Visitation erwartet, erschien aber nicht. Er verbrachte das Jahr 1708 in England, reiste am 29. Juni 1709 von Darpool nach Irland ab und landete am nächsten Tag in Ringsend. Von da begab er sich sofort nach Laracor. Fühlte sich in diesem Jahr oft schwindlig und hatte Anfälle.

Er nahm an einer Kapitelversammlung am 15. Februar 1709 teil, ebenso am 29. Juli und 11. August 1710. Bei der

Kirchenvisitation vom 8. Januar 1711 war er entschuldigt. Danach war er bis zu seiner Einsetzung als Dekan am 13. Juni 1713 nicht mehr in Irland. Am 27. August ernannte er Dr. Edward Synge für die Zeit seiner Abwesenheit zum Unterdekan und kam erst nach dem Tode der Königin wieder nach Irland. Er brach am 16. August 1714 von Letcomb in Berkshire nach Irland auf, landete am 24. desselben Monats in Dublin und hielt am 15. September 1714 eine Kapitelversammlung ab.

Entschließungen für mein Alter

Keine junge Frau heiraten.

Keine jungen Gefährten an mich fesseln, wenn sie es nicht wirklich wünschen.

Nicht launisch, mürrisch und mißtrauisch werden.

Nicht die jeweilige Lebensweise, Denkart, Mode oder den Soldatenstand geringschätzen.

Nicht zu kinderfreundlich werden oder mir die Kinder zu nahe kommen lassen.

Nicht immer die gleiche Geschichte den gleichen Leuten erzählen.

Nicht habgierig werden.

Schicklichkeit und Sauberkeit nicht vernachlässigen, aus Furcht, abstoßend zu werden.

Mit jungen Menschen nicht überstreng sein, sondern für ihre jugendlichen Torheiten und Schwächen Verständnis zeigen.

Schuftig klatschenden Dienstboten oder anderen weder einen Einfluß einräumen noch Gehör geben.

Nicht freigebig mit gutem Rat sein, noch jemand damit belästigen; es sei denn, man wünsche ihn.

Einige gute Freunde bitten, mich ins Bild zu setzen, welche von diesen Vorsätzen ich breche oder vernachlässige, und mir zu sagen, in welcher Weise ich dagegen verstoße; und mich demgemäß bessern.

Nicht viel reden, erst recht nicht von mir selbst.

Nicht mit meinem früheren guten Aussehen, meiner Kraft oder meinen Erfolgen bei Damen usw. prahlen.

Nicht auf Schmeicheleien hören, noch mir einbilden, ich könne von einer jungen Frau geliebt werden; et eos qui haereditatem captant, odisse ac vitare.

Nicht rechthaberisch und starrköpfig sein.

Nicht aufhören, allen diesen Regeln nachzuleben, aus der Befürchtung, es könnte mir unmöglich werden, sie zu befolgen.

Verse auf den Tod von Dr. Swift

Veranlaßt durch folgende Maxime Rochefoucaulds:
»Dans l'adversité de nos meilleurs amis, nous trouvons toujours
quelque chose, qui ne nous déplaît pas.«

Da Rochefoucauld streng nach dem Leben
Maximen schrieb, glaub ich sie eben:
's ist kein Zynismus, der draus spricht;
Die Menschen sind so – oder nicht?
 Ein Satz vor allem, meint man, sei
Die reinste Ehrabschneiderei:
»Der besten Freunde Ungemach
Ruft gleich den Egoismus wach:
Man registriert vergnügten Mutes,
Die Sache habe auch ihr Gutes.«
 Falls dies euch innerlich empört,
Denkt nach, was die Erfahrung lehrt:
Sind wir nicht gleich zum Neid geneigt,
Wenn wer aus unsern Kreisen steigt?
Wer möchte, gibt's wo was zu sehn,
Nicht höher als die andern stehn?
Ich liebe meinen Freund wie ihr,
Doch sollt er drum im Licht stehn mir?
Gebt mir die höh're Position:
Ein Zollbreit mehr genügt mir schon.
Stehst gegen Feinde du im Streite,
Der Freund jedoch an deiner Seite
Vollbringt die kühnsten Heldentaten,
Erringt Trophä'n, erschlägt Soldaten,
Willst du ihm nicht den Ruhm beschneiden,
Statt dich mit wen'ger zu bescheiden?
Den guten Ned plagt schwer die Gicht,

Ihn drückt der Schmerz, euch jedoch nicht:
Geduldig hört ihr sein Geschrei,
Voll Freud, daß ihr von Krankheit frei.
  Und welchen Dichter kränkt's nicht schwer,
Wenn einer schreibt so gut wie er?
Doch alle, die ihn überragen,
Würd lieber er zum Teufel jagen.
  Bleibt uns versagt, wonach wir eifern,
Packt uns der Neid, wir stacheln, geifern:
Wettstreit muß Freundestreu besiegen,
Falls wir nicht gut im Rennen liegen.
Wer könnt der Menschheit eitles Treiben,
All ihre Narretei beschreiben?
Stolz, Ehrgeiz, Neid und Eigenliebe
Sind unsres Herzens stärkste Triebe.
Ist wer mit Geld, Macht, Ehr begabt,
So hat er mir die weggeschnappt.
Hab keinen Titel zu erstreben,
Doch wenn ihr fallt, wird mich das heben.
Bei Pope gibt's stets mir einen Stich:
Warum schrieb er das und nicht ich?
In einem Reimpaar sagt der Mann
Mehr als in sechs ich sagen kann.
Von Eifersucht gepackt, und wie,
Verwünsch ich ihn und sein Genie.
Daß ich von Gay besiegt mich seh
In der Satire, tut mir weh.
Ich liebe Arbuthnot nicht mehr,
Er pflegt die Ironie zu sehr,
Die ich doch erst hab eingeführt
Und zum Gebrauch recht aufpoliert.
St. John und Pultney wissen jeder,
Ich führt' einst eine scharfe Feder,
Womit, eh sie mich überrundet,

Ich selbst Minister hab verwundet.
Jetzt ist durch sie mein Stolz gekränkt,
Bin in den Hintergrund gedrängt;
Bei diesen ihren höhern Gaben,
Soll ich nicht Grund zum Abscheu haben?
  Fortuna, schenk all meinen Feinden
Von deinen Gütern, nie den Freunden!
Im erstern Fall tut's mir nicht leid;
Im zweiten platze ich vor Neid.
  Soviel zum kurzen Vorbericht,
Nun kommt der Hauptteil vom Gedicht:
  Mein Lebenskreis schließt sich nun bald,
Das ist der Lauf der Dinge halt.
Dann tritt – ich weiß es ohne Frage –
Der Freunde Eigennutz zutage.
Ist's auch nicht einzusehn, wieso
Mein Tod sie sollte stimmen froh,
Hör ich sie doch schon deutlich sprechen:
»Swift ist nah am Zusammenbrechen!
Wie schnell verfällt der arme Mann;
Schaut euch nur sein Gesicht mal an!
Der Schwindel, der ihn ständig plagt,
Wird dauern, bis das Herz versagt.
Auch sein Gedächtnis läßt stark nach:
Er weiß oft nicht mehr, was er sprach;
Der beste Freund selbst wird vergessen
Und wo er jüngst zu Tisch gesessen.
Plagt uns mit alten Anekdoten,
Die er schon hundertmal geboten.
Meint er, wir sollten nur noch sitzen
Und lauschen seinen öden Witzen?
Den Jüngern, die er jetzt lädt ein,
Schmeckt auch sein Witz nicht, nur sein Wein.
Er sollte kürz're Schnurrn erzählen,

Sonst wird's ihm bald an Hörern fehlen;
Und weil er sie nicht fesseln kann,
Kommen immer wieder andre dran.«
»Sein Glanz als Dichter ist entschwunden,
Für einen Reim braucht er schon Stunden;
Esprit und Witz ist bei ihm faul,
Sein Pegasus ein alter Gaul.
Aufgeben sollt er's, in der Tat;
Doch wer hört schon auf guten Rat?«
Aus Sorge wird von diesen Lieben
Mein Alter maßlos übertrieben:
»Er ist weit älter, als er tut,
Und kennt noch Karl den Zweiten gut.
Kaum trinkt er noch ein Viertel Wein,
Das kann kein gutes Zeichen sein.
Sein Magen selbst ist kränklich gar;
Wie stark schien er noch letztes Jahr!
Jetzt fehlt dem Mann ja jede Kraft,
Wenn er's nur bis zum März noch schafft!«
Dann strahlen sie und sagen froh:
»Gottlob steht es um uns nicht so!«
In Bildern sprechen sie, nicht offen;
Befürchtung heißt, was sie erhoffen.
Der Freund ist's, der am meisten unkt;
Der Feind versagt in diesem Punkt.
Trotz gut gewahrter Etikette
Wär ihnen die gewonnene Wette
(Wenn sie gefragt nach dem Befinden
Und Diener: »Schlimmer, schlimmer« künden)
Genehmer als die frohe Kunde,
Daß – Gott sei Dank – Swift jetzt gesunde.
Erweist der Tip sich doch als richtig,
Macht der Unglücksprophet sich wichtig:
»Das konnte ja nicht gut ausgehn,

Schon lange hab ich's kommen sehn.«
Eh daß er damit unrecht habe,
Säh er mich lieber schon im Grabe.
Kein einz'ger sagt, ich werde leben;
Man einigt sich, mich aufzugeben.
Doch hätt's den Nachbarn mal gepackt
Genau dort, wo es mich oft zwackt,
Wie viele Wünsche tät er senden
Und beten, um mein Los zu wenden!
Würd fragen, was man dagegen tut,
Ob es mir hilft, wie ich geruht.
Und wenn ich tot, würd er mehr trauern
Als alle, die mein Bett umlauern.
Nur keine Angst, ihr lieben Leute,
Denn wenn ihr euch auch irrtet heute
Und die Prognose vorschnell noch,
Eintreffen muß sie schließlich doch.
Sieh da, sein letztes Stündlein schlägt!
»Wie steht's?« – »Er hat sich noch bewegt.«
Man liest ihm ein Gebet zuletzt.
»Er atmet kaum.« – »Tot ist er jetzt.«
Noch eh die Totenglocke läutet,
Ist's in der halben Stadt verbreitet:
»Sei stets, o Christ, bereit zum Sterben!
Was hinterließ er? Wer wird erben?«
»Nach allem, was die Leute red'n,
Soll alles an so 'ne Stiftung gehn.«
»Fürs allgemeine Wohl? Sieh an!
Was hat das Volk für ihn getan?
So'n rechter mißgünstiger Knicker:
Verschenkt was – auf den letzten Drücker!
Und nicht im ganzen Lande hätt er
'nen guten Freund, 'nen armen Vetter?
An Fremde all sein Gut verzetteln!

Die Blutsverwandten könn' ja betteln!«
  In Grub Street ist man auf dem Kien,
Schreibt stapelweise Elegien.
Die Presse ruft ihm teils »Schmach! Schmach!«,
Dem Tuchhändler ein »Bravo« nach.
  Die Ärzte, klug bedacht auf Ruhm,
Sie geben mir die Schuld – postum.
»Der Fall war schwierig in der Tat,
Doch nie befolgt' er unsern Rat.
Hätt er's getan, so konnt er gar
Gewiß noch leben zwanzig Jahr.
Die Obduktion gab den Befund,
Im Grunde war er kerngesund.«
  Aus Dublin bald bei Hofe trifft
Die Nachricht ein, daß tot Herr Swift.
Und Lady Suffolk, sonst indolent,
Doch freudig gleich zur Kön'gin rennt.
Die aber, gut und mild und gnädig,
Ruft: »Ist er weg? Das war längst nötig!
Nun mögen ihn die Würmer fressen!
Gut, daß die Medaillons vergessen,
Die ich versprochen ihm sogar,
Als ich noch bloß Prinzessin war.
Doch jetzt als Königin, ihr seht,
Die Sache freilich anders steht.«
Und Chartres bringt zu früher Stunde
Dem Chef perfid die Trauerkunde:
»Liegt er im Sarg?« ruft Walpole dann.
»Wie leid tut mir der arme Mann.
Der Kerl war noch der Besten einer!
Wär doch Freund Will krepiert statt seiner!
Ein Bistum könnt er von mir kriegen,
Tät Bolingbroke im Grab nur liegen.«
Curll räumt vom Schund nun seine Stände –

Seht hier: Swifts Nachlaß, echt, drei Bände!
Zum beßren Absatz redigiert,
Von Tibbalds, Cibber, Moore frisiert.
Dann druckt er, wie man es schon kennt,
Swifts Leben, Briefe, Testament
Nebst den mit Recht vergeßnen Schriften;
Auch Pope mußt' sich darüber giften.
   Zur Abwechslung laßt mich nun fragen,
Was meine Freunde dazu sagen.
Vier Wochen weint Freund Pope mir nach,
Gay eine, Arbuthnot 'nen Tag.
   Und selbst St. John, zu meiner Ehre,
Zerdrückt am Schreibtisch eine Zähre.
Die übrigen bedauern bloß:
»Der Tod ist unser aller Los.«
Der Schnuppige kann mit Maximen
Von der Art Seelengröße mimen.
Wes Herz das Mitleid nie verspürt,
Bleibt ewig kalt und ungerührt.
Wenn andre dulden Hohn und Spott,
Macht er Kotau und baut auf Gott.
   Die um ein Jahr nur jüng'ren Narren
Jetzt voller Angst und Schrecken harren.
Als Schirm sahn sie mein Alter an,
Als ihren Schutz vorm Sensenmann.
Ist er entfernt, ergreift sie Schauer,
Aufrichtig dünkt mich ihre Trauer.
   Die Freundinnen, die zärtlich fühlen,
Und besser ihre Rollen spielen,
Sind tief bestürzt, sie fassen's nicht:
»Swift tot? Ach! (Welche Farbe sticht?)«
»Fahr er denn wohl, in Christi Namen!
(Ich sage Schwarz an, meine Damen.)«
»Am Sarg solln sechs Dekane stehn.

(Spiel ich jetzt Herz aus, wird das gehn?)«
»Ihr Gatte wird doch wohl nicht fehlen
Und zu den Trauergästen zählen?«
»Das wär für ihn 'ne Quälerei,
Auch ist er morgen nicht mehr frei,
Denn Lady Club säh's gar nicht gern,
Blieb er von der Quadrille fern.
Er liebte Swift – (ich spiele Rot)
Doch jede Freundschaft trennt der Tod.
Jetzt ist er aller Plag' enthoben
Und weilt nun wohl im Himmel droben.«
   Wozu der Gram, wenn Freunde sterben?
Leicht lassen neue sich erwerben.
Ein Jahr danach geht's anders her,
Und Swift erwähnt schon niemand mehr.
Die Lücke man so wenig spürt,
Als hätt er niemals existiert.
Wo ist Apollos Favorit?
Dahin ging er; sein Werk geht mit,
Der Zahn der Zeit zerstört es schnell:
Sein Witz ist nicht mehr aktuell.
   Zu Lintot kommt ein Herr vom Lande.
Verlangt dort: »Swift in einem Bande.«
Drauf Lintot: »Ich erinner' mich;
Der vor'm Jahr starb?« – »Den meine ich.«
Er sucht. Umsonst. Kein Swift zu sehn.
»Probiern Sie's doch mal in Duck Lane.
Dorthin hab ich den Restbestand
Dem Zuckerbäcker zugesandt.
Jetzt ist das bloß noch Altpapier;
Man merkt, der Herr sind nicht von hier.
Zu seiner Zeit war Swift bekannt,
Als Verseschmied nicht ungewandt.
Heut gilt sein Stil als antiquiert,

Denn man ist höher kultiviert.
Was soll ich mit Makulatur?
Ich führ das Allerneuste nur.
Was sicher Ihrem Wunsch entspricht,
Ist Cibbers Huldigungsgedicht.
Ducks Ode auf den Souverän –
Das hat die Welt noch nicht gesehn!
Den Craftsman dann und seinen Kumpan
Greift diese schöne Streitschrift an:
Drin steht, Minister kritisieren
Heißt den gesamten Staat negieren.
Dann dort Sir Roberts Intimus
Nebst Henleys neuestem Erguß.
Der Run hat noch nicht eingesetzt.
Am besten kaufen Sie gleich jetzt.
Traktate Woolstons, Großauflage,
Kommt für die Oberschicht in Frage.
Von Abgeordneten vom Land
In jeden Wahlkreis schon gesandt,
Gilt es jetzt als das Buch der Stunde;
Bei Hof ist es in aller Munde.
Die Ehrendamen, aus Snobismus,
Verwenden es als Katechismus.
Dem würd'gen Autor gab zum Lohn
Man eine hübsche Staatspension.
Das Priesterkleid trägt er mit Fug,
Ein Streiter gegen Pfaffentrug.
Er zeigt – so wahr uns Gott steh bei –,
Daß Moses ein Betrüger sei,
Der jeden simplen Gauklertrick
Als Wunder ausgab mit Geschick.
So schrieb noch nie ein echter Christ;
Nur schad, daß er kein Bischof ist.«
Setzt, ich sei tot; die Klubmitglieder

Der »Rose« seien versammelt wieder.
Nachdem man dies und das erzählt,
Werd ich zum Thema dann gewählt.
Man kommentiert mich hin und her,
Mal günstig und mal nicht so sehr,
Bis ein vorurteilsfreier Gast
Sein Votum so zusammenfaßt:
»Swift war (so hören wir von dritten)
Bei Hofe immer wohlgelitten.
All seine Werke einzustufen,
Dazu fühl ich mich nicht berufen;
Die Kritiker gehn mich nichts an:
Allein es las ihn jedermann.
Wollt er die Menschen doch bekehren,
Sie eines Besseren belehren.
Um den Erfolg war's schlecht bestellt;
Doch zollt ihm Dank: Der Tadel fällt
Zurück auf unsre schlechte Welt.«
»Mein Herr, das weiß ich leider besser:
Ein Tory war er, ein ganz kesser,
Und dann, ich sage kaum zuviel,
Wurd er letzthin ganz schön senil.«
»Könnt ihr den Tuchhändler vergessen,
Die Briefe für Irlands Int'ressen?
Swift unternahm's, sie zu verfassen!«
»Hätt er's Experten überlassen!
Ein gutes Hundert gab's von diesen;
Auf ihn war'n wir nicht angewiesen.
Mag sein, er hatte ein'ges Wissen,
Jedoch an Takt ließ er's vermissen.
Seine Satire war empörend
Und wirkte maßlos ruhestörend;
Hof, Hochfinanz und Militär –
Er zog nach Laune drüber her.«

»Nur Geifersucht konnt ihn verführen,
Sir Robert derart zu brüskieren,
Des Ratschlag es den obern Leitern
Des Staats ermöglicht, nicht zu scheitern.
›Die Welt ist schlecht‹, will Swift beweisen
Mit Schmähschriften und Lügenreisen!
Sein eignes Priesterkleid, zum Spotte,
Durchlöchert er wie eine Motte!«
»Mit Ironie höhnt' er die Toren,
Ließ keinen Schurken ungeschoren.
Stets hatt er eigene Ideen,
Braucht' anderen nichts abzusehn.«
»Nie glaubte er, daß es ihn ehrte,
Wenn sich ein Herzog um ihn scherte;
Viel lieber plauschte er im Winkel
Mit witz'gen Köpfen ohne Dünkel.
Hofschranzen, Chartres' Schmeichlerschar,
War'n ihm zutiefst zuwider gar.
Nie tat er Adlige hofieren,
War nicht devot zu hohen Tieren,
Zum Liebedienern nicht erbötig,
Denn Protektion hatt er nicht nötig.
Als Mann von Einfluß und Gewicht
Im Staate wirkend, blieb er schlicht;
Hat an sich selbst gedacht zuletzt,
Für Freunde sich stets eingesetzt.
Er schätzt' nur den, der klug und gut,
Den Schmeichler nicht, noch gleiches Blut.
Der Tugend, die in Not geraten,
Half er – erfolgreich meist – mit Taten;
So mancher, der sonst niemand wäre,
Verdankt ihm seine Karriere.«
»Dem Thron hat Achtung er gespendet,
Doch nie hat ihn sein Glanz geblendet.

Er folgte Davids Rat genau:
Den Fürsten besser nie vertrau!
  Am meisten hat es ihn erbittert,
Zu sehn, wie man vor Knechten zittert.
Vom irischen Senat zu sprechen
Reizt' ihn vor Abscheu zum Erbrechen.
Der *Freiheit* galt sein ganzes Trachten:
Für sie konnt er den Tod verachten;
Für sie stritt kühn er ganz allein;
Für sie trat rückhaltlos er ein.
Zwei Länder setzten ohne Schonung
Im Wechsel auf Swifts Kopf Belohnung;
  Doch auch für zwölfhundert Dukaten
Fand keiner sich, ihn zu verraten.«
  »Hätt er sich nicht so exponiert,
War seine Laufbahn garantiert:
Doch weder stand nach Macht sein Sinn,
Noch auch nach Reichtum und Gewinn.
Oft stieß er auf Undankbarkeit:
Die weh ihm taten, taten ihm leid.
Dennoch behielt sein Ziel er bei,
Daß nützlich er den Menschen sei,
  Noch wurd er untreu den Getreuen,
Um seine Feinde zu erfreuen.
Vergebne Müh tat er drauf wenden,
Der mächt'gen Freunde Zwist zu enden.
Voll banger Ahnung sah er schon
Aus beider Machtkampf Unheil drohn.
Doch da nichts auszurichten geht,
Sagt' er dem Hof enttäuscht Valet.«
  »Ach! Eng sind unsre Planungsräume!
Hier endeten die goldnen Träume!
Ein einz'ger Vorfall hat vernichtet,
Was St. Johns Staatsgeschick errichtet,

Was Ormonds Mut und Oxfords Trachten
Zur Rettung ihres Lands vollbrachten.
Zu früh die Teure von uns ging,
Von der all unser Wohl abhing.
Gleich droht von der Partei Gefahr,
Der Zorn und Rache alles war;
Die sich tat feierlich verpflichten,
Zu stürzen, metzeln und vernichten:
Zur Farce wird das Christentum,
Regierungskunst Brimborium.
Man beugt das Recht, schmäht Diakone,
Kauft den Senat, besticht die Krone;
Dahin ist Englands einst'ge Glorie,
Nur Schmach verzeichnet die Historie.
Wenn solch ein Sturm fegt durch das Land,
Hat Tugend einen schweren Stand.
Swift sah voll Schreck, Verzweiflung, Gram
Den Lauf, den das Verhängnis nahm:
Die Freunde fern oder in Kerkern,
Er selbst im Machtbereich der Stärkern,
Verfolgt von niedrigem Gemächte
Bis hin ins sumpf'ge Land der Knechte,
Der närrisch untertän'gen Iren,
Die Fußtritte mit Dank quittieren.«
»Durch Mut und Gradheit, allerwege,
Erlitt er nichts als Nackenschläge;
Doch rückten andre auf in Scharen,
Bloß weil sie seine Feinde waren.
Ja, alte gute Kameraden,
Darauf bedacht, sich nicht zu schaden,
Sie liefen mit der Menge mit
Und gaben ihm den Eselstritt.«
»Swift hat mit seiner Feder klug
Vereitelt einen Mordsbetrug;

Er tat die Gimpel Umsicht lehren,
Gab Waffen ihnen, sich zu wehren.
Sogar der Neid hat anerkannt:
Er rettete das arme Land;
Die Obern freilich, die an der Sache
Verdienen wollten, schnaubten Rache.«
»Vom schlimmen Los sie zu befrein
Sollt nun ein Staatsverbrechen sein.
Ein Hundsfott auf dem Richterstuhle,
Ein Bluthund von der neuen Schule,
Ein Schuft mit abstoßendem Gebaren,
Wie Scroggs es und Tresilian waren,
Bar jeder Spur von Rechtsempfinden,
Gottlos, erpicht aufs Leuteschinden,
Der schwur, er werde Swift schon fassen,
Ihn den Affront entgelten lassen.
Jedoch der Himmel hilft im Streite,
Das Volk steht dankbar Swift zur Seite;
Da half kein Dreh, da half kein Drohn,
Kein Schielen nach dem Königsthron,
Nicht Schiebung noch Bestechungsgeld –
Umsonst, kein Urteil ward gefällt.«
»Zwar im Exil, doch ohne Klage,
Verbracht er seine alten Tage,
Wo Dummheit, Stolz und Hader schwelen
Und St. John, Pope und Gay ihm fehlen.«
»Der arme Swift! Ihm fiel nichts ein,
Als bloß ein Misanthrop zu sein.
So macht' er sich verhaßt bei allen;
Na schön, ihm schien's ja zu gefallen.
Gesellschaftskritik? Traun fürwahr!
Er ließ an nichts ein gutes Haar:
Hätt man sich mit ihm gut gestellt
Durch Rangerhöhung oder Geld,

Er wär vielleicht zu Kreuz gekrochen
Wie andre Geistliche – bestochen.
Für die Partei wollt er nichts tun.
Doch Schluß damit – laßt Tote ruhn.
Was ist an Schriften hinterblieben?
Er hat so allerlei geschrieben;
Ganz wenig Verse, meistens Prosa,
Ein paar Pamphlete, Kuriosa;
Schnell hingehaun in finstrer Zeit,
Zu decken Oxfords Schuftigkeit
Und lobend hinzustelln die Queen
Als bar von Stuart-Sympathien.
Pasquille dann, den Hof zu schmähen,
Die bisher noch kein Mensch gesehen.
Vielleicht der Reisen dritter Teil –
Gelogen jede zweite Zeil' –,
Staatsfeindlich, ungebührlich, schändlich:
Doch keine Predigt – selbstverständlich.«
»Die Freunde dort – viel waren's nicht –
Wählt stets er aus der Mittelschicht;
Nicht halbadlige Trottel, die
Passiern als Aristokratie,
Wo Titel nicht mit Recht verbunden,
Die Macht des Adels hingeschwunden.
Er hätt es eine Schmach genannt,
Hätt ihn solch Tropf auch nur gekannt.
Oft nahm vergeblich er voll Zorn
Die Gutsbesitzerpest aufs Korn.
Zweijährlich bieten sie Seelenheil
Und Stimme für 'nen Spottpreis feil;
Den Staat geplündert, geht's nach Haus,
Man raubt noch Kirche und Pächter aus,
Macht halbpart wohl mit Diebsgelichter
Als gutbezahlter Friedensrichter.

Prozente auch verdient man gern
Am Bau von Kittchen und Kasern'n;
Die Straßenzölle sind nichts nütz,
Es sei denn für den Herrensitz.«
»Eins geb ich offen zu: Swifts Stil
Hatt des Satirischen zuviel;
Er trug so dick auf, weil er fand,
Die Schlechtigkeit nahm überhand.
Doch geißelte er böse Taten,
Nannt nie aus Bosheit Adressaten.
Wer konnte das persönlich nehmen,
Was Tausende doch sollt beschämen?
Er griff nur solche Fehler an,
Die jeder selbst kurieren kann.
Verhaßt war ihm das rohe Korps,
Das Hohn bezeichnet als Humor.
Nie pflegt er Bucklige zu necken
Und Hakennasen – nur bei Gecken.
Der ehrlich Dumme rührt' ihn bloß,
Doch nicht der eitle Gernegroß.
Wer zugab, er sei halt beschränkt,
Ward nie durch Spott von ihm gekränkt;
Den Schwachkopf aber, der mit Fleiß
Horaz zitierte, gab er preis.«
»Die Macht des Bösen, leider Gottes,
Weicht nur dem Geißelhieb des Spottes.
Wenn's euch nicht paßt, wen trifft der Tadel?
Er kannt euch nicht, noch euren Adel.
Ist denn ein Laster sakrosankt,
Bloß weil ein Herzog daran krankt?«
»Er kannte hundert nette Stories
Von Kabbelein zwischen Whigs und Tories,
War heiter bis ins letzte Jahr;
Die Freunde nahmen ihn, wie er war.«

»Er stiftete sein Kapital
Zu baun ein Irrenhospital;
Und zeigt' in bissiger Manier,
's tät nirgends so not wie grade hier.
Für Beistand danken ihm die Iren –
Mög sie bald ein noch beßrer führen!«
Jetzt braucht ihr ihn nicht mehr zu scheun
Und könnt drum, glaub ich, ihm verzeihn.

Zeittafel

1667 Am 30. November wird Jonathan Swift als zweites Kind von Jonathan und Abigail Swift (geb. Erick) in Dublin geboren. Der Vater, ein Rechtsanwalt, stirbt noch vor der Geburt des Sohnes.

1673 (?)-1682 Swift besucht die »grammar school« in Kilkenny, südwestlich von Dublin.

1682-1686 Trinity College, Dublin

1686 Er erwirbt dort den akademischen Grad eines »Bachelor of Arts« (B. A.) *ex speciali gratia* (aus besonderer Nachsicht).

1689 Tritt als Privatsekretär in die Dienste von Sir William Temple, eines Schriftstellers und Diplomaten, in Moor Park (Surrey); lernt die damals achtjährige Esther Johnson (›Stella‹) kennen.

1692 Erwirbt den akademischen Grad eines »Master of Arts« (M. A.) in Oxford.

1694-1695 Geht nach Irland und wird an der Christ Church Cathedral als Geistlicher der anglikanischen Kirche ordiniert.

1696 Kehrt auf Einladung Temples nach Moor Park zurück. Nach dem Tode seines Gönners im Jahre 1699 beginnt er, dessen Schriften, einschließlich der Korrespondenz, herauszugeben.

1701/2 Am 16. Februar verleiht das Trinity College Dublin Swift die Würde eines Doktors der Theologie: »Doctor of Divinity« (D. D.).

1704 Anonym erscheint *A Tale of a Tub [Ein Tonnenmärchen]* nebst anderen Satiren, u. a. der berühmt gewordenen *Battle of the Books [Bücherschlacht]*.

1708 Lernt Esther Vanhomrigh kennen, die sich in ihn verliebt und der er unter dem Namen ›Vanessa‹ in dem Gedicht »Cadenus and Vanessa«, geschrieben 1713, ein literarisches Denkmal setzt. Cadenus ist ein Anagramm aus Decanus.

1710 Bislang ein Anhänger der Whigs, schließt sich Swift aus Enttäuschung über deren Politik jetzt den Tories an und gibt im Auftrag der Regierung die Zeitschrift *The Examiner* heraus.

1713 Swift wird Dechant von St. Patrick's in Dublin.

1724 Er fordert in den *Drapier's Letters [Tuchhändlerbriefe]* Freiheit für Irland.

1726 Er veröffentlicht anonym den satirischen Roman *Gulliver's Travels*, der ein durchschlagender Erfolg wird. Swifts populärstes Werk erreicht in kurzer Zeit zahlreiche Auflagen und gehört seitdem zu den meistgelesenen Büchern der englischen Literatur.

1727 Swifts letzter Besuch in England.

1728 Stella stirbt (»Ode on the Death of Mrs. Johnson«).

1729 Wird *A Modest Proposal for Preventing the Children of poor People in Ireland, from being a Burden to their Parents or Country; and for making them beneficial to the Public [Bescheidener Vorschlag, wie man verhüten kann, daß die Kinder armer Leute in Irland ihren Eltern oder dem Lande zur Last fallen, und wie sie der Allgemeinheit nutzbar gemacht werden können]* veröffentlicht.

1731 Schrieb die »Verses on the Death of Dr. Swift«.

1742 Swift, der unter Symptomen der Ménièreschen Krankheit litt (Taubheit, Gedächtnisverlust, Aphasie, Schwindelgefühle etc.), wird wegen seines rapide sich verschlechternden Gesundheitszustandes entmündigt und unter Kuratel gestellt. Nach Auffassung seines Biographen Irvin Ehrenpreis war er aus heutiger Sicht allerdings nicht geisteskrank (*Swift*, vol. III, Cambridge [Mass.] 1983, p. 915).

1745 Swift stirbt am 19. Oktober und wird neben Stella in der St. Patrick's-Kathedrale in Dublin beigesetzt. Die letzten Worte, die von ihm überliefert sind, lauten: »I am a fool«. Er stiftet einen Teil seines Vermögens zur Gründung einer Heilanstalt für Geisteskranke. St. Patrick's Hospital for Imbeciles wird 1757 eröffnet.

Directions to Servants [Anweisungen für Dienstboten] posthum veröffentlicht.

Quellennachweis

Diese repräsentative Auswahl aus dem Gesamtwerk des großen irischen Satirikers, die der Verlag aus Anlaß der 250. Wiederkehr seines Todestages vorlegt, stützt sich auf zwei deutsche Swift-Editionen, und zwar: Jonathan Swift, *Ausgewählte Werke in drei Bänden*, herausgegeben, eingeleitet und kommentiert von Anselm Schlösser, Aufbau Verlag Berlin und Weimar ³1991 (der Abdruck erfolgt mit freundlicher Genehmigung des Aufbau Verlags Berlin und Weimar), im folgenden als Swift, *Werke*, abgekürzt, und Jonathan Swift, *Ein bescheidener Vorschlag, wie man verhindern kann, daß die Kinder der Armen ihren Eltern oder dem Lande zur Last fallen und andere Satiren*. Mit einem Essay von Martin Walser, Frankfurt/M.: Insel Verlag 1975 (= insel taschenbuch 131), im folgenden abgekürzt als it 131.

Die englische Textgrundlasge der dreibändigen, von Anselm Schlösser herausgegebenen Ausgabe – die Schriften der ersten beiden Bände übersetzten Gottfried Graustein und Otto Wilck, den Roman *Gullivers Reisen* (Bd. 3) Franz Kottenkamp – bildet die Temple Scott-Edition (1897-1908) und die neuere, 16bändige Ausgabe der *Prose Works of Jonathan Swift* (1939-1974) von Herbert Davis. Die Auswahl der Satiren in it 131 folgt der von Walther Freisburger und Klaus Reichert revidierten Übersetzung von Felix Paul Greve.

Einzelnachweise der Quellen:

S. 35: *Gulliver im Land der Lilliputaner* [*Gulliver's Travels.* Book I, chapt. 6]. Erstveröffentlichung: 1726. Quelle: Swift, *Werke*, vol. 3, pp. 111-122. Im Original ohne Titel.

S. 49: *Abenteuer im Reich der Riesen* [*Gulliver's Travels.* Bock II, chapt. 5]. Erstveröffentlichung: 1726. Quelle: Swift, *Werke*, vol. 3, pp. 182-192. Im Original ohne Titel.

S. 62: *Die Akademie von Lagado* [*Gulliver's Travels.* Book III, chapters 5-6]. Erstveröffentlichung: 1726. Quelle: Swift, *Werke*, vol. 3, pp. 260-276. Im Original ohne Titel.

S. 80: *Von klugen Pferden und häßlichen Yahoos* [*Gulliver's Travels.* Book IV, chapters 7-8]. Erstveröffentlichung: 1726. Quelle: Swift, *Werke*, vol. 3, pp. 355-370. Im Original ohne Titel.

S. 98: *Ausführlicher und wahrhaftiger Bericht über die Schlacht zwischen den alten und modernen Büchern, ausgefochten am vergangenen Freitag in der Königlichen Bibliothek* [*A Full and True Account of the Battle Fought Last Friday between the Ancient and the Modern Books in St. James's Library*]. Erstveröffentlichung: 1704. Quelle: Swift, *Werke*, vol. 1, pp. 253-283.

S. 135: *Eine Abschweifung über Wesen, Nutzen und Notwendigkeit der Kriege und Streitigkeiten* [*A Digression on the Nature, Usefulness and Necessity of Wars and Quarrels*, aus: *The History of Martin. Additions to »The Tale of a Tub«*, in: *Miscellaneous Works*]. Erstveröffentlichung: 1720. Quelle: it 131, pp. 122-123.

S. 137: *Eine Abhandlung zum Nachweis dessen, daß die Abschaffung des Christentums in England nach Lage der Dinge mit einigen Nachteilen verbunden sein kann und vielleicht nicht die vielen guten Wirkungen hervorbringen kann, die man sich davon verspricht* [*An Argument to prove, that the Abolishing of Christianity in England, may, as Things now Stand, be attended with some Inconveniencies, and perhaps, not produce those many good Effects proposed thereby*]. Erstveröffentlichung: 1711. Quelle: it 131, pp. 65-82.

S. 157: *Bescheidener Vorschlag, wie man verhüten kann, daß die Kinder armer Leute in Irland ihren Eltern oder dem Lande zur Last fallen, und wie sie der Allgemeinheit nutzbar gemacht werden können* [*A Modest Proposal for Preventing the Children of poor People in Ireland, from being a Burden to their Parents or Country; and for making them beneficial to the Public*]. Erstveröffentlichung: 1729. Quelle: it 131, pp. 53-64.

S. 170: *Ein ernsthafter und brauchbarer Plan zur Schaffung eines Hospitals für Unheilbare, von allgemeinem Nutzen für alle Untertanen Seiner Majestät* [*A Serious and Useful Scheme to make an Hospital for Incurables, of Universal Benefit to all His Majesty's Subjects*]. Erstveröffentlichung: 1733. Quelle: Swift, *Werke*, vol., 1, pp. 477-496.

S. 193: *Betrachtungen über einen Besenstiel* [*A Meditation upon a Broomstick*]. Erstveröffentlichung: 1710. Quelle: Swift, *Werke*, vol. 1, pp. 307-308.

S. 195: *Menschen ohne Rückgrat* [*The Intelligencer*, nos. V and VII]. Erstveröffentlichung: 1728. Quelle: it 131, pp. 142-151. Im Original ohne Titel.

S. 206: *Über die Kunst der politischen Lüge* [*The Examiner*, no. 14, Nov. 9, 1710]. Erstveröffentlichung: 1710. Quelle: it 131, pp. 135-141.

S. 213: *Eine Abhandlung über gutes Benehmen und gute Erziehung* [*Trea-*

tise on Good Manners and Good Breeding]. Erstveröffentlichung: 1754. Quelle: Swift, *Werke*, vol. 1, pp. 396-401.

S. 220: *Anregungen zu einem Essay über Unterhaltung* [*Hints towards an Essay on Conversation*]. Erstveröffentlichung: 1763. Quelle: it 131, pp. 152-162.

S. 232: *Eine Abschweifung über Kritiker* [*A Digression concerning Critics*, in: *A Tale of a Tub*, section III]. Erstveröffentlichung: 1704. Quelle: it 131, pp. 83-93.

S. 244: *Über die Erziehung von Damen* [*Of the Education of Ladies*]. Erstveröffentlichung: 1765. Quelle: Swift, *Werke*, vol. 1, pp. 381-385.

S. 249: *Die Geschichte einer Dame, der Unrecht geschah* [*The Story of the Injured Lady*]. Erstveröffentlichung: 1746. Quelle: Swift, *Werke*, vol. 2, pp. 282-291.

S. 260: *Von Gemeindelöwen und Jungfrauen. Ein Traum* [*The Tatler*, no. 5]. Erstveröffentlichung: 1710. Quelle: Swift, *Werke*, vol. 1, pp. 370-376. Im Original ohne Titel.

S. 268: *Brief an eine sehr junge Dame zu ihrer Heirat* [*A Letter to a Very Young Lady on her Marriage*]. Erstveröffentlichung: 1727. Quelle: Swift, *Werke*, vol. 1, pp. 442-452.

S. 283: *Gedanken über verschiedene Gegenstände erbaulicher und ergötzlicher Art* [*Thoughts on Various Subjects Moral and Diverting*]. Erstveröffentlichung: 1711, 1727, 1735. Quelle: Swift, *Werke*, vol. 1, pp. 497-516.

S. 311: *Beschreibung des Morgens* [*A Description of the Morning*]. Erstveröffentlichung: 1709. Quelle: *London. Eine Europäische Metropole in Texten und Bildern*, ed. Norbert Kohl, Frankfurt/M. 1979 u. ö., p. 70.

S. 313: *Beschreibung eines Regenschauers in der Stadt* [*A Description of a City Shower*]. Erstveröffentlichung: 1710. Quelle: *London*, op. cit., pp. 71-72.

S. 317: *Autobiographisches Fragment. Aus der Geschichte der Familie Swift* [*Fragment of Autobiography to 1714. Family of Swift*]. Erstveröffentlichung: 1765. Quelle: Swift, *Werke*, vol. 1, pp. 554-565.

S. 332: *Entschließungen für mein Alter* [*Resolutions when I Come to be Old*]. Erstveröffentlichung: 1765, geschrieben 1699. Quelle: it 131, pp. 165-166.

S. 334: *Verse auf den Tod von Dr. Swift* [*Verses on the Death of Dr. Swift*]. Erstveröffentlichung: 1731. Quelle: Swift, *Werke*, vol 2, pp. 535-548.

Englische und amerikanische Literatur
im insel taschenbuch

Elizabeth von Arnim: Alle meine Hunde. Aus dem Englischen von Karin von Schab. it 1502
– April, May und June. Aus dem Englischen von Angelika Beck. it 1722
– Einsamer Sommer. Roman. Aus dem Englischen von Leonore Schwartz. Leinen
– Elizabeth und ihr Garten. Aus dem Englischen von Adelheid Dormagen. it 1293 und Goßdruck. it 2338
– Der Garten der Kindheit. Aus dem Englischen von Leonore Schwartz. BS 1184
– Jasminhof. Roman. Aus dem Englischen von Helga Herborth. it 1677
– Liebe. Roman. Aus dem Englischen von Angelika Beck. it 1591
– Die Reisegesellschaft. Roman. Aus dem Englischen von Angelika Beck. Leinen und it 1763
– Sallys Glück. Aus dem Englischen von Schama Schahadat. it 1764
– Vater. Roman. Aus dem Englischen von Anna Marie von Welck. it 1544
– Vera. Roman. Aus dem Englischen von Angelika Beck. Leinen
– Verzauberter April. Roman. Aus dem Englischen von Adelheid Dormagen. Mit Fotos aus dem gleichnamigen Film. it 1538
– Verzauberter April. Roman. Aus dem Englischen von Adelheid Dormagen. Großdruck. it 2346
Jane Austen: Die Abtei von Northanger. Aus dem Englischen von Margarete Rauchenberger. Mit Illustrationen von Hugh Thomson. it 931
– Anne Elliot. Aus dem Englischen von Margarete Rauchenberger. Mit Illustrationen von Hugh Thomson. it 1062
– Emma. Aus dem Englischen von Charlotte Gräfin von Klinckowstroem. Mit Illustrationen von Hugh Thomson. it 511 und it 1631
– Lady Susan. Ein Roman in Briefen. Aus dem Englischen von Angelika Beck. Mit zwei Romanfragmenten: Die Watsons. Sanditon. Aus dem Englischen von Elizabeth Gilbert. it 1192
– Lady Susan. Ein Roman in Briefen. Aus dem Englischen von Angelika Beck. Großdruck. it 2331
– Mansfield Park. Aus dem Englischen von Angelika Beck. Mit Illustrationen von Hugh Thomson. it 1503
– Stolz und Vorurteil. Aus dem Englischen von Margarete Rauchenberger. Mit Illustrationen von Hugh Thomson und mit einem Essay von Norbert Kohl. it 787
– Verstand und Gefühl. Roman. Aus dem Englischen von Angelika Beck. Mit Illustrationen von Hugh Thomson. it 1615

153/1/3.95

Englische und amerikanische Literatur im insel taschenbuch

Francis Bacon: Essays. Herausgegeben und mit einem Nachwort versehen von Helmut Winter. it 1514

Glen Baxter: Die Billardtisch-Morde. Ein Gladys-Babbington-Morton-Rätsel. Aus dem Englischen übersetzt von Christoph Groffy. it 1607

Harriet Beecher-Stowe: Onkel Toms Hütte. In der Bearbeitung einer alten Übersetzung. Herausgegeben und mit einem Nachwort versehen von Wieland Herzfelde. Mit 27 Holzschnitten von George Cruikshank aus der englischen Ausgabe von 1852. it 272

Ambrose Bierce: Aus dem Wörterbuch des Teufels. Auswahl, Übersetzung und Nachwort von Dieter E. Zimmer. it 440

– Mein Lieblingsmord. Erzählungen. Mit einem Nachwort von Edouard Roditi. Aus dem Amerikanischen von Gisela Günther. it 39

Anne Brontë: Agnes Grey. Aus dem Englischen von Elisabeth von Arx. it 1093

– Die Herrin von Wildfell Hall. Roman. Aus dem Englischen neu übersetzt von Angelika Beck. it 1547

Charlotte Brontë: Erzählungen aus Angria. Aus dem Englischen von Michael Walter und Jörg Drews. it 1285

– Jane Eyre. Eine Autobiographie. Aus dem Englischen von Helmut Kossodo. Mit einem Essay und einer Bibliographie herausgegeben von Norbert Kohl. it 813

– Shirley. Aus dem Englischen von Johannes Reiher und Horst Wolf. it 1145

– Über die Liebe. Herausgegeben von Elsemarie Maletzke. Übertragen von Eva Groepler und Hans J. Schütz. it 1249

– Villette. Roman. Aus dem Englischen von Christiane Agricola. it 1447

Emily Brontë: Die Sturmhöhe. Aus dem Englischen von Grete Rambach. it 141, it 1633 und Großdruck. it 2348

Charlotte Brontë: Der Professor. Aus dem Englischen von Gottfried Röckelein. it 1354

Charles Brockden Brown: Wieland oder Die Verwandlung. Aus dem Amerikanischen von Friedrich Polakovics. it 1686

Edward George Bulwer-Lytton: Die letzten Tage von Pompeji. Aus dem Englischen von Friedrich Notter. it 801

Lewis Carroll: Alice hinter den Spiegeln. Mit einundfünfzig Illustrationen von John Tenniel. Übersetzt von Christian Enzensberger. it 97

– Alice im Wunderland. Mit zweiundvierzig Illustrationen von John Tenniel. Übersetzt und mit einem Nachwort von Christian Enzensberger. it 42

153/2/3.95

Englische und amerikanische Literatur im insel taschenbuch

Lewis Carroll: Briefe an kleine Mädchen. Aus dem Englischen übersetzt und herausgegeben von Klaus Reichert. Mit Fotografien des Autors. it 1554

Geoffrey Chaucer: Die Canterbury-Erzählungen. Vollständige Ausgabe. Aus dem Englischen übertragen und herausgegeben von Martin Lehnert. Mit Illustrationen von Edward Burne-Jones. it 1006

Gilbert Keith Chesterton: Alle Pater-Brown-Geschichten. 2 Bände in Kassette. it 1263/1149

– Pater-Brown-Geschichten. 24 Detektivgeschichten. Mit einem Nachwort von Norbert Miller. it 1149

– Die schönsten Pater-Brown-Geschichten. Großdruck. it 2332

Joseph Conrad: Herz der Finsternis. Erzählung. Aus dem Englischen von Reinhold Batberger. it 1730

Daniel Defoe: Glück und Unglück der berühmten Moll Flanders, die im Zuchthaus Newgate geboren, nach vollendeter Kindheit noch sechzig wertvolle Jahre durchlebte, zwölf Jahre Dirne war, fünfmal heiratete, darunter ihren Bruder, zwölf Jahre lang stahl, acht Jahre deportierte Verbrecherin in Virginien war, schließlich reich wurde ehrbar lebte und reuig verstarb. Beschrieben nach ihren eigenen Erinnerungen. Deutsch von Martha Erler. Mit Illustrationen von William Hogarth und einem Essay von Norbert Kohl. it 707

– Robinson Crusoe. Mit Illustrationen von Ludwig Richter. In der Übersetzung von Hannelore Novak. it 41

Charles Dickens: Bleak House. Aus dem Englischen von Richard Zoozmann. Mit Illustrationen von Phiz. it 1110

– David Copperfield. Mit Illustrationen von Phiz. it 468

– Detektivgeschichten. Aus dem Englischen von Franz Franzius. it 821

– Eine Geschichte aus zwei Städten. Mit Illustrationen von Phiz. it 1033

– Große Erwartungen. Aus dem Englischen von Margit Meyer. Mit Illustrationen von F. W. Pailthorpe. it 667

– Harte Zeiten. Aus dem Englischen von Paul Heichen. Mit Illustrationen von F. Walker und Maurice Greiffenhagen. it 955

– Nikolaus Nickleby. Mit Illustrationen von Phiz. it 1304

– Oliver Twist. Aus dem Englischen von Reinhard Kilbel. Mit einem Nachwort von Rudolf Marx und 24 Illustrationen von George Cruikshank. it 242

– Die Pickwickier. Mit Illustrationen von Robert Seymour, Robert William Buss und Phiz. it 896

– Der Raritätenladen. Aus dem Englischen von Leo Feld. Mit Holzschnitten von George Cattermole, H. K. Browne, George Cruikshank und Daniel Maclise. it 716

153/3/3.95

Englische und amerikanische Literatur
im insel taschenbuch

Charles Dickens: Weihnachtserzählungen. Mit Illustrationen von Leech, Stanfiels, Stone u.a. it 358

Charles A. Eastman: Indianergeschichten aus alter Zeit. Deutsch von Elisabeth Friederichs. Mit einem Nachwort herausgegeben von Dietrich Leube. Illustrationen und Anmerkungen von Frederick Weygold. it 861

Henry Fielding: Tom Jones. Die Geschichte eines Findelkindes. 2 Bde. Mit Illustrationen von Gravelot und Moreau le jeune. Herausgegeben und mit einem Nachwort von Norbert Kohl. it 504

Penelope Fitzgerald: Frühlingsanfang. Roman. Aus dem Englischen von Christa Krüger. it 1693

Ben Hecht: Tausendundein Nachmittage in New York. Aus dem Amerikanischen von Helga Herborth. Mit Illustrationen von George Grosz. it 1323

James Joyce: Die Katze und der Teufel. Deutsche Übertragung von Fritz Senn. it 1610

D.H. Lawrence: Erotische Geschichten. Aus dem Englischen von Heide Steiner. it 1385

– Liebesgeschichten. Aus dem Englischen von Heide Steiner. it 1678

Matthew Gregory Lewis: Der Mönch. Aus dem Englischen von Friedrich Polakovics. Mit einem Essay und einer Bibliographie von Norbert Kohl. it 907

Lord Byron. Ein Lesebuch mit Texten, Bildern und Dokumenten. Herausgegeben von Gert Ueding. it 1051

Katherine Mansfield: Das Gartenfest und andere Erzählungen. Aus dem Englischen von Heide Steiner. it 1724

– Über die Liebe. Herausgegeben von Ida Schöffling. it 1703

Herman Melville: Moby Dick. 2 Bde. Aus dem Amerikanischen von Alice und Hans Seiffert. Mit Zeichnungen von Rockwell Kent und einem Nachwort von Rudolf Sühnel. it 233

James Morier: Die Abenteuer des Hadji Baba. Ein orientalischer Abenteuerroman. Herausgegeben von Hermann Rosenau. it 1731

Samuel Pepys: Das geheime Tagebuch. Herausgegeben von Anselm Schlösser und übertragen von Jutta Schlösser. Mit Abbildungen. it 637

Sylvia Plath: Das Bett-Buch. Aus dem Englischen von Eva Demski. Mit farbigen Illustrationen von Rotraud Susanne Berner. it 1474

Edgar Allan Poe: Sämtliche Erzählungen in vier Bänden. In Kassette. Herausgegeben von Günter Gensch. (Die Bände sind auch einzeln erhältlich)

153/4/3.95

Englische und amerikanische Literatur im insel taschenbuch

Edgar Allan Poe:

Band 1: Der Teufel im Glockenturm und andere Erzählungen Aus dem Amerikanischen von Barbara Cramer-Nauhaus und Erika Gröger. it 1528

Band 2: Die Morde in der Rue Morgue und andere Erzählungen. Aus dem Amerikanischen von Barbara Cramer-Nauhaus, Erika Gröger und Heide Steiner. it 1529

Band 3: Streitgespräch mit einer Mumie und andere Erzählungen. Aus dem Amerikanischen von Heide Steiner. it 1530

Band 4: Das Tagebuch des Julius Rodman und andere Erzählungen. Aus dem Amerikanischen von Erika Gröger, Andrea Sachs und Ruprecht Willnow. it 1531

– Der Bericht des A. Gordon Pym. Erzählungen. Übertragen von Barbara Cramer-Nauhaus, Erika Gröger und Heide Steiner. it 1449

– Das Geheimnis der Marie Rogêt und andere Erzählungen. Aus dem Amerikanischen von Werner Beyer, Felix Friedrich und anderen. it 783

– Grube und Pendel. Und andere Erzählungen. Mit einem Nachwort von Franz Rottensteiner und Illustrationen von Harry Clarke. Aus dem Amerikanischen von Günther Steinig. ›Grube und Pendel‹ wurde von Elisabeth Seidel übersetzt. it 362

– Grube und Pendel. Schaurige Erzählungen. Aus dem Amerikanischen von Erika Gröger. Großdruck. it 2351

– Der Untergang des Hauses Usher. Meistererzählungen. Aus dem Amerikanischen von Barbara Cramer-Nauhaus, Erika Gröger und Heide Steiner. it 1373

Gwen Raverat: Eine Kindheit in Cambridge. Roman. Aus dem Englischen übertragen von Leonore Schwartz. it 1592

Walter Scott: Ivanhoe. Roman. Deutsch von Leonhard Tafel. Textrevision und Nachwort von Paul Ernst. it 751

Charles Sealsfield: Das Kajütenbuch oder Nationale Charakteristiken. Herausgegeben von Alexander Ritter. it 1163

William Shakespeare: Hamlet. Prinz von Dänemark. Aus dem Englischen von August Wilhelm von Schlegel. Durchgesehen von Levin L. Schücking. Mit Illustrationen von Eugène Delacroix. Herausgegeben und mit einem Essay versehen von Norbert Kohl. it 364

– Romeo und Julia. Deutsch von Thomas Brasch. it 1383

– Die Tragödie des Macbeth. Aus dem Englischen von Thomas Brasch. it 1440

– Was ihr wollt. Aus dem Englischen von Thomas Brasch. it 1205

153/5/3.95

Englische und amerikanische Literatur im insel taschenbuch

William Shakespeare: Wie es euch gefällt. Übersetzt und bearbeitet von Thomas Brasch. it 1509

Mary W. Shelley: Frankenstein oder Der moderne Prometheus. Aus dem Englischen von Karl Bruno Leder und Gerd Leetz. Mit Fotos aus *Frankenstein*-Filmen und einem Essay und einer Bibliographie von Norbert Kohl. it 1030

Laurence Sterne: Leben und Meinungen von Tristram Shandy Gentleman. In der Übersetzung von Adolf Friedrich Seubert. Durchgesehen und revidiert von Hans J. Schütz. Mit einem Essay und einer Bibliographie von Norbert Kohl. Illustrationen von George Cruikshank. it 621

Robert Louis Stevenson: Die Schatzinsel. Aus dem Englischen von Karl Lerbs. Mit Illustrationen von Georges Roux. it 65

Robert Louis Stevenson / Lloyd Osbourne: Die falsche Kiste. Roman. Aus dem Englischen von Annemarie und Roland. U. Pestalozzi. Mit einem Nachwort von Norbert Miller. it 1605

Bram Stoker: Dracula. Aus dem Englischen von Karl Bruno Leder. it 1086

– Im Haus de Grafen Dracula. Erzählungen. Aus dem Englischen von Burkhart Kroeber, Michael Krüger, Norbert Miller, Friedrich Polakovics und Wilfried Sczepan. it 1522

Jonathan Swift: Gullivers Reisen. Mit Illustrationen von Grandville und einem Vorwort von Hermann Hesse. Aus dem Englischen übersetzt von Franz Kottenkamp. Vervollständigt und bearbeitet von Roland Arnold. it 58

William Makepeace Thackeray: Jahrmarkt der Eitelkeit. Ein Roman ohne Held. 2 Bde. Mit Illustrationen von Thackeray. Herausgegeben und mit einem Nachwort von Norbert Kohl. Dem deutschen Text wurde eine Übertragung aus dem Nachlaß von H. Röhl zugrunde gelegt. it 485

Mark Twain: Gesammelte Werke in 10 Bänden. Ausgewählt und zusammengestellt von Norbert Kohl. it 831-840

- Band 2: Tom Sawyers Abenteuer. Bearbeitet von Karl Heinz Berger. Mit Illustrationen von True W. Williams. it 832
- Band 4: Bummel durch Europa. Deutsch von Gustav Adolf Himmel. Mit Illustrationen der Erstausgabe von W. Fr. Brown, True W. Williams, B. Day u.a. it 834
- Band 6: Leben auf dem Mississippi. Deutsch von Helene Ritzerfeld. Mit Illustrationen von Klaus Ensikat. it 836
- Band 7: Huckleberry Finns Abenteuer. Deutsch von Barbara Cramer-Nauhaus. Mit Illustrationen von Edward W. Kemble. it 837

153/6/3.95

Englische und amerikanische Literatur im insel taschenbuch

Mark Twain:

Band 8: Ein Yankee am Hofe des Königs Artus. Deutsch von Maja Ueberle. Mit Illustrationen der Erstausgabe von Daniel C. Beard. it 838

H. G. Wells: Wie wird man Millionär? Aus dem Englischen von Johann Wagner. it 1716

Oscar Wilde: Gesammelte Werke in zehn Bänden. Herausgegeben von Norbert Kohl. it 582

Band 1: Das Bildnis des Dorian Gray
Band 2: Märchen und Erzählungen
Band 3: Theaterstücke I
Band 4: Theaterstücke II
Band 5: Gedichte
Band 6: Essays I
Band 7: Essays II
Band 8: Briefe I
Band 9: Briefe II
Band 10: Briefe III

– Aphorismen. Herausgegeben von Frank Thissen. it 1020
– Das Bildnis des Dorian Gray. Deutsch von Hedwig Lachmann und Gustav Landauer. Mit einem Essay, einer Auswahlbibliographie und einer Zeittafel herausgegeben von Norbert Kohl. it 843 und it 1645
– Die Erzählungen und Märchen. Mit Illustrationen von Heinrich Vogeler. Aus dem Englischen übersetzt von Felix Paul Greve und Franz Blei. it 5
– Gedichte. Herausgegeben von Norbert Kohl. it 1455
– Das Gespenst von Canterville. Erzählung. Mit Illustrationen von Oski. Aus dem Englischen von Franz Blei. it 344
– Der glückliche Prinz und andere Märchen. Aus dem Englischen von Franz Blei. Mit Illustrationen von Michael Schroeder und einem Nachwort von Norbert Kohl. it 1256
– Lord Arthur Saviles Verbrechen und andere Geschichten. Mit Illustrationen von Michael Schroeder. Aus dem Englischen von Christine Hoeppner. it 1151
– Salome. Dramen, Schriften, Aphorismen und ›Die Ballade vom Zuchthaus zu Reading‹. Mit Illustrationen von Marcus Behmer. it 107

153/7/3.95

Französische Literatur
im insel taschenbuch

Alain: Sich beobachten heißt sich verändern. Betrachtungen. Auswahl, Übersetzung und Nachwort von Franz Josef Krebs. Neuübersetzung. it 1559

Honoré de Balzac: Eugénie Grandet. Aus dem Französischen von Gisela Etzel. Herausgegeben von Eberhard Wesemann. it 1127 und it 1632

– Die Frau von dreißig Jahren. Aus dem Französischen übertragen von Werner Blochwitz. it 460

– Glanz und Elend der Kurtisanen. Aus dem Französischen von Felix Paul Greve. it 1232

– Tolldreiste Geschichten. Aus dem Französischen von Benno Rüttenauer. Mit Illustrationen von Gustave Doré. it 911

– Vater Goriot. Aus dem Französischen von Franz Hessel. Herausgegeben von Erika Wesemann. it 1167

Charles Baudelaire: Die Blumen des Bösen. Übertragen von Carlo Schmid. it 120

Pierre Augustin Caron de Beaumarchais: Die Figaro-Trilogie. Der Barbier von Sevilla oder Die nutzlose Vorsicht. Der tolle Tag oder Figaros Hochzeit. Die Schuld der Mutter oder Ein zweiter Tartuffe. Deutsch von Gerda Scheffel. Nachwort von Norbert Miller. Mit zeitgenössischen Illustrationen. it 228

George Clémenceau: Claude Monet. Betrachtungen und Erinnerungen eines Freundes. Mit farbigen Abbildungen und einem Nachwort von Gottfried Boehm. it 1152

Alphonse Daudet: Briefe aus meiner Mühle. Aus dem Französischen von Alice Seiffert. it 446

– Tartarin von Tarascon. Die wunderbaren Abenteuer des Tartarin von Tarascon. Mit 45 Zeichnungen von Emil Preetorius. it 84

Denis Diderot: Die Nonne. Mit einem Nachwort von Robert Mauzi, die Übersetzung des Nachworts besorgte Margaret Carroux. it 31

Alexandre Dumas fils: Die Kameliendame. Aus dem Französischen von Walter Hoyer. Mit Illustrationen von Paul Gavarni. it 546 und it 1635

Alexandre Dumas père: Die drei Musketiere. Aus dem Französischen von Herbert Bräuning. it 1131

– Der Graf von Monte Christo. 2 Bde. Bearbeitung einer alten Übersetzung von Meinhard Hasenbein. Mit Illustrationen von Pavel Brom und Dagmar Bromova. it 266

Dominique Fernandez: Süditalienische Reise. Aus dem Französischen von Julia Kirchner. Mit farbigen Fotografien von Martin Thomas. it 1076

152/1/3.95

Französische Literatur im insel taschenbuch

Gustave Flaubert: Bouvard und Pécuchet. Aus dem Französischen übersetzt von Georg Goyert. Mit Illustrationen von András Karakas. Mit einem Vorwort von Victor Brombert und einem Nachwort von Uwe Japp. it 373

– Lehrjahre des Gefühls. Geschichte eines jungen Mannes. Übertragen von Paul Wiegler. Mit einem Essay und einer Bibliographie von Erich Köhler. it 276

– Madame Bovary. Revidierte Übersetzung aus dem Französischen von Arthur Schurig. it 167 und it 1636

– November. Aus dem Französischen übersetzt von Ernst Sander. Mit einem Nachwort von Monika Bosse. it 411

– Salammbô. Herausgegeben und mit einem Nachwort versehen von Monika Bosse und André Stoll. Aus dem Französischen übersetzt von Georg Brustgi. it 342

– Ein schlichtes Herz und andere Erzählungen. Aus dem Französischen von Cora van Kleffens und André Stoll. Großdruck. it 2314

Choderlos de Laclos: Schlimme Liebschaften. Mit 14 Kupferstichen. Übertragen und eingeleitet von Heinrich Mann. it 12

Jean de La Fontaine: Die schönsten Fabeln. Aus dem Französischen von Thomas Keck. Mit farbigen Illustrationen von Rolf Köhler und einem Nachwort von Jürgen von Stackelberg. it 1451

Gaston Leroux: Die blutbefleckte Puppe. Aus dem Französischen von Annegret Sellier. it 1567

Guy de Maupassant: Bel-Ami. Aus dem Französischen von Josef Halperin. Mit zeitgenössischen Illustrationen. it 280

Prosper Mérimée: Carmen. Mit Zeichnungen von Pablo Picasso. Aus dem Französischen übersetzt von Franz Schnabel. it 361

Honoré-Gabriel Mirabeau: Der gelüftete Vorhang oder Lauras Erziehung. Aus dem Französischen von Eva Moldenhauer. Nachbemerkung von Norbert Miller. it 32

Molière: Der eingebildete Kranke. Aus dem Französischen von Johanna Walser und Martin Walser. it 1014

– Der Menschenfeind. Nach dem Französischen des Molière von Hans Magnus Enzensberger. it 401

Michel de Montaigne: Essais. Herausgegeben und mit einem Nachwort versehen von Ralph-Rainer Wuthenow. Revidierte Fassung der Übertragung von Johann Joachim Bode. it 220

– Tagebuch einer Reise durch Italien. Aus dem Französischen von Otto Flake. it 1074

Blaise Pascal: Größe und Elend des Menschen. Aus den »Pensées«. Auswahl, Übersetzung und Nachwort von Wilhelm Weischedel. it 441

152/2/3.95

Französische Literatur
im insel taschenbuch

Marthe Princesse Bibesco: Begegnung mit Marcel Proust. Aus dem Französischen von Eva Rechel-Mertens. it 1349

Renate Wiggershaus: Marcel Proust. Leben und Werk in Texten und Bildern. it 1348

François Rabelais: Gargantua und Pantagruel. Mit Illustrationen von Gustave Doré. Herausgegeben von Horst und Edith Heintze. Erläutert von Horst Heintze und Rolf Müller. 2 Bände. Übersetzung auf Grund der maßgebenden französischen Ausgabe, unter Benutzung der deutschen Fassung von Ferdinand Adolf Gelbcke. it 77

Arthur Rimbaud: Sämtliche Werke. Französisch und deutsch. Übertragen von Sigmar Löffler und Dieter Tauchmann. Mit Erläuterungen zum Werk und einer Chronologie zum Leben Arthur Rimbauds, neu durchgesehen von Thomas Keck. it 1398

Jean-Jacques Rousseau: Bekenntnisse. Aus dem Französischen von Ernst Hardt. Mit einer Einführung von Werner Krauss. it 823

Marquis de Sade: Justine oder Die Leiden der Tugend. Mit einem Essay von Albert Camus. Aus dem Französischen von Raoul Haller. it 1257

– Verbrechen der Liebe. Heroische und tragische Novellen. Aus dem Französischen von Christian Barth. it 1448

George Sand: Geschichte meines Lebens. Aus ihrem autobiographischen Werk ausgewählt und mit einer Einleitung versehen von Renate Wiggershaus. it 313

– Indiana. Aus dem Französischen von A. Seubert. Mit einem Essay von Annegret Stopczyk. it 711

– Lélia. Aus dem Französischen von Anna Wheill. Mit einem Essay von Nike Wagner. it 737

– Lucrezia Floriani. Roman. Aus dem Französischen von Anna Wheill. it 858

– Das Teufelsmoor. Aus dem Französischen von Helene und Herbert Kühn. Mit Illustrationen von Tony Johannot. it 943

Misia Sert: Pariser Erinnerungen. Aus dem Französischen von Hedwig Andertann. Mit einem Bildteil. it 1180

Anne Germaine Madame de Staël: Über Deutschland. Vollständige und neu durchgesehene Fassung der deutschen Erstausgabe von 1814 in der Gemeinschaftsübersetzung von Friedrich Buchholz, Samuel Heinrich Catel und Julius Eduard Hitzig. Herausgegeben und mit einem Nachwort versehen von Monika Bosse. Mit einem Register, Anmerkungen und einer Bilddokumentation. it 623

Stendhal: Die Kartause von Parma. Vollständige Ausgabe. Aus dem Französischen von Arthur Schurig. it 1222

152/3/3.95

Französische Literatur
im insel taschenbuch

Stendhal: Rot und Schwarz. Vollständige Ausgabe. Aus dem Französischen von Arthur Schurig. Mit einem Nachwort von Uwe Japp. it 1210 und it 1642

– Über die Liebe. Vollständige Ausgabe. Aus dem Französischen und mit einer Einführung von Walter Hoyer. it 124

Paul Verlaine: Poetische Werke. Französisch und deutsch. Übertragen von Sigmar Löffler. it 1556

François Villon: Sämtliche Dichtungen. Zweisprachige Ausgabe. Aus dem Französischen von Walther Küchler. it 1039

Voltaire: Candide oder der Optimismus. Mit Zeichnungen von Paul Klee. it 11

– Sämtliche Romane und Erzählungen. Mit einer Einleitung von Victor Klemperer und Stichen von Moreau le jeune. Aus dem Französischen übersetzt von Ilse Lehmann. it 209

Emile Zola: Das Geld. Aus dem Französischen von Leopold Rosenzweig. it 1749

– Germinal. Aus dem Französischen von Armin Schwarz. Mit Illustrationen von Renate Sendler-Peters. it 720

– Nana. Aus dem Französischen und mit einem Nachwort versehen von Erich Marx. Illustrationen von Renate Sendler-Peters. it 398 und it 1646

– Thérèse Raquin. Aus dem Französischen von Ernst Hardt. it 1146

152/4/3.95